财政部规划教材
全国财政职业教育教学指导委员会推荐教材
全国高职高专院校会计专业新课标立体化教材

纳税实务

杨则文 主 编
陈贺鸿 副主编

中国财经出版传媒集团
中国财政经济出版社

图书在版编目（CIP）数据

纳税实务／杨则文主编．--北京：中国财政经济出版社，2020.2

财政部规划教材　全国财政职业教育教学指导委员会推荐教材　全国高职高专院校会计专业新课标立体化教材

ISBN 978-7-5095-9581-7

Ⅰ.①纳…　Ⅱ.①杨…　Ⅲ.①纳税-税收管理-中国-高等职业教育-教材　Ⅳ.①F812.423

中国版本图书馆CIP数据核字（2020）第022788号

责任编辑：张　军　刘瑞思

封面设计：育林华夏

本书微网站

扫描微网站二维码

获取教学配套资源和内容更新

不断添加中……

中国财政经济出版社出版

URL：http：//www.cfeph.cn

E-mail：cfeph@cfeph.cn

社址：北京市海淀区阜成路甲28号　邮政编码：100142

营销中心电话：010-88191537

北京富生印刷厂印刷　各地新华书店经销

787×1092毫米　16开　19.5印张　477 000字

2020年5月第1版　2021年7月北京第2次印刷

定价：51.00元

ISBN 978-7-5095-9581-7

（图书出现印装问题，本社负责调换）

本社质量投诉电话：010-88190744

打击盗版举报热线：010-88191661　QQ：2242791300

前　言

本教材是财政部规划教材、全国财政职业教育教学指导委员会推荐教材，基于全国财政职业教育教学指导委员会“会计立体化教材数字化资源库建设”项目建设，是高职会计、税务、审计、财务管理等专业的职业能力核心课程“纳税实务”“税法”“税费计算与申报”的主教材。教材通过工作任务引领的办税业务项目活动，训练学生熟练计算应纳税额和办理申报纳税业务的职业能力，达到了解税收理论知识、熟悉税法基本内容、熟练操作办税业务的要求，具备通过全国财政职业教育教学指导委员会税务会计岗位职业能力测评的能力，适应企业办税业务岗位和会计中介机构代理记账及税务鉴证岗位对技术技能人才的需要。

文本：课程标准

文本：课程设计

本教材有如下特点：

1. 项目式：本教材按照项目课程原理开发，以每一个税种的纳税业务或一个纳税事项为一个教学项目，每个项目根据课堂教学和教学资源配套建设的需要划分若干单元。学生学习每个项目都可以通过完成明确的模拟工作任务，得到一个标志性的成果，这些成果或者是某企业某纳税期间某税种的纳税申报表，或者是办理某项涉税业务所取得的相关材料或证明。

文本：授课计划

2. 立体化：为实现教材与教学资源的同步，本教材通过教学内容与网络资源的对应来整合教材与网络教学资源，使教材与网络教学资源成为有机整体。学生在学习教材的某一个单元时，随时能找到这部分内容的教学全过程录像、电子课件、教学案例、习题作业、课程实训、动画、学习手册等教学资源。可以支持线上线下混合教学，可以基本实现学生不受时空限制的自主学习。

3. 时效性：本教材是根据截稿之日（2019 年 11 月 30 日）的最新税法编写，根据“自 2019 年 4 月 1 日起，纳税人发生增值税应税销售行为或者进口物，原适用 16% 和 10% 税率的，税率分别调整为 13% 和 9%”，以及“自 2019 年 1 月 1 日起正式施行的新修正的《中华人民共和国个人所得税法》等新税收政策进行编写。

4. 权威性：本教材是中国财政经济出版社组织国内职业教育著名专家集

体讨论进行顶层设计并经全国财政职业教育教学指导委员会立项建设的会计新课标立体化教材系列的10本教材之一。该系列教材有共同的顶层设计和技术规范，本教材的编写严格遵守这些设计和规范，便于在同一顶层设计下的配套使用。

本教材由广州番禺职业技术学院国家精品在线开放课程教学团队集体编写，杨则文任主编，陈贺鸿任副主编，黄玑、刘水林、欧阳丽华、谢慕龄、洪钒嘉参编（参编排名不分先后）。教材编写分工为：杨则文负责项目一，陈贺鸿负责项目十、项目十四，黄玑负责项目二，刘水林负责项目五、项目十三、项目十五，欧阳丽华负责项目三、项目八、项目九，谢慕龄负责项目四、项目十二，洪钒嘉负责项目六、项目七、项目十一。杨则文在教材开发过程中负责制定课程标准、设计教学项目方案、确定教材项目模块、设计教材体例和修改定稿。

本课程开发和教材编写得益于多位职业教育专家和企业专家的帮助，广州番禺职业技术学院会计专业教学团队全体成员参与了行业调研和项目论证，多家企业、会计中介机构的领导和财务人员参加了岗位工作任务和职业能力分析，中国财政经济出版社对教材出版给予了重要的支持，在此一并致谢！

本书为用书学校任课老师提供了习题答案和配套资源，如有需要，请以电子邮件形式向中国财政经济出版社索取（请注明学校、全书名、版次），Email：caijingjiaocai @ 163. com。配套资源亦可登录以下网址下载：jiaocai. cfeph. cn。

编　者

2019年12月

目　录

项目一

纳税准备

知识点

税收概念和必要性　税法要素　税制体系

技能点

纳税准备工作

知识导图

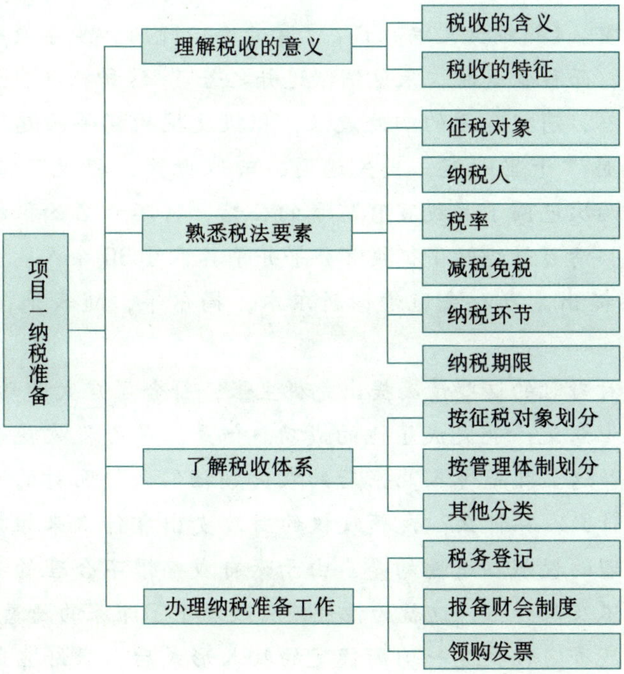

引 例

税收使李自成陷入怪圈

1640年冬，明末农民起义领袖李自成正式明确提出了“均田免粮”（即平均土地免缴农业税）的口号，得到了农民广泛的拥护。义军所到之处，各地农民纷纷响应，一时声势浩大，震撼中华大地。三年以后，义军攻占北京，崇祯皇帝在煤山自缢，统治了近300年的明王朝最后颠覆在农民起义的汪洋大海之中。

“均田免粮”的口号得到了普遍的响应是与当时繁重的税负使广大劳动人民不堪忍受的状况分不开的。据《明史》记载，由于连年灾荒，老百姓吃观音土、雁粪，甚至出现“母烹其女”“父子兄弟夫妻相食”和举家自尽的悲惨景象。而即使在这种情况下，沉重的税赋不仅得不到减免，反而因战争的需要不断地加重。《明经世文编》说：“富者连田阡陌，坐享兼并之利；贫者虽无立锥之地，而税收如故，未免缧绁追并之苦。”这种状况自然激起了广大劳动人民的愤怒，消极躲避的四处流浪，积极反抗的揭竿而起。据《正统实录》记载，当时“千里一空，良民逃避，田地抛荒，租税无征”。1600年，武昌万余市民两次包围了片税官官陈奉的公馆，将其六名凶狠的爪牙抓住投入江中；山东临清百姓烧毁了征税官公署并杀其爪牙30余人。当时有人因此作了“千人奋挺出，万人夹道看；斩尔木，揭尔竿，随我来，杀税官”的《税官谣》。

李自成针对当时的这些情况提出免税主张，符合了广大劳动人民的利益，具有一定的进步意义，也促成了他的成功。但是，是否税收就是万恶之源应该永远废除呢？这显然是进入北京后的农民领袖们必须面对的问题。他们有百万军队，吃什么？穿什么？大顺政权的财政支出靠什么来维持？显然，此时必须开征合理的税赋。遗憾的是，由于李自成痛恨不合理的税收，以致连合理的税收都不及时开征，这就为他最终失败埋下了深深的隐患。

李自成彻底否定税收这一均衡稳定的收入形式后，只好靠追赃和罚没这些非均衡稳定的临时收入来维持官政费用：一是“每破城邑所缴获的明官府以及藩王富室的贮粮”，以十分之一赈济饥民，其余的作军粮；二是“勒令各种山寨武装出钱出粮，不然攻破之，尽取其所积”；三是搜捕乡绅，勒令助饷，少违即行收拷；四是实行军屯。分析这些收入形式不难发现，前三种基本是一次性的，军屯只能是战争相持阶段的一种辅助收入形式。如果多次重复使用这些方式，必然会导致罚没面的扩大，造成对普通百姓的骚扰，激起各阶层的反抗。而军队本身如果没有足够的粮草，必然会导致军纪的涣散，战斗力的下降。为解决财政困境，李自成只好把追缴各种收入摆到头等重要的位置，以致像刘宗敏这样的大将也都忙于追赃拷掠，反而将生死攸关的军事斗争任务丢在一旁。

尤其没有想到的是，在追赃拷掠的过程中，大顺军得罪了一个至关重要的人物——明山海关守将吴三桂。本来，吴三桂奉明帝命率兵援京，得悉北京被农民军占领后，中途退回山海关，可以说处于中立状态。于是李自成派人封侯劝降，又命人携带黄金白银锦缎犒军，吴三桂欣然从命，并刻日卷甲入朝受封。当吴三桂行至永平时，惊闻北京追饷追到了他家的头上，又听说其家中人被农民军拘留，一气之下返回山海关，赶走劝降人员，正式与大顺政权为敌，并向清政府乞降。于是，李自成在毫无准备的情况下，亲自率兵远道征讨，两军相持时，清军冷不防从侧面参战，两相夹攻，李自成大败而退。最后，一代枭雄李自成竟于鄂南九宫山遭地主武装袭击，英年早卒于山野草莽之中，当时年仅三十九岁。

“成也萧何，败也萧何。”如何对待税收的问题既促成了李自成的成功，也导致了李自成的失败。诚然，李自成的成败不乏其他方面的原因，但是，从他不懂得税收在建立政权后的重要性的角度来看，不能不使我们在叹息之中进行深深的反思。

模块一 理解税收的意义

微课：理解税收的意义

【引例分析 1-1】

政府运转依赖国家财政拨款，而国家财政的主要来源是税收。没有税收来源就没有政府的正常运转。因此，我们不难理解深谙中国历史的毛泽东同志 1931 年在江西瑞金主持制定《中华苏维埃共和国宪法大纲》中提出：“取消一切反革命统治时代的苛捐杂税，征收统一的累进所得税”的要求。那么，什么是税收？政府凭什么向公民征税？这些问题正是税收最基本的问题。

PPT：理解税收的意义

一、理解税收的基本含义

税收是国家为了满足社会公共需要，凭借政治权力参与社会剩余产品分配，强制地、无偿地、按照法定标准征收的一种财政收入。

国家为什么要征税？国家征税最直接的出发点就是为了满足社会公共需要。社会公共需要是指向社会提供的安全、秩序、公民基本权力和经济发展的必要条件等方面的需要，如国防、外交、公安、司法、行政管理、基础教育、基础科学研究、卫生保健、生态环境保护、城市基础设施等。社会公共需要与微观经济主体（个人、企业、团体）的个别需要相比，其效用具有不可分割性、非排他性和价值难以通过市场交换得到补偿的特点，因此，市场机制不能提供满足上述公共需要的产品和服务。而这些需要的满足又是社会正常运转和发展进步的必要条件，作为公共管理和服务主体的政府必须担负起弥补市场机制缺陷（不能提供公共产品）的职责，通过征税来保证全体国民对于各类公共产品的需要。

视频：禹贡的故事

国家凭借什么征税？税收同劳动工资、地租、商业利润、资本利息一样，都是一种分配方式，但它又不同于这些分配方式。其主要区别在于，税收是国家以政府为征收主体凭借政治权力进行的分配。任何分配都要发生财富所有权、占有权或支配权的转移，涉及相关方面的物质利益，这就决定了任何分配的实现都要以一定的权力为依托。那么，国家运用税收这种方式进行分配是凭借什么权力呢？我们知道，领取工资要凭借自己的劳动付出，领取存款利息需要自己将钱存入银行，领取股利需要购买股票，这些按照生产要素进行的分配都要凭借对某种生产要素占有的权力。国家利用税收参与分配凭借的不是这些权力，而是凭借政治权力，即国家的权力。这种权力是因全体公民需要委托一个公共管理者管理公共事务而授予政府的。公民委托政府管理公共事务和向政府纳税是出于权利与义务的对等，一方面，国家公共权力要靠征税取得赖以存在的物质基础；另一方面，征税又必须以各种强制性的公共权力为后盾。

案例：古代税收小故事

税收分配的对象是什么？根据马克思再生产理论，社会总产品的价值形态可分为两个部分：一部分是已消耗的生产资料转移的价值，这部分只能留在生产部门内部，用于重新购置生产资料，以保证简单再生产的进行，一般不进入分配领域，因此不属于纯粹意义上的分配；另一部分是劳动者新创造的价值，只有这一部分才有一个划分为不同份额并决定归谁占有的问题。因此，也只有这一部分才能成为税收分配的对象。而新创造的价值又包括必要产品价值 V（或称为劳动者为自己劳动创造的价值）和剩余产品价值 M（或称为劳动者为社会劳动创造的价值）两部分。前者归劳动者个人占有，用于个人消费以保证劳动力的再生产。后者主要是在社会范围内分配，用于社会积累和社会消费，以满足扩大再生产和社会公共需要。税收是由社会公共需要引起的分配，因此，它的分配对象主要是剩余产品价值。随着社会的进步和经济的发展，个人收入渠道出现了多元化的趋势，来自这一部分的税收收入比重不断提高。

二、了解税收的基本特征

税收与其他财政收入相比有哪些不同特征？政府筹集财政收入的方式除税收外，还有借债（发行国债）、向国有企业收取利润和向社会收取各种规费等。从形式上看，税收与其他财政收入相比具有无偿性、强制性和固定性的特征，习惯上称之为税收“三性”。也就是说，判断一种财政收入是不是税收，就看它在形式上是否具有“三性”。

税收的无偿性是指国家取得税收收入不需要直接向缴纳的单位和个人付出任何代价。通过征税，单位和个人缴纳的实物或货币即转变为国家所有，不再直接归还给缴纳者。而国债收入是国家以债务人的身份凭借国家信用取得的收入，国家对债券持有者具有直接的偿还义务；规费收入是国家机关向有关当事人提供某种服务而收取的一种报酬，也不具有无偿性，因此它们不属于税收范畴。

税收的强制性是指税收这种分配是以国家的政治权力为依托的，具体表现为国家以颁布税收法令和制度等法律形式来规范、制约、保护和巩固这种分配关系。国家规定的税收法令和制度，任何单位和个人都必须遵守，否则就要受到法律的制裁。税收的强制性，不仅仅只是要求纳税人必须依法纳税这一个方面。对征税机关来说，税收也是强制的，如不依法征税，无论是多征了还是少征了，都要承担相应的法律责任。

税收的固定性是指对什么征税和征多少税是通过法律形式事先规定的，征纳双方都必须遵守。这是保证税收征收空间上的并存性和时间的继起性以及政府权力的有限性的必要条件。这和一次性的临时摊派以及对违法行为的罚款、没收等有明显的区别。固定性也是税收区别于罚没收入等其他财政收入的重要标志，也正因为税收的固定性特征，才得以保证国家财政收入的均衡和纳税人负担的稳定。

税收“三性”是相互联系、缺一不可的。只有无偿征收，才能满足一般的社会公共需要。而要无偿取得财物，就必须凭借法律的强制性手段。固定性则是保证强制、无偿征收的适当限度的必然结果。税收三性只是税收的形式特征，就实质而言，税收征收形式上的强制性是与民主协商过程的自愿性相结合的；税款征纳的无偿性是与“取之于民，用之于民”的总体有偿性相结合的；税收法律的固定性是与按照规定程序调整的可变性相结合的。

模块二　熟悉税法要素

【引例分析 1－2】

不论古代的中国还是当今世界，任何国家税收的征收和使用都必须依法

微课：熟悉税法要素

PPT：熟悉税法要素

进行。没有依法征收就没有持续的收入来源，李自成的追赃拷掠是不可持续的，打土豪分田地取得财政收入也只能应急一时。税法是现代国家法律体系的重要组成部分，是税收持续稳定的法律保障。本课程主要研究税收问题，那么，税法有哪些类别？必须包含哪些要素呢？

税法是规定政府与纳税人之间在税款征收和缴纳方面的权利、义务关系的法律规范。它既是税务机关向纳税人征税的法律依据，也是纳税人履行纳税义务的法定准则。

税法主要有两类：一是规定税收权利义务关系的税收实体法。税收实体法的基本要素是指各个税种在立法时必须载明的、不可缺少的基本内容。比如：对什么征税，对谁征税，征收多少，什么时间征收等。这些要素即征税对象、纳税人、税率、纳税环节、纳税期限、减免税等。二是规定税收征纳程序方面的税收程序法。任何税种都需要有法定的征纳程序进行规范，如纳税登记、纳税申报、违法处理等。税收实体法的基本要素如下：

一、征税对象

征税对象是指对什么征税，是税收法律关系中征纳双方权利义务共同指向的客体或标的物。征税对象指明对什么征税，是区分不同税种的主要标志。如企业所得税的征税对象是企业的应税所得额，消费税则以特定消费品为征税对象。

税目是各个税种所规定的具体征税项目。它是征税对象的具体化，其作用在于进一步明确征税范围。比如，消费税就将作为征税对象的消费品具体划分为烟、酒、高档化妆品等税目，而除了这些特定消费品以外的其他消费品，就不需要缴纳消费税。

与征税对象、税目相关的概念还有计税依据。计税依据是征税对象的量化特征，是计算税款的依据。不同税种甚至不同税目的计税依据是不同的，有按征税对象的实物量征税的，也有按征税对象的价值量征税的。比如，增值税的计税依据是货物和应税劳务的增值额，城镇土地使用税的计税依据是土地面积。

二、纳税人

纳税人又称纳税义务人，是指税法规定直接负有纳税义务的法人、自然人及其他组织。如增值税的纳税人是在我国境内销售货物、劳务、服务、无形资产、不动产以及进口货物的单位和个人，消费税的纳税人是在我国境内生产、委托加工和进口应税消费品的单位和个人。

与纳税人相关的概念还有负税人、扣缴义务人、税务代理人、委托代征人。

负税人是实际承担税款的单位和个人，而纳税人是直接向税务机关缴纳税款的单位和个人。如果纳税人能够通过一定途径把税款转嫁出去，纳税人就不再是负税人，否则，纳税人同时也是负税人。

扣缴义务人包括代扣代缴义务人和代收代缴义务人。代扣代缴义务人是指有义务从持有的纳税人收入中扣除其应纳税额并代为缴纳的单位和个人。代收代缴义务人是指有义务从纳税人处收取其应纳税额并代为缴纳的单位和个人。

税务代理人是指在国家有关法律、法规范围内，受纳税人、扣缴义务人的委托，办理涉税服务事项的主体。

委托代征人是指接受税务机关的委托，按照税务机关核发的代征证书的要求，以税务机关的名义向纳税人征收零星税款的单位。

视频：办税不求人

三、税率

税率是应纳税额与征税对象数量之间的法定比例或额度，它是计算税额的尺度，也是衡量税负轻重与否的重要标志。我国现行税率主要有比例税率、定额税率和累进税率三种类型。

（一）比例税率

比例税率是指对同一征税对象不分数额大小，规定相同的征收比例。如我国企业所得税的现行税率为25%。增值税、城市维护建设税等采用的也是比例税率。

（二）定额税率

定额税率是按征税对象确定的计算单位，直接规定一个固定的税额。如我国的车船税、城镇土地使用税等都规定有按照台、平方米等计税的规定。

（三）累进税率

累进税率是根据征税对象数量或金额的多少，分等规定递增的多级税率。应税数量越多或金额越大，适用税率越高。累进税率能体现量能负担原则，使纳税人的负担水平与负税能力相适应，但税款计算较复杂。

累进税率按其累进依据不同，可分为依额累进和依率累进，即前者按征税对象的绝对额累进，后者按征税对象的相对数累进；其累进方式也有两种：按征税对象的全部数量累进和只对征税对象超过一定量的部分累进。将不同的累进依据和不同的累进方式交叉组合，可形成全额累进税率、超额累进税率、全率累进税率和超率累进税率等四种累进税率。我国目前采用了超额累进税率和超率累进税率两种。

全额累进税率，是指将课税对象的全部数额都按照其所适用的最高一级征税比例计税的一种累进税率。在这种累进税率形式下，一个纳税人的全部课税对象数额仅仅适用一个征税比例，当课税对象数额提高到一个较高级次时，全部课税对象数额都按照高一级的税率征税。从这个意义上说，全额累进税率仍是一种比例税率。全额累进税率具有计算简便、累进幅度大、调节收入有效的优点，但这种累进税率在两个级次的临界点附近往往容易出现税额增加超过征税对象数额增加的不合理现象。

超额累进税率，是指将课税对象按计税依据数额大小划分为若干个等级部分，并分别规定每一等级的税率，当计税依据的数额增加到需要提高一级税率时，仅就超过上一等级的部分，按高一级税率征税的税率。换言之，同一课税对象，可能适用几个等级的税率。该课税对象的全部应纳税额为多个等级部分应纳税额的合计数。表 1－1 是一张简化了的累进税率表。

表 1－1　　　　累进税率表

级　次	全年应纳税所得额级距	税率%	速算扣除数（元）
1	0～5 000 元	5	0
2	5 000 元以上～10 000 元	10	250
3	10 000 元以上～30 000 元	20	1 250
…	…		
…	50 000 元以上	35	6 750

从表 1－1 中可见：累进税率是按征税对象——应纳税所得额的数量，由少到多地划分若干等级，并分等级确定不同比例税率的一种税率组合形式。这些等级称之为累进级次，有几个级次就相应称之为几级累进税率。如我国现行税法规定有“七级超额累进税率”“五级超额累进税率”等。每一级的起止数之间的距离称为级距。不同级距的税率是逐级提高的。

业务 1－1

纳税人甲全年应纳税所得额为 10 000 元，纳税人乙全年应纳税所得额为 10 001 元。按照表 1－1 的税率，如实行全额累进，其应纳税额为：

纳税人甲应纳税额＝10 000 元×10%＝1 000（元）

纳税人乙应纳税额＝10 001 元×20%＝2 000.20（元）

将纳税人甲与纳税人乙相比，我们不难发现，乙比甲只多了 1 元应税所得额，但要多交 1 000.2 元的税款。这对鼓励纳税人增加收入的积极性是不利的，所以，我国税法现在已经不采用这种累进税率形式。

超额累进税率，则只是将超过一定级距范围的部分按高一级的税率计征，不会出现这种应纳税额的增加高于计税依据增加的现象。

业务 1－2

如果我们将上述纳税人甲和乙的应税所得额分别改按超额累进税率计算，则纳税人甲应纳税额为：

第一级 5 000×5%＝250（元）

第二级（10 000－5 000）×10%＝500（元）

应纳税额＝（250＋500）＝750（元）

纳税人乙应纳税额为：

第一级 5 000×5%＝250（元）

第二级（10 000－5 000）×10%＝500（元）

第三级（10 001－10 000）×20%＝0.20（元）

应纳税额＝(250＋500＋0.20)＝750.20（元）

在本例中，纳税人乙比纳税人甲的计税依据多1元，应交税金只多0.20元，这就比较容易让纳税人接受了。

将业务1－2与业务1－1相比可见，在税率既定的前提下，对同等量的应税所得额来说，超额累进的税负要比全额累进的税负轻。对不等量的应税所得额来说，超额累进不会出现在级距临界部分的税负陡增现象。换句话说，超额累进的累进幅度比较缓和，更能体现合理负担原则，但计算比较复杂。

为了简化超额累进税率的计算，在实际工作中通常采用"速算扣除法"，即按全额累进的方法计算出税额，再从中减去一个"速算扣除数"，其差额即为超额累进的应纳税额的方法。用公式表示为：

超额累进的应纳税额＝应纳税所得额×按全额累进所适用的税率－速算扣除数

如业务1－2用速算扣除法计算，结果为：

应交税金＝10 001×20%－1 250＝750.20（元）

所谓"速算扣除数"，就是预先按全额累进计算的税额同按超额累进计算的税额相减得出的差额数。第三级的速算扣除数1 250元，就是纳税人乙业务1－1的应纳税额减去业务1－2的应纳税额之差，即2 000.20－750.20＝1 250（元）。它可以按下列公式事先求出，作为常数列入税率表中：

本级速算扣除数＝前一级最高所得额×（本级税率－前一级税率）＋前一级的速算扣除数

第二级的速算扣除数＝5 000×(10%－5%)＝250（元）

第三级的速算扣除数＝10 000×(20%－10%)＋250＝1 000＋250＝1 250（元）

上述三种税率体现着不同的负担政策。比例税率体现等比政策，对收入水平不同的纳税人征收，实际税率相等，税额不等，纳税人之间税前收入和税后收入水平的差距比例不变。定额税率体现着等量负担政策，同等数量条件下，收入不同税额相同，实际负担比率不等，单位数量收入越高负担比率越低，纳税人之间税后收入水平的差距比税前扩大。累进税率体现累进负担政策，收入不等，实际税率也不等，收入越高税率越高，纳税人之间税后收入水平的差距比税前缩小。

四、减税、免税

减税、免税，是根据国家政策，对某些纳税人和征税对象通过减征部分税款或免于征税而给予鼓励和照顾的一种特殊规定。

减税、免税的具体形式有三种

其一是税基式减免，即通过缩小计税依据来实现减税、免税。它具体又包括起征点、免征额、项目扣除、跨期结转等。起征点是税法规定的征税对象达到开始征税数额的界限，征税对象的数额未达到起征点的不征税，达到或超过起征点的，则就其全部数额征税。如：我国增值税通过规定起征点免除了收入较少的纳税人的税收负担。免征额是征税对象总额中免予征税的数额，它是按照税法规定的标准从征税对象总额中预先扣除的数额，免征额的部分不征税，只就超过免征额的部分征税。项目扣除是指在征税对象总额中允许扣除某些项目的金额，而只就其余额作为计税依据计算应纳税额。跨期结转是将某些费用或损失向前或向后期间结转，抵消本期一部分收益，缩小计税基数，来实现减免的一种方法。

其二是税率式减免，即通过降低税率来实现减税、免税，包括规定低税率和零税率、暂定照顾性税率等。

其三是税额式减免，即通过减少一部分或全部应纳税额，包括全部免征、减半征收、规定减征比例或核定减征额等。

五、纳税环节

纳税环节是税法规定的征税对象在从生产到消费的流转过程中应当缴纳税款的环节。商品的流转过程包括工业生产、农业生产、货物进出口、农产品采购、商业批发、商业零售等在内的各个环节，具体被确定应当缴纳税款的环节，就是纳税环节。

按照纳税环节的多少，可以将税收制度划分为一次课征制和多次课征制。如现行的消费税实行一次课征制，主要是对应税消费品的生产、委托加工、进口或者零售过程中的某一环节缴纳消费税，该商品在其他流通环节不再缴纳消费税。而增值税则实行多次课征制，从商品生产环节到商业零售环节，每一个环节都要就其增值额部分纳税。

六、纳税期限

纳税期限是指纳税人的纳税义务发生后应依法缴纳税款的期限。纳税期限有两层含义：一是结算应纳税款的期限，也称结算期限，是指结算一次应纳税额的时间跨度。如：按月结算、按年结算等。二是缴纳税款的期限，也称缴款期限，是指在结算应纳税款后在多少天内缴纳税款的意思。如：次月15日之前缴纳、30天之内缴纳等。

微课：熟悉税收体系

模块三　熟悉税收体系

PPT：熟悉税收体系

【引例分析1-3】

税收体系是不同类税收的集合，各类税收在该体系中所占的比重表现为税收结构。中国从秦汉以来就建立了完整、严密的赋税体系。要理解中国历史，就必须研究中国的赋税史。这和中世纪以来以贵族地方割据、国王地位软弱为特点的欧洲历史相比有很大差别。随着城市发展和工商业资产阶级的兴起，欧洲历史走向王权上升、税制建立、地方贵族势力削弱的近代时期。《马可波罗游记》等有关中国体制的叙述，是欧洲君主获得灵感的来源。自17世纪以来，欧洲普遍出现了王国税制。法国大革命后，现代税制逐步建立，经历19世纪工人与各种社会运动，二战前后西方国家的税制在法理和运作上趋于成熟，成为维持政权和公立部门运转的稳定财源。每个国家各级政府在利用自己的税制体系履行自身的职责方面的划分是十分严格的，那么，我国现行的税制体系是怎样的呢？

我国现行税制体系的基本框架是1994年为适应实行分税制财政体制的需要而建立的，在执行过程中又经过了多次局部的调整。现行税制体系按照不同的划分方法可以分别归纳如下：

一、按税收的征税对象划分

视频：说文解“税”

按征税对象的不同来划分，是税收分类最主要的方法。按照这种方法，我国目前开征的18种税收大体可分为以下五类：

（一）对商品和劳务的征税

对商品和劳务的征税简称商品劳务税，俗称“流转税”，它是对商品和劳务交易征收的一类税收。对商品和劳务的征税是与商品和劳务的流转紧密联系在一起的。商品和劳务无处不在，又处于不断流动之中，这就决定了对商品和劳务征税的范围十分广泛。商品劳务税的计征，只问收入有无，而不管经营好坏、成本高低、利润大小，因而能够及时足额地保证财政收入。商品劳务税一般采用比例税率或定额税率，计算简便，易于征收。商品劳务税形式上由商品生产者或销售者缴纳，但其税款常附着于卖价，易转嫁给消费者负担，而消费者却不直接感受到税负的压力。由于以上这些原因，商品劳务税一直是我国的主体税种。一方面体现在它的收入在全部税收收入中所占的比重一直较大；另一方面体现在它的调节面比较广泛，对经济的调节作用一直比较显著。

我国当前开征的商品劳务税主要有：增值税、消费税和关税。

（二）对所得的征税

对所得的征税简称所得税，是对纳税人在一定时期的合法收入总额减除成本费用和法定允许扣除的其他各项支出后的余额（即应纳税所得额）征收的税。所得税按照纳税人负担能力（即所得）的大小和有无来确定税收负担，实行“所得多的多征，所得少的少征，无所得的不征”的原则。因此，它对调节国民收入分配，缩小纳税人之间的收入差距有着特殊的作用。所得税长期以来一直是西方国家的主体税种，在我国，随着经济的发展，居民所得的逐步增加，所得税已成为近年来收入增长较快的一类税。

我国当前开征的所得税主要有：企业所得税、个人所得税。

（三）对资源的征税

对资源的征税是对开发、利用和占有国有自然资源的单位和个人征收的一类税收。征收这类税有两个目的：一是为了取得资源消耗的补偿基金，保护国有资源的合理开发利用；二是为了调节资源级差收入，以利于企业在平等的基础上开展竞争。

我国目前对资源的征税主要有：资源税、耕地占用税、城镇土地使用税和土地增值税。

（四）对财产的征税

对财产的征税是对纳税人所拥有或属其支配的财产数量或价值额征收的税。包括对财产的直接征收和对财产转移的征收。开征这类税收在为国家取得财政收入的同时，对提高财产的利用效果、限制财产不必要的占有量也有一定作用。

我国目前对财产的征税主要有：房产税、契税、车辆购置税和车船税。

（五）对行为的征税

对行为的征税也称行为税，它一般是指针对某些特定行为或为达到特定目的而征收的一类税收。征收这类税，或是为了对某些特定行为进行限制、调节，或只是为了开辟地方财源，达到特定的目的。这类税的设置比较灵活，其中有些税种具有临时税的性质。

我国目前对行为的征税主要有：印花税、城市维护建设税、船舶吨税、环境保护税和烟叶税。

二、按税收管理使用权限划分

在我国，税收按其管理和使用权限划分，可分为中央税、地方税、中央与地方共享税。这是在分级财政体制下的一种重要的分类方法。通过这种划分，可以使各级财政有相应的收入来源和一定范围的税收管理权限，从而有利于调动各级财政组织收入的积极性，更好地完成一级财政的任务。一般的做法是，将税源集中、收入大、涉及面广，并由全国统一立法和统一管理的税种，划作中央税。一些与地方经济联系紧密，税源比较分散的税种，列为地方税。一些既能兼顾中央和地方经济利益，又有利于调动地方组织收入积极性的税种，列为中央与地方共享税。

当前我国中央政府固定收入包括关税、船舶吨税、消费税、车辆购置税和海关代征的增值税；地方政府固定收入包括房产税、城镇土地使用税、耕地占用税、契税、土地增值税、车船税、烟叶税、环境保护税；中央与地方共享收入主要有增值税、企业所得税、个人所得税、资源税等。除关税、船舶吨税、代征进口环节的增值税和消费税由海关负责征收外，其他税种均有税务机关征收。

按照国务院2019年9月26日发布的《实施更大规模减税降费后调整中央与地方收入划分改革推进方案》要求："将部分在生产（进口）环节征收

的现行消费税品目逐步后移至批发或零售环节征收，拓展地方收入来源……增量部分原则上将归属地方……"，这意味着自1994年以来作为中央固定收入的消费税将成为地方财政收入的重要来源。

三、按其他方法划分

（一）按税负能否转嫁划分

税负转嫁是指税法上规定的纳税人将自己所缴纳的税款转移给他人负担的过程。按税负能否转嫁可以将各税种划分为直接税和间接税。

直接税是指由纳税人直接负担、不易转嫁的税种。直接税的纳税人，不仅在表面上有纳税义务，而且实际上也是税收承担者，即纳税人与负税人一致。如所得税、财产税均属于直接税。

间接税是指纳税人能将税负转嫁给他人负担的税种。间接税的纳税人，虽然表面上负有纳税义务，但是实际上已将自己的税款用提高价格或提高收费标准等方法转嫁给消费者负担，即纳税人与负税人不一致。如商品劳务税就是由商品和劳务的购买者即消费者最终负担的。

（二）按税收与价格的关系划分

按照税收与价格的关系划分，税收可以分为价内税和价外税。凡在征税对象的计税价格之中包含有税款的税，都称为价内税，如我国现行的消费税，这些税的计税销售额是包含该税款的销售额。凡在征税对象的计税价格之中不包含有税款的税，都称为价外税，如我国现行的增值税、关税，其计税销售额是不含该税款的销售额。

（三）按税收的计税标准划分

税收按其计税依据的不同，可分为从价税和从量税。从价税是以征税对象的价值量为标准计算征收的税收，税额的多少会随着价格的变动而相应增减。从量税是按征税对象的重量、件数、容积、面积等为标准，采用固定税额征收的税收。从量税具有计算简便的优点，但税收收入不能随价格高低而增减。

除上述主要分类外，税收还有一些其他分类方法。例如按缴纳形式分，税收可分为力役税、实物税和货币税；按用途分，税收可分为一般税和目的税。

模块四　办理纳税准备工作

微课：办理纳税准备工作

【引例分析1-4】

根据《国务院办公厅关于加快推进"五证合一、一照一码"登记制制度

PPT：办理纳税准备工作

改革的通知》（国办发〔2016〕53号）、《工商总局等五部门关于贯彻落实〈国务院办公厅关于加快推进“五证合一”登记制度改革的通知〉的通知》（工商企注字〔2016〕150号），从2016年10月1日起在全国范围推行“五证合一、一照一码”商事登记改革。新办企业在领取了“一照一码”营业执照后，该如何办理纳税准备工作呢？

一、办理开业税务登记

开业税务登记是纳税人履行纳税义务的第一步，是税务机关对纳税人实施税收管理的首要环节和基础工作。在商事制度改革后，我国对税法规定的税务登记工作进行了简化。

（一）办理开业税务登记的对象

依法应当办理开业税务登记的主体有两类：一类是从事生产、经营的纳税人，具体包括企业、企业在外地设立的分支机构和从事生产经营的场所、个体工商户和从事生产经营的事业单位四种；另一类是其他纳税人，即不从事生产、经营，但依照法律、法规的规定负有纳税义务的单位和个人（不含临时取得应税收入或发生应税行为以及只缴纳个人所得税、车船税的单位和个人）。这两类主体都必须到有关税务主管部门办理税务登记，否则将面临法律的制裁。

视频：纳税服务税精灵

（二）办理开业税务登记的时间和地点

办理开业税务登记的时间和地点因纳税人的不同而有所差异。根据有关法律规定，可以分为以下几种情况：

1. 从事生产、经营的纳税人领取工商营业执照（含临时工商营业执照）的，应当自领取工商营业执照之日起30日内向生产、经营地税务机关申报办理税务登记。

2. 从事生产、经营的纳税人未办理工商营业执照但经有关部门批准设立的，应当自有关部门批准设立之日起30日内向生产、经营地税务机关申报办理税务登记。

3. 从事生产、经营的纳税人，应办而未办工商营业执照，或不需办理工商营业执照而必须经有关部门批准设立但未经有关部门批准设立的（简称“无照户纳税人”），应当自纳税义务发生之日起30日内向生产、经营地税务机关申报办理税务登记。

4. 有独立的生产经营权、在财务上独立核算并定期向发包人或者出租人上交承包费或租金的承包承租人，应当自承包承租合同签订之日起30日内，向其承包承租业务发生地税务机关申报办理税务登记。

5. 境外企业在中国境内承包建筑、安装、装配、勘探工程和提供劳务的，应当自项目合同或协议签订之日起30日内，向项目所在地税务机关申报办理税务登记。

6. 非从事生产、经营但依法负有纳税义务的单位和个人，除国家机关、个人和无固定生产、经营场所的流动性农村小商贩外，均应当自纳税义务发生之日起30日内，向纳税义务发生地税务机关申报办理税务登记。

（三）商事制度改革后的税务登记

商事登记改革后，将原来企业设立时由工商行政管理、质量技术监督、税务三个部门分别核发不同证照的登记模式，改为由工商行政管理部门核发加载法人和其他组织统一社会信用代码的营业执照，企业和农民专业合作社的组织机构代码证和税务登记证不再发放。根据《国家税务总局关于落实“三证合一”登记制度改革的通知》，企业领取由工商行政管理部门核发加载统一代码的营业执照后，无须再次进行税务登记，不再领取税务登记证。企业办理涉税事宜时，应当填写“纳税人信息采集表”进行必要的涉税信息的补充采集，在完成补充信息采集后，凭加载统一代码的营业执照可代替税务登记证使用。

知识窗

国地税合并

2018年3月17日发布的《国务院机构改革方案》规定：改革国税、地税征管体制。将省级和省级以下国税、地税机构合并，具体承担所辖区域内各项税收、非税收入征管等职责。国税、地税机构合并后，实行以国家税务总局为主与省（自治区、立辖市）人民政府双重领导管理体制。

2018年6月15日，按照党中央、国务院关于国税、地税征管体制改革的决策部署，在前期做好统一思想、顶层设计、动员部署等工作的基础上，全国各省（自治区、直辖市）级以及计划单列市国税局、地税局合并且统一挂牌，标志着国税、地税征管体制改革迈出阶段性关键一步。此次省级新税务局挂牌后，在2018年7月底前，市、县政税务局逐步分步完成集中办公、新机构挂牌等改革事项。

业务1-3

雅灿电器制造有限公司属于从事生产经营的纳税人，会计刘茹领取营业执照后，在主管税务机关进行“多证合一”登记信息确认，填制税务机关提供的“多证合一”税务信息确认表（见表1-2），对有关涉税信息进行确认、补充和更正，并提交相关证件和资料。

二、报备财会制度和银行存款账户账号

（一）报备财会制度

1. 办理财会制度报备手续的时间

从事生产、经营的纳税人应当依法设置账簿，并在领取税务登记证件之日起15日内将其财务、会计制度或者财务、会计处理办法报送主管税务机关备案。纳税人使用计算机记账的，应当在使用前将会计电算化系统的会计核算软件、使用说明书及有关资料报送主管税务机关备案。

表 1-2　　“多证合一”登记信息确认表

尊敬的纳税人：

以下是您在工商机关办理注册登记时提供的信息。为保障您的合法权益，请您仔细阅读，对其中不全的信息进行补充，对不准的信息进行更正，对需要更新的信息进行补正，以便为您提供相关服务。

一、以下信息非常重要，请您务必仔细阅读并予以确认							
纳税人名称	雅灿电器制造有限公司		统一社会信用代码			914401066332045218	
登记注册类型	其他有限责任公司	批准设立机关	广州天河市场监督管理局			开业（设立）日期	2019 年 3 月 1 日
生产经营期限起	2019 年 3 月 1 日	生产经营期限止		注册地址邮政编码	511400	注册地址联系电话	02080966725
注册地址	广州市天河区天穗路 16 号						
生产经营地址	广州市天河区天穗路 16 号						
经营范围	电器制造等						
注册资本	币种		人民币			金额	100 万
投资方名称	证件类型	证件号码				投资比例	国籍或地址
张锦	身份证	440101197910100016				60%	中国
李谓之	身份证	440101198007090058				40%	中国
项目/联系人	姓名	证件类型	证件号码			固定电话	移动电话
法定代表人	张锦	身份证	440101197910100016			80966725	13500288976
财务负责人	李谓之	身份证	440101198007090058			80966725	13759876039
二、以下信息比较重要，请您根据您的实际情况予以确认							
法定代表人电子邮箱	45890721@ qq. com		财务负责人电子邮箱			22349876@ qq. com	
投资总额	币种		人民币			金额	100 万
若您是总机构，请您确认							
分支机构名称	雅灿电器制造公司中山分公司		分支机构统一社会信用代码			91442000MA4X7A3588	
分支机构名称			分支机构统一社会信用代码				
分支机构名称			分支机构统一社会信用代码				
若您是分支机构，请您确认							
总机构名称			总机构统一社会信用代码				
经办人：刘茹　　纳税人（签章） 2019 年 3 月 1 日							

扣缴义务人应当自税收法律、行政法规规定的扣缴义务发生之日起 10 日内，按照所代扣、代收的税种，分别设置代扣代缴、代收代缴税款账簿。

2. 办理财会制度报备手续需要提交的证件、资料

根据规定，办理财会制度备案时，纳税人需要提交“财务会计制度及核

算软件备案报告书”，说明财务、会计制度或者财务、会计处理办法，纳税人使用计算机记账的，还需要提供会计电算化系统的会计核算软件、使用说明书及有关资料。

（1）财务制度的主要内容包括具体规定财务管理的原则、任务和方法，是单位编制财务预算、资金筹集、资产管理（包括固定资产、流动资产、无形资产、递延资产和其他资产的管理）、负债管理、对外投资、成本与费用管理、收入分配管理以及资产处置、税款缴纳等管理必须遵循的规则。

（2）财务处理办法的主要内容包括资金的取得、使用、耗费、分配等。

（3）会计制度的主要内容包括会计核算与会计监督的基本原理、会计凭证管理、会计科目与会计账簿设置、记账规则、会计报表的填制与报送、会计资料的分析与利用、会计检查的程序与方法、会计电算化管理、会计档案的保管与监督销毁等。

（4）会计处理办法的主要内容包括处理各项会计事务时运用的具体会计核算方法，如编制合并会计报表方法、外币折算方法、收入确认方法、折旧提取方法、应税所得会计处理方法等。

（5）会计核算软件一般包括账务处理、应收应付款核算、固定资产核算、存货核算、销售核算、工资核算、成本核算、会计报表生成与汇总、财务分析等模块和使用说明。

（二）报备银行存款账户账号

1. 办理银行存款账户账号备案手续的时间

从事生产、经营的纳税人应当自开立基本存款账户或者其他存款账户之日起 15 日内，向主管税务机关书面报告其全部账号；发生变化的，应当自变化之日起 15 日内，向主管税务机关书面报告。

2. 办理银行存款账户账号备案手续需要提交的证件、资料

纳税人办理存款账户账号备案登记时应当填写纳税人存款账户账号报告表，并根据主管税务机关的要求提供税务登记证（副本）、银行开户许可证及其复印件等资料。

三、领购发票

（一）确定领购发票的种类

发票是指在购销商品、提供或者接受服务以及从事其他经营活动中，开具或收取的收付款凭证。它是明确交易双方完成交易的经济责任的一种证书，是企业进行会计核算的原始凭证，也是计缴税款的原始依据。根据发票的使用范围，可以将发票分为增值税专用发票、普通发票和专业发票。

1. 增值税专用发票

增值税专用发票是专门用于结算销售货物或者提供应税劳务使用的一种发票，一般由记账联、抵扣联和发票联三联构成，仅限于增值税一般纳税人使用。

2. 普通发票

普通发票主要由增值税小规模纳税人使用，增值税一般纳税人在不能开具增值税专用发票的情况下也可以使用。其基本联次包括存根联、发票联和记账联三联。

3. 专业发票

专业发票是指国有金融、保险企业的存贷、汇兑、转账凭证，保险凭证；国有邮政、电信企业的邮票、邮单、话务、电报收据；国有铁路、民用航空企业和交通部门国有公路、水上运输企业的客票、货票等。

（二）提出购票申请

单位和个人向主管税务机关提出购票申请时，应填写纳税人领购发票票种核定申请表，并按要求提供税务登记证（副本）、经办人身份证明，以及财务印章或者发票专用章的印模。

（三）领取发票购领簿

税务机关对纳税人提交的证件、资料进行审核后，符合规定的，即可核发发票领购簿。发票领购簿的内容一般包括用票单位和个人的名称、所属行业、经济类型、购票方式、核准购票种类、发票名称、领购日期、准购数量、起止号码、违章记录、领购人签字（盖章）、核发税务机关（章）等内容。

（四）领购发票

纳税人应当根据发票领购簿核定的发票种类、数量以及购票方式，向主管税务机关领购发票。购票者在领购发票时应当根据主管税务机关的要求提供发票领购簿、税控 IC 卡（增值税一般纳税人使用）、财务专用章或发票专用章，非初次购买发票的单位和个人还应提供已用发票的存根。

依法不需办理税务登记的单位，如某些机关、团体、部队、学校和不从事生产、经营的事业单位，需要领购发票的，可以依照法律规定直接向主管税务机关申请领购。

临时到本省、自治区、直辖市以外从事经营活动的单位或者个人，应当凭所在地税务机关填发的“外出经营活动税收管理证明”向经营地税务机关申请领购，或者填开经营地的普通发票，并提供保证人或者根据所领购发票的票面限额及数量缴纳不超过1万元的发票保证金，并限期缴销发票。按期缴销发票的，解除保证人的担保义务或者退还保证金；未按期缴销发票的，由保证人承担法律责任。

业务1－4

美迪销售有限公司税务会计张岚在领取“一照一码”证件以后，依法向主管税务机关提出购票申请，填写“纳税人领购发票票种核定申请表”（见表1－3），并提交有关证件、资料。在通过主管税务机关审核后，凭主管税务机关核发的发票领购簿领购发票。

表 1-3　　纳税人领用发票票种核定表

纳税人识别号	914401007889384118						
纳税人名称	美迪销售有限公司						
领票人	联系电话			身份证件类型		身份证件号码	
张岚	13662698888			身份证		440101198508190034	
发票种类名称	发票票种核定操作类型	单位（数量）	每月最高领票数量	每次最高领票数量	持票最高数量	定额发票累计领票金额	领票方式
增值税普通发票	初次	份	25	25	25		验旧领新
纳税人（签章） 经办人：张强　法定代表人（业主、负责人）：林琳　填表日期：2019 年 09 月 30 日							
发票专用章印模：							

备注：个体：发票章（必须）+公章（非必须）；　　公司：发票章（必须）+公章（必须）；

除特殊情况外（如快递等单位），定额发票必须核定完定额才能申请，一本 100 张（不能拆分），面值有 100、50、20、10、5、2、1 元，发票金额不能超过核定定额。

四、办理变更税务登记

变更税务登记，是纳税人税务登记内容发生变化而向原税务登记机关申报办理变更的一种税务登记手续。

（一）办理变更税务登记的情形

纳税人办理税务登记后，发生以下情形之一的，应当办理变更税务登记：

（1）改变纳税人名称、法定代表人；

（2）改变经济性质或经济类型；

（3）改变住所和经营地点（不含改变主管税务机关）；

（4）改变生产经营或经营方式；

（5）增减注册资金（资本）；

（6）改变隶属关系；

(7) 改变生产经营期限;

(8) 改变或增减银行账号;

(9) 改变生产经营权属;

(10) 改变其他税务登记内容。

(二) 办理变更税务登记的时间和地点

纳税人税务登记内容发生变化的，应当自工商行政管理机关或者其他机关办理变更登记之日起30日内，持有关证件向原税务登记机关申报办理变更税务登记。

纳税人税务登记内容发生变化，不需要到工商行政管理机关或者其他机关办理变更登记的，应当自发生变化之日起30日内，持有关证件向原税务登记机关申报办理变更税务登记。

(三) 办理变更税务登记的程序

1. 纳税人提出变更税务登记申请

纳税人应当在法定期限内向主管税务机关提出变更税务登记的申请，并向主管税务机关领取“变更税务登记表”，如实填写变更登记事项、变更登记前后的具体内容。税务登记变更表的项目主要有：纳税人名称、变更项目、变更前内容、变更后内容、上缴的证件情况。

2. 纳税人提交有关证件、资料

纳税人办理变更税务登记时，应当按照主管税务机关的要求提供有关证件、资料。

商事制度改革后，在“纳税人信息采集表”中有关事项发生变更时，应当向税务机关提出变更信息申请，由税务机关对其有关信息予以变更。

五、办理停业、复业税务登记

(一) 办理停业、复业税务登记的对象

实行定期定额征收方式的个体工商户，在营业执照核准的经营期限内需要停业的，应当在停业前向主管税务机关申报办理停业登记，并在恢复生产、经营之前，向税务机关申报办理复业登记。

(二) 办理停业税务登记的程序

1. 纳税人提出停业申请

纳税人应当在停业前向主管税务机关申报办理停业登记，并如实填写停业登记表，说明停业的理由、期限，停业前的纳税情况和发票的领、用、存情况。

2. 税务机关审核、办理停业登记

经税务机关审核（必要时可以进行实地审查），纳税人可以办理停业登记。在办理停业登记时，税务机关应当责成申请停业的纳税人结清税款，并收回税务登记证件、发票领购簿和发票，办理停业登记。

（三）办理复业税务登记的程序

1. 纳税人提出复业申请

纳税人应当于恢复生产、经营之前，向税务机关申报办理复业登记，并如实填写停业、复业（提前复业）报告书。

2. 税务机关审核、办理复业登记

经税务机关确认，纳税人可以办理复业登记，领回或启用税务登记证件和发票领购簿及发票，纳入正常管理。

六、办理外出经营报验登记

从事生产、经营的纳税人到外县（市）临时从事生产、经营活动的，应当向主管税务机关申请开具外出经营活动税收管理证明（以下简称“外管证”）向营业地税务机关报验登记，接受税务管理。在经营活动结束后向外出经营地税务机关申报核销。

（一）申请开具“外管证”

需要到外县（市）临时从事生产、经营活动的纳税人，应当在外出生产经营以前，持税务登记证向主管税务机关提出申请，如实填写外出经营活动税收管理证明申请表。

（二）核发“外管证”

主管税务机关对纳税人的申请审核通过后，按照一地一证的原则，核发“外管证”。“外管证”的有效期限一般为30日，最长不得超过180天。

（三）申请报验登记

纳税人应当在到达“外管证”注明地进行生产、经营前向当地税务机关申请报验登记，并按规定提交税务登记证件副本、“外管证”等证件、资料。

纳税人在“外管证”注明地销售货物的，除提交以上证件、资料外，还应如实填写外出经营货物报验单，申报查验货物。

（四）结束外出经营活动

外出经营活动结束，纳税人应当向经营地税务机关填报外出经营活动情况申报表，并按规定结清税款，缴销未使用的发票。

（五）缴销“外管证”

纳税人应当在“外管证”有效期届满后10日内，持“外管证”回原税务登记地税务机关办理“外管证”缴销手续。

七、办理注销税务登记

（一）办理注销税务登记的情形

根据规定，企业出现以下情况时，应当办理注销税务登记：

（1）因经营期限届满而自动解散；

（2）由于改组、分立、合并等原因而被撤销；

（3）纳税人住所、经营地址迁移而涉及改变原主管税务机关；

（4）被工商行政管理部门吊销营业执照；

（5）其他依法终止履行纳税义务的情形。

（二）办理注销税务登记的时间和地点

发生解散、破产、撤销以及依法应当终止履行纳税义务的纳税人，应当在向工商行政管理机关办理注销登记前，持有关证件向原税务登记管理机关申报办理注销税务登记；按照规定不需要在工商管理机关办理注销登记的，应当自有关机关批准或者宣告终止之日起15日内，持有关证件向原税务登记管理机关申报办理注销税务登记。

纳税人因住所、经营地点变动而涉及改变主管税务登记机关的，应当在向工商行政管理机关或者其他机关申请办理变更、注销登记前，或者住所、经营地点变动前，持有关证件向原税务登记机关申报办理注销税务登记，并自注销税务登记之日起30日内向迁达地税务机关申报办理税务登记。

纳税人被工商行政管理机关吊销营业执照的，应当自营业执照被吊销之日起15日内，向原税务登记机关申报办理注销税务登记。

已实行商事制度改革登记模式的企业办理注销登记，须先向税务主管机关申报清税，填写“清税申报表”。清税完毕后，由受理税务机关根据清税结果向纳税人出具“清税证明”，并将信息共享给其他相关主管部门。

（三）办理注销税务登记的程序

1. 注销登记前的清理工作

纳税人办理注销税务登记前，应当对下列事项进行清理：

（1）缴销发票。发票缴销是指用票单位和个人按照规定向税务机关上缴已使用或未使用的发票。办理发票缴销手续时，纳税人应当如实填写发票缴销登记表，并携带发票领购簿和未使用的空白发票，向主管税务机关申请办理发票缴销手续。

（2）进行最后一期申报纳税，并缴清应纳税款、多退（免）税款、滞纳金和罚款。

2. 提出注销税务登记申请

练习题：纳税准备

纳税人应当在规定期限内依法向主管税务机关提出注销税务登记申请，领取并填写注销税务登记申请审批表，并根据主管税务机关的要求提交下列有关证件、资料：①税务登记证件；②上级主管部门批复文件或董事会决议及其他有关证明文件；③工商营业执照被吊销的应提交工商行政管理机关发出的吊销决定等。

3. 办理注销税务登记

主管税务机关对纳税人提交的上述证件、资料进行审核，审核无误的，予以办理注销税务登记。

项目二

增值税纳税实务

知识点

增值税征税范围　增值税纳税人　增值税税率　增值税应纳税额计算　增值税纳税时间和地点

技能点

增值税的计税依据确定　增值税纳税申报

知识导图

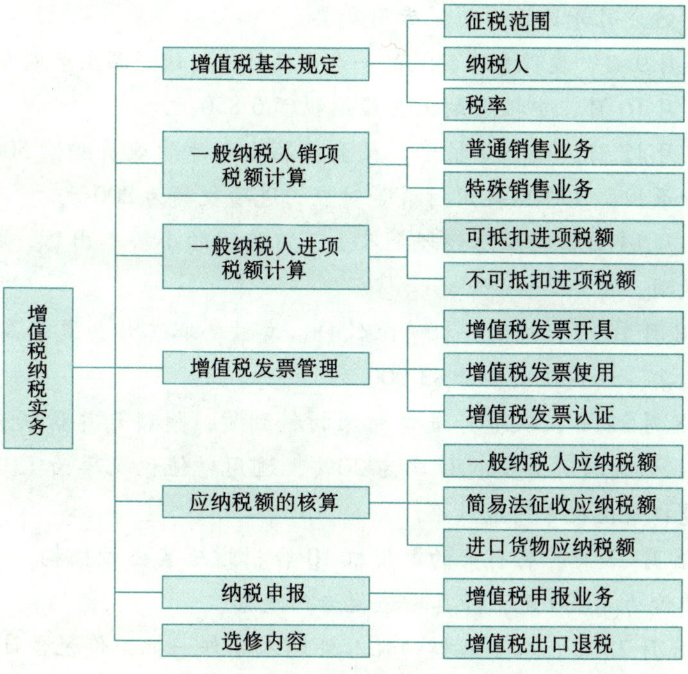

引 例

夏新电器公司增值税的纳税申报

夏新电器有限责任公司为A级增值税一般纳税人，主要从事电视机的生产、进口以及销售。公司地址为：广州番禺大北路×××号，主管税务机关为：广州市番禺区税务局市桥分局，统一社会信用代码为：990178954096680046，开户银行：建设银行大北路办事处105100098013，法定代表人为章庆良，财务负责人为张明明，税务会计为刘芳芳。2019年9月5日下午，刘芳芳准备申报缴纳今年8月的增值税，她查账得知增值税8月的期初余额为未交增值税6 850元。同时，刘芳芳将公司8月份相关增值税的各项业务整理如下：

（1）8月1日，销售自产电视机200台，不含税单价为3 000元，适用税率为13%，开具增值税专用发票，应对方要求，为其提供送货服务，收取不含税运输费用800元，开具增值税专用发票（公司未设独立运输车队）。

（2）8月2日，购进原材料500件，单价400元，增值税专用发票注明货款200 000元，税款26 000元。

（3）8月5日，公司举行促销活动，售出自产电视机85台，原不含税售价为3 000元/台，现给予8%的折扣，开具增值税专用发票时销售额和折扣额在同一张发票上注明。

（4）8月8日，销售自产电视机1台给某小规模纳税人，开具普通发票，共收取价税款3 390元。

（5）8月9日，联系货运公司为客户送货上门，支付不含税运输费用600元，取得货运公司开具的增值税专用发票。

（6）8月9日，发现仓库存放的一台产品被盗，该产品生产成本2 200元。

（7）8月10日，申报缴纳上月应纳税额6 850元。

（8）8月12日，经领导批示，被盗产品由仓库管理员赔偿500元，其余由企业自行承担，该产品耗用材料等对应的进项税额为800元。

（9）8月13日，将原总经理个人上下班使用的小轿车出售，收取购买方35 000元款项。

（10）8月16日，外购一批清凉饮料，发放给职工作为夏季高温福利品，取得普通发票，注明款项共计83 000元。

（11）8月22日，从境外进口的原材料到货，材料到岸价折合人民币为180 000元，该材料进口关税税率为20%，适用增值税税率为13%。取得海关提供的进口增值税专用缴款书。

（12）8月23日，将自产的电视机10台捐赠给某公益机构，同类电视机的不含税单价为3 000元，开具增值税专用发票。

（13）8月23日，从小规模纳税人处购入零件一批，价税合计额为4 000

元，取得普通发票。

（14）8月24日，公司将新研发的生产技术的使用权转让给其他公司，收到当月使用费40 000元，开具增值税专用发票注明价款40 000元，增值税额2 400元。

（15）8月28日，公司将闲置的仓库对外租赁，开具增值税专用发票注明当期厂房租赁金额5 000元，增值税额450元。

（16）8月30日，公司为客户修理旧电视机，开具增值税专用发票，注明修理费用400元，税率为13%，增值税额为52元。

根据上述信息，刘芳芳需要对夏新电器公司8月增值税应纳税额进行申报纳税。

【引例分析2－1】

增值税是我国目前最主要的税收收入来源，目前我国增值税核算与申报的主要依据是《中华人民共和国增值税暂行条例》。在实际工作中应首先确定增值税的征税范围、纳税人以及适用的税率，然后再根据《中华人民共和国增值税暂行条例》中规定的核算方式对所有相关业务进行应纳增值税的核算，填写好“增值税纳税申报表”提交给主管税务机关，并依此按时缴纳税款。

模块一　确定增值税的征税范围

微课：增值税征税范围的规定

《中华人民共和国增值税暂行条例》规定：在中华人民共和国境内销售货物或者加工、修理修配劳务（以下简称“劳务”），销售服务、无形资产、不动产以及进口货物的单位和个人，为增值税的纳税人，应当依照本条例缴纳增值税。依照条例规定，我国增值税的征税范围具体包括如下几个方面：

PPT：增值税征税范围的规定

一、在我国境内销售的货物

货物是指除土地、房屋和其他建筑物等不动产以外的各种有形动产，包括水、电力、热力、气体在内。销售货物是指有偿转让货物的所有权，也就是以从购买方取得货币、货物或其他经济利益等为条件转让货物所有权的行为。境内销售货物是指销售的货物的起运地或所在地在境内。

【引例分析2－2】

夏新电器公司主要从事电视机的生产、进口以及销售，在8月份的各项业务中：8月1日、8日8销售产品，有偿转让了货物的所有权，属于在我国境内销售货物的行为，应缴纳增值税。

二、在我国境内提供的加工、修理修配劳务

加工是指受托加工货物，即委托方提供原料和主要材料，受托方按照委托方的要求制造货物并收取加工费的业务。修理修配是指受托对损伤和丧失功能的货物进行修复，使其恢复原状和功能的业务。凡有偿提供加工、修理修配劳务的，属于增值税的征税范围。换言之，加工、修理修配是应当征收增值税的劳务，简称应税劳务。但单位或个体工商户聘用的员工为本单位或雇主提供加工、修理修配，不包括在内。境内提供加工、修理修配劳务指提供的应税劳务发生在境内。

视频：三分钟让你了解税务稽查

【引例分析 2-3】

夏新电器公司 8 月 30 日为客户修理旧电视机，属于提供修理修配劳务的行为，按规定应缴纳增值税。

三、进口货物

进口货物是指申报进入我国海关境内的货物。确定一项货物是否属于进口货物，必须看其是否办理了进口报关手续。通常境外产品要输入境内，必须向我国海关申报进口，并办理有关报关手续。只要是进口报关的应税货物，均属于增值税征税范围，在进口环节缴纳增值税。

案例：十大涉税犯罪典型案件

【引例分析 2-4】

夏新电器公司 8 月 22 日进口原材料，为增值税征税范围，应缴纳增值税。

四、在我国境内销售的服务、无形资产或者不动产

（一）销售服务

销售服务，是指提供交通运输服务、邮政服务、电信服务、建筑服务、金融服务、现代服务、生活服务。

1. 交通运输服务

交通运输服务，是指利用运输工具将货物或者旅客送达目的地，使其空间位置得到转移的业务活动。包括陆路运输服务、水路运输服务、航空运输服务和管道运输服务。

出租车公司向使用本公司自有出租车的出租车司机收取的管理费用，按照陆路运输服务缴纳增值税。

无运输工具承运业务，按照交通运输服务缴纳增值税。

无运输工具承运业务，是指经营者以承运人身份与托运人签订运输服务合同，收取运费并承担承运人责任，然后委托实际承运人完成运输服务的经

营活动。

2. 邮政服务

邮政服务，是指中国邮政集团公司及其所属邮政企业提供邮件寄递、邮政汇兑和机要通信等邮政基本服务的业务活动。包括邮政普遍服务、邮政特殊服务和其他邮政服务。

①邮政普遍服务，是指函件、包裹等邮件寄递，以及邮票发行、报刊发行和邮政汇兑等业务活动。

②邮政特殊服务，是指义务兵平常信函、机要通信、盲人读物和革命烈士遗物的寄递等业务活动。

③其他邮政服务，是指邮册等邮品销售、邮政代理等业务活动。

中国邮政集团公司及其所属邮政企业提供的邮政普遍服务和邮政特殊服务免征增值税。

3. 电信服务

电信服务，是指利用有线、无线的电磁系统或者光电系统等各种通信网络资源，提供语音通话服务，传送、发射、接收或者应用图像、短信等电子数据和信息的业务活动。包括基础电信服务和增值电信服务。

①基础电信服务，是指利用固网、移动网、卫星、互联网，提供语音通话服务的业务活动，以及出租或者出售带宽、波长等网络元素的业务活动。

②增值电信服务，是指利用固网、移动网、卫星、互联网、有线电视网络，提供短信和彩信服务、电子数据和信息的传输及应用服务、互联网接入服务等业务活动。

4. 建筑服务

建筑服务，是指各类建筑物、构筑物及其附属设施的建造、修缮、装饰，线路、管道、设备、设施等的安装以及其他工程作业的业务活动。包括工程服务、安装服务、修缮服务、装饰服务和其他建筑服务。

固定电话、有线电视、宽带、水、电、燃气、暖气等经营者向用户收取的安装费、初装费、开户费、扩容费以及类似收费，按照安装服务缴纳增值税。

5. 金融服务

金融服务，是指经营金融保险的业务活动。包括贷款服务、直接收费金融服务、保险服务和金融商品转让。

融资性售后回租、押汇、罚息、票据贴现、转贷等业务取得的利息及利息性质的收入，按照贷款服务缴纳增值税。

以货币资金投资收取的固定利润或者保底利润，按照贷款服务缴纳增值税。

直接收费金融服务，是指为货币资金融通及其他金融业务提供相关服务并且收取费用的业务活动。包括提供货币兑换、账户管理、电子银行、信用卡、信用证、财务担保、资产管理、信托管理、基金管理、金融交易场所

（平台）管理、资金结算、资金清算、金融支付等服务。

6. 现代服务

现代服务，是指围绕制造业、文化产业、现代物流产业等提供技术性、知识性服务的业务活动。包括研发和技术服务、信息技术服务、文化创意服务、物流辅助服务、租赁服务、鉴证咨询服务、广播影视服务、商务辅助服务和其他现代服务。

将建筑物、构筑物等不动产或者飞机、车辆等有形动产的广告位出租给其他单位或者个人用于发布广告，按照经营租赁服务缴纳增值税。

车辆停放服务、道路通行服务（包括过路费、过桥费、过闸费等）等按照不动产经营租赁服务缴纳增值税。

7. 生活服务

生活服务，是指为满足城乡居民日常生活需求提供的各类服务活动。包括文化体育服务、教育医疗服务、旅游娱乐服务、餐饮住宿服务、居民日常服务和其他生活服务。

（二）销售无形资产

销售无形资产，是指转让无形资产所有权或者使用权的业务活动。无形资产，是指不具实物形态，但能带来经济利益的资产，包括技术、商标、著作权、商誉、自然资源使用权和其他权益性无形资产。

技术，包括专利技术和非专利技术。

自然资源使用权，包括土地使用权、海域使用权、探矿权、采矿权、取水权和其他自然资源使用权。

其他权益性无形资产，包括基础设施资产经营权、公共事业特许权、配额、经营权（包括特许经营权、连锁经营权、其他经营权）、经销权、分销权、代理权、会员权、席位权、网络游戏虚拟道具、域名、名称权、肖像权、冠名权、转会费等。

（三）销售不动产

销售不动产，是指转让不动产所有权的业务活动。不动产，是指不能移动或者移动后会引起性质、形状改变的财产，包括建筑物、构筑物等。

建筑物，包括住宅、商业营业用房、办公楼等可供居住、工作或者进行其他活动的建造物。

构筑物，包括道路、桥梁、隧道、水坝等建造物。

转让建筑物有限产权或者永久使用权的，转让在建的建筑物或者构筑物所有权的，以及在转让建筑物或者构筑物时一并转让其所占土地的使用权的，按照销售不动产缴纳增值税。

在境内销售服务、无形资产或者不动产，是指：

（1）服务（租赁不动产除外）或者无形资产（自然资源使用权除外）的销售方或者购买方在境内；

（2）所销售或者租赁的不动产在境内；

（3）所销售自然资源使用权的自然资源在境内；

（4）财政部和国家税务总局规定的其他情形。

下列情形不属于在境内销售服务或者无形资产：

（1）境外单位或者个人向境内单位或者个人销售完全在境外发生的服务；

（2）境外单位或者个人向境内单位或者个人销售完全在境外使用的无形资产；

（3）境外单位或者个人向境内单位或者个人出租完全在境外使用的有形动产。

销售服务、无形资产或者不动产，是指有偿提供服务、有偿转让无形资产或者不动产，但属于下列非经营活动的情形除外：

（1）行政单位收取的同时满足以下条件的政府性基金或者行政事业性收费：

①由国务院或者财政部批准设立的政府性基金，由国务院或者省级人民政府及其财政、价格主管部门批准设立的行政事业性收费；

②收取时开具省级以上（含省级）财政部门监（印）制的财政票据；

③所收款项全额上缴财政。

（2）单位或者个体工商户聘用的员工为本单位或者雇主提供取得工资的服务。

（3）单位或者个体工商户为聘用的员工提供服务。

（4）财政部和国家税务总局规定的其他情形。

有偿，是指取得货币、货物或者其他经济利益，包括以投资入股的形式销售不动产和转让无形资产。

【引例分析 2－5】

夏新电器公司 8 月 24 日转让技术使用权，8 月 28 日将闲置的仓库对外租赁等行为均为增值税征税范围，应缴纳增值税。

五、视同销售

（一）视同销售货物

销售货物是指有偿转让货物的所有权，下列行为虽然没有转让货物的所有权，或者是无偿转让货物的所有权，但按规定都应视同销售并征收增值税：

（1）将货物交付其他单位或者个人代销。

（2）销售代销货物。

（3）设有两个以上机构并实行统一核算的纳税人，将货物从一个机构移送其他机构用于销售，但相关机构设在同一县（市）的除外。

（4）将自产或者委托加工的货物用于免税项目、简易计税项目。

（5）将自产、委托加工的货物用于集体福利或者个人消费。

（6）将自产、委托加工或者购进的货物作为投资，提供给其他单位或者个体工商户。

（7）将自产、委托加工或者购进的货物分配给股东或者投资者。

（8）将自产、委托加工或者购进的货物无偿赠送其他单位或者个人。

（二）视同销售服务、无形资产或者不动产

（1）单位或者个体工商户向其他单位或者个人无偿提供服务，无偿转让无形资产或者不动产，但用于公益事业或者以社会公众为对象的除外。

（2）财政部和国家税务总局规定的其他情形。

【引例分析 2－6】

夏新电器公司 8 月 23 日将自产的电视机捐赠给某公益机构，虽然没有直接销售，但符合视同销售的条件，故也应缴纳增值税。

六、混合销售

混合销售是指纳税人的一项销售行为既涉及服务又涉及货物。从事货物的生产、批发或者零售的单位和个体工商户的混合销售行为，按照销售货物缴纳增值税；其他单位和个体工商户的混合销售行为，按照销售服务缴纳增值税。此处所称“从事货物的生产、批发或者零售的单位和个体工商户”，包括以从事货物的生产、批发或者零售为主，并兼营销售服务的单位和个体工商户在内。

【引例分析 2－7】

夏新电器公司 8 月 1 日销售自产产品并提供运输服务的行为，属于混合销售行为。由于该公司是从事货物的生产和销售为主要经营业务的单位，所以应按销售货物缴纳增值税。

七、兼营行为

纳税人兼营销售货物、劳务、服务、无形资产或者不动产，适用不同税率或者征收率的，应当分别核算适用不同税率或者征收率的销售额；未分别核算的，从高适用税率。

【引例分析 2－8】

夏新电器公司的主要经营业务是生产销售电视机，增值税适用税率为 13%，但是，8 月 24 日转让技术使用权，适用税率为 6%，8 月 28 日将闲置的仓库对外租赁，为不动产租赁，适用税率为 9%，8 月 30 日为客户修理旧电视机，为修理修配劳务，适用税率为 13%。这些业务与主营业务都不同，是兼营，且都能确定它们的销售额，因此应单独核算其增值税税额。但是，

如果兼营业务未分别核算，则应按该公司的最高适用税率13%征税。

八、不征收增值税项目

（1）用于公益事业或者以社会公众为对象的无偿提供服务、无偿转让无形资产或者不动产不征税。

（2）根据国家指令无偿提供的铁路运输服务、航空运输服务，主要用于公益事业的服务。

（3）存款利息。存款利息是指按照《中华人民共和国商业银行法》的规定，经国务院银行业监督管理机构审查批准，具有吸收公众存款业务的金融机构支付的存款利息。非金融企业之间、企业和个人之间借贷涉及的利息，不包括在不征税的范围之内。

（4）被保险人获得的保险赔付。

（5）房地产主管部门或者其指定机构、公积金管理中心、开发企业以及物业管理单位代收的住宅专项维修资金。

（6）在资产重组过程中，通过合并、分立、出售、置换等方式，将全部或者部分实物资产以及与其相关联的债权、负债和劳动力一并转让给其他单位和个人，其中涉及的不动产、土地使用权转让行为。

除了不征收增值税的项目，还有一些活动，它们不是征收增值税，也不需要征收增值税的项目，如：行政单位收取的满足条件的政府性基金或者行政事业性收费；单位或者个体工商户聘用的员工为本单位或者雇主提供取得工资的服务；单位或者个体工商户为聘用的员工提供服务；各党派、共青团、工会、妇联、中科协、青联、台联、侨联收取党费、团费、会费，以及政府间国际组织收取会费以及财政部和国家税务总局规定的其他情形。

微课：增值税的不征和减免项目

PPT：增值税的不征和减免项目

九、免征收增值税项目

（一）纳税人生产销售货物免税项目

纳税人生产销售以下货物免税：

（1）农业生产者销售的自产农产品，包括种植业、养殖业、林业、牧业和水产业生产的各种初级产品。

（2）避孕药品和用具；

（3）古旧图书，指向社会收购的古书和旧书。

（4）直接用于科学研究、科学试验和教学的进口仪器、设备；

（5）外国政府、国际组织无偿援助的进口物资和设备；

（6）由残疾人的组织直接进口供残疾人专用的物品；

（7）销售的自己使用过的物品。自己使用过的物品是指其他个人自己使用过的物品。

（8）对从事蔬菜批发、零售的纳税人销售的蔬菜免征增值税。经挑选、清洗、切分、晾晒、包装、脱水、冷藏、冷冻等工序加工的蔬菜，属于蔬菜的范围。各种蔬菜罐头不属于蔬菜的范围。纳税人既销售蔬菜又销售其他增值税应税货物的，应分别核算蔬菜和其他增值税应税货物的销售额；未分别核算的，不得享受蔬菜增值税免税政策。

（9）除豆粕以外的其他粕类饲料产品

（10）有机肥产品

（11）国家规定的其他免税货物。

（二）纳税人发生行为免税项目

纳税人发生以下行为免税：

（1）托儿所、幼儿园提供的保育和教育服务。

（2）养老机构提供的养老服务。

（3）残疾人福利机构提供的育养服务。

（4）婚姻介绍服务。

（5）殡葬服务。

（6）残疾人员本人为社会提供的服务。

（7）医疗机构提供的医疗服务。

（8）从事学历教育的学校提供的教育服务。

（9）学生勤工俭学提供的服务。

（10）农业机耕、排灌、病虫害防治、植物保护、农牧保险以及相关技术培训业务，家禽、牲畜、水生动物的配种和疾病防治。

（11）纪念馆、博物馆、文化馆、文物保护单位管理机构、美术馆、展览馆、书画院、图书馆在自己的场所提供文化体育服务取得的第一道门票收入。

（12）寺院、宫观、清真寺和教堂举办文化、宗教活动的门票收入。

（13）行政单位之外的其他单位收取的符合《试点实施办法》第十条规定条件的政府性基金和行政事业性收费。

（14）个人转让著作权。

（15）个人销售自建自用住房。

（16）台湾航运公司、航空公司从事海峡两岸海上直航、空中直航业务在大陆取得的运输收入。

（17）纳税人提供的直接或者间接国际货物运输代理服务。

（18）以下利息收入：

①国家助学贷款；

②国债、地方政府债；

③人民银行对金融机构的贷款；

④住房公积金管理中心用住房公积金在指定的委托银行发放的个人住房贷款；

⑤外汇管理部门在从事国家外汇储备经营过程中，委托金融机构发放的外汇贷款；

⑥金融同业往来利息收入；

⑦统借统还业务中，企业集团或企业集团中的核心企业以及集团所属财务公司按不高于支付给金融机构的借款利率水平或者支付的债券票面利率水平，向企业集团或者集团内下属单位收取的利息。

（19）被撤销金融机构以货物、不动产、无形资产、有价证券、票据等财产清偿债务。

（20）保险公司开办的一年期以上人身保险产品取得的保费收入。

（21）下列金融商品转让收入：

①合格境外投资者（QFII）委托境内公司在我国从事证券买卖业务；

②香港市场投资者（包括单位和个人）通过沪港通、深港通买卖上海、深圳证券交易所上市 A 股；

③对香港市场投资者（包括单位和个人）通过基金互认买卖内地基金份额；

④证券投资基金（封闭式证券投资基金，开放式证券投资基金）管理人运用基金买卖股票、债券；

⑤个人从事金融商品转让业务。

（22）金融同业往来利息收入。

（23）符合条件的担保机构从事中小企业信用担保或者再担保业务取得的收入（不含信用评级、咨询、培训等收入）3 年内免征增值税。

（24）国家商品储备管理单位及其直属企业承担商品储备任务，从中央或者地方财政取得的利息补贴收入和价差补贴收入。

（25）纳税人提供技术转让、技术开发和与之相关的技术咨询、技术服务。

（26）符合条件的合同能源管理服务。

（27）政府举办的从事学历教育的高等、中等和初等学校（不含下属单位），举办进修班、培训班取得的全部归该学校所有的收入。

（28）政府举办的职业学校设立的主要为在校学生提供实习场所、并由学校出资自办、由学校负责经营管理、经营收入归学校所有的企业，从事《销售服务、无形资产或者不动产注释》中“现代服务”（不含融资租赁服务、广告服务和其他现代服务）、“生活服务”（不含文化体育服务、其他生活服务和桑拿、氧吧）业务活动取得的收入。

（29）家政服务企业由员工制家政服务员提供家政服务取得的收入。

（30）福利彩票、体育彩票的发行收入。

（31）军队空余房产租赁收入。

（32）为了配合国家住房制度改革，企业、行政事业单位按房改成本价、标准价出售住房取得的收入。

（33）将土地使用权转让给农业生产者用于农业生产。

（34）涉及家庭财产分割的个人无偿转让不动产、土地使用权。

（35）土地所有者出让土地使用权和土地使用者将土地使用权归还给土地

所有者。

（36）县级以上地方人民政府或自然资源行政主管部门出让、转让或收回自然资源使用权（不含土地使用权）。

（37）随军家属就业。

（38）军队转业干部就业。

需要注意的是，纳税人发生应税行为适用免税、减税规定的，可以放弃免税、减税，依照规定缴纳增值税，即按一般纳税人可享受进项税额抵扣政策，可开具增值税专用发票。放弃免税、减税后，36 个月内不得再申请免税、减税。

纳税人发生应税行为同时适用免税和零税率规定的，纳税人可以选择适用免税或者零税率。

模块二　确定增值税纳税人和适用税率

《中华人民共和国增值税暂行条例》中规定了增值税的纳税人以及扣缴义务人；也规定了不同档次的增值税税率。

微课：增值税纳税人一般规定

PPT：增值税纳税人一般规定

一、确定增值税的纳税人

增值税纳税人是指税法规定负有缴纳增值税义务的单位和个人。凡在我国境内销售货物、销售服务、无形资产或者不动产，提供加工、修理修配劳务，以及进口货物的单位和个人，都是增值税的纳税人。这里所称“单位”，是指企业、行政单位、事业单位、军事单位、社会团体及其他单位。所称“个人”，是指个体工商户和其他个人。

单位以承包、承租、挂靠方式经营的，承包人、承租人、挂靠人（以下统称承包人）以发包人、出租人、被挂靠人（以下统称发包人）名义对外经营并由发包人承担相关法律责任的，以该发包人为纳税人。否则，以承包人为纳税人。即：

同时满足以下两个条件的，以发包人为纳税人；不同时满足以下两个条件的，以承包人为纳税人：

（1）以发包人名义对外经营。

（2）由发包人承担相关法律责任。

境外的单位或者个人在境内发生应税行为，在境内未设有经营机构的，以购买方为增值税扣缴义务人。财政部和国家税务总局另有规定的除外。

为了便于征管，借鉴国际通行的做法，我国将增值税纳税人按其经营规模大小及会计核算健全与否，划分为“一般纳税人”和“小规模纳税人”。对小规模纳税人，采取简易办法计税。

(一) 小规模纳税人

1. 小规模纳税人的标准

小规模纳税人目前是指年销售额在规定标准（500万元）以下，并且会计核算不健全，不能按规定报送有关税务资料的增值税纳税人。所称“会计核算不健全”是指不能正确核算增值税的销项税额、进项税额和应纳税额。

年应税销售额超过小规模纳税人标准的其他个人按小规模纳税人纳税；不经常发生应税行为的单位和个体工商户可选择按小规模纳税人纳税。

年应税销售额，是指纳税人在连续不超过12个月的经营期内累计应征增值税销售额，含减、免税销售额，发生境外应税行为销售额以及按规定已从销售额中差额扣除的部分。如果该销售额为含税的，应按照适用税率或征收率换算为不含税的销售额。

2. 小规模纳税人的管理

视频：最美纳税人

增值税小规模纳税人（其他个人除外）发生增值税应税行为，需要开具增值税专用发票的，可以自愿使用增值税发票管理系统自行开具。选择自行开具增值税专用发票的小规模纳税人，税务机关不再为其代开增值税专用发票。其他个人转让、出租不动产可以到税务机关代开增值税专用发票，保险企业、证券经纪人、信用卡和旅游等行业的个人代理人收取佣金费用可以由支付方企业到税务机关申请汇总代开专用发票。税务机关接到申请后，应先对企业申请内容进行审核，符合规定要求的，才给予代开增值税专用发票。代开增值税专用发票除加盖纳税人财务专用章或发票专用章外，必须同时加盖“税务机关代开增值税专用发票专用章”，凡未加盖上述专用章的，购货方一律不得作为扣税凭证。

【引例分析2-9】

案例：钢筋水泥用量大是质量高还是“水分”大

对小规模纳税人，采取简易办法计税，无须核算销项税额和进项税额，因此，夏新电器公司8月8日销售自产电视机给某小规模纳税人开具的是普通发票；8月23日从小规模纳税人处购入零件，取得的也是普通发票。以上买卖业务均未使用增值税专用发票。

(二) 一般纳税人

1. 一般纳税人的标准

小规模纳税人以外的增值税纳税人，为增值税一般纳税人。但要注意：

(1) 年应税销售额未超过规定标准的纳税人，会计核算健全，能够提供准确税务资料的，可以向主管税务机关办理一般纳税人资格登记，成为一般纳税人。能够准确提供税务资料，是指能够按照增值税规定如实填报增值税纳税申报表及其他税务资料，按期申报纳税。是否做到“会计核算健全”和“能够准确提供税务资料”，由小规模纳税人的主管税务机关认定。

(2) 年应税销售额超过规定标准的其他个人不属于一般纳税人。

（3）不经常发生应税行为的单位和个体工商户可选择按照小规模纳税人纳税。另外，兼有销售货物、提供加工修理修配劳务以及应税行为，且不经常发生应税行为的单位和个体工商户也可选择按照小规模纳税人纳税。

2. 一般纳税人的资格登记

微课：增值税一般纳税人的资格登记

符合一般纳税人条件的纳税人应当向主管税务机关申请资格登记，未申请办理一般纳税人资格登记手续的，应按销售额依照增值税税率计算应纳税额，不得抵扣进项税额，也不得使用增值税专用发票（含税控机动车销售统一发票）。

除国家税务总局另有规定外，一经登记为一般纳税人后，不得转为小规模纳税人。

纳税人年应税销售额超过规定标准的，须在申报期结束后15日内，向主管税务机关办理一般纳税人资格登记，或向主管税务机关提交书面说明按小规模纳税人纳税。未按规定时限办理的，主管税务机关会在规定期限结束后5日内制作“税务事项通知书”，通知纳税人在5日内向主管税务机关办理相关手续。

PPT：增值税一般纳税人的资格登记

纳税人办理一般纳税人资格登记的程序如下：

（1）纳税人向主管税务机关填报“增值税一般纳税人资格登记表”，并提供税务登记证件；

（2）纳税人填报内容与税务登记信息一致的，主管税务机关当场登记；

（3）纳税人填报内容与税务登记信息不一致，或者不符合填列要求的，税务机关应当场告知纳税人需要补正的内容。

下面以夏新电器公司登记成为增值税一般纳税人为例，填报“增值税一般纳税人资格登记表”（见表2－1）。

表2－1　　增值税一般纳税人资格登记表

纳税人名称	夏新电器有限责任公司		纳税人识别号	990178954096680046	
法定代表人（负责人、业主）	章庆良	证件名称及号码	身份证441267197303181665	联系电话	85213821
财务负责人	张明明	证件名称及号码	身份证441267198308121321	联系电话	85213321
办税人员	刘芳芳	证件名称及号码	身份证441267198001224652	联系电话	85213226
税务登记日期	2019年6月20日				
生产经营地址	广州番禺大北路×××号				
注册地址	广州番禺大北路×××号				
纳税人类别：企业☑　非企业性单位 □　个体工商户 □　其他 □					
主营业务类别：工业☑　商业 □　服务业 □　其他 □					
会计核算健全：是☑					
一般纳税人资格生效之日：当月1日□　次月1日☑					

续表

纳税人（代理人）承诺： 上述各项内容真实、可靠、完整。如有虚假，愿意承担相关法律责任。 经办人：刘芳芳　法定代表人：章庆良　代理人：　（签章） 2019 年 6 月 20 日	
以下由税务机关填写	
主管税务机关受理情况	受理人：主管税务机关（章）　年　月　日

填表说明：1. 本表由纳税人如实填写。
2. 表中“证件名称及号码”相关栏次，根据纳税人的法定代表人、财务负责人、办税人员的居民身份证、护照等有效身份证件及号码填写。
3. 表中“一般纳税人资格生效之日”由纳税人自行勾选。
4. 主管税务机关（章）指各办税服务厅业务专用章。
5. 本表一式二份，主管税务机关和纳税人各留存一份。

除财政部、国家税务总局另有规定外，纳税人自其选择的一般纳税人资格生效之日起，按照增值税一般计税方法计算应纳税额，并按照规定领用增值税专用发票。

纳税人年应税销售额超过财政部、国家税务总局规定标准，且符合有关政策规定，选择按小规模纳税人纳税的，应当向主管税务机关提交书面说明（见表 2－2）。

表 2－2　选择按小规模纳税人纳税的情况说明

纳税人名称		纳税人识别号	
连续不超过 12 个月的经营期内累计应税销售额		货物劳务：　年　月至　年　月共　元。	
		应税服务：　年　月至　年　月共　元。	
情况说明			
纳税人（代理人）承诺： 上述各项内容真实、可靠、完整。如有虚假，愿意承担相关法律责任。 经办人：　法定代表人：　代理人：（签章） 年　月　日			
以下由税务机关填写			
主管税务机关受理情况	受理人：主管税务机关（章）　年　月　日		

填表说明：1.“情况说明”栏由纳税人填写符合财政部、国家税务总局规定可选择按小规模纳税人纳税的具体情形及理由。
2. 主管税务机关（章）指各办税服务厅业务专用章。
3. 本表一式二份，主管税务机关和纳税人各留存一份。

个体工商户以外的其他个人年应税销售额超过规定标准的，不需要向主管税务机关提交书面说明。

微课：增值税适用税率和征收率

PPT：增值税适用税率和征收率

二、确定增值税税率及征收率

我国增值税适用税率目前分为13%、9%、6%和0%四种，征收率分为3%和5%两种。

（一）基本税率

增值税一般纳税人销售或者进口货物，提供加工、修理修配劳务，提供有形动产租赁服务，除适用低税率、零税率和征收率范围外，税率均为13%。

（二）低税率

纳税人销售或者进口下列货物的，适用9%的低税率：①粮食、食用植物油、食用盐；②自来水、暖气、冷气、热水、煤气、石油液化气、天然气、沼气、居民用煤炭制品；③图书、报纸、杂志；④饲料、化肥、农药、农机、农膜；⑤国务院规定的其他货物。

提供交通运输服务、邮政服务、基础电信服务、建筑服务、不动产租赁服务，销售不动产，转让土地使用权，税率为9%。需要注意的是“车辆停放服务、道路通行服务（包括过路费、过桥费、过闸费等）等按照不动产经营租赁服务缴纳增值税。”适用9%的税率，而非交通运输服务。

提供现代服务业（租赁服务除外）、增值电信服务、金融服务、生活服务、销售无形资产（转让土地使用权除外），税率为6%。

（三）零税率

纳税人出口货物；提供国际运输服务；提供航天运输服务；向境外单位提供的完全在境外消费的相关服务［包括研发服务、合同能源管理服务、设计服务、广播影视节目（作品）的制作和发行服务、软件服务、电路设计及测试服务、信息系统服务、业务流程管理服务、离岸服务外包业务及转让技术］及财政部和国家税务总局规定的其他服务，税率为零。但是，出口货物不包括国家禁止出口的货物（天然牛黄、麝香、铜和铜基合金等）和国家限制出口的部分货物（矿砂及精矿、钢铁初级产品、原油、车用汽油、煤炭、原木、尿素产品、山羊绒、鳗鱼苗、某些援外货物等）。

（四）征收率

考虑到小规模纳税人经营规模小，且会计核算不健全，难以按上述税率计税和使用增值税专用发票抵扣进项税额，因此，实行按销售额与征收率计算应纳税额的简易办法。除部分不动产销售和租赁行为的征收率为5%以外，小规模纳税人发生的应税行为以及一般纳税人发生特定应税行为，增值税征收率为3%。

以下行为暂按5%征收率征收增值税：

1. 销售不动产

（1）一般纳税人销售其2016年4月30日前取得的不动产，可以选择适用简易计税方法，按照5%的征收率计算应纳税额。

（2）小规模纳税人销售其取得的不动产（不含个体工商户销售购买的住房和其他个人销售不动产），按照5%的征收率计算应纳税额。

（3）房地产开发企业中的一般纳税人，销售自行开发的房地产老项目，可以选择适用简易计税方法按照5%的征收率计税。

（4）房地产开发企业中的小规模纳税人，销售自行开发的房地产项目，按照5%的征收率计税。

（5）其他个人销售其取得（不含自建）的不动产（不含其购买的住房），按照5%的征收率计算应纳税额。

2. 不动产经营租赁服务

（1）一般纳税人出租其2016年4月30日前取得的不动产，可以选择适用简易计税方法，按照5%的征收率计算应纳税额。

（2）小规模纳税人出租其取得的不动产（不含个人出租住房），应按照5%的征收率计算应纳税额。

（3）其他个人出租其取得的不动产（不含住房），应按照5%的征收率计算应纳税额。

（4）个人出租住房，应按照5%的征收率减按1.5%计算应纳税额。

3. 中外合作开采的原油、天然气

【引例分析2-10】

夏新电器公司是增值税一般纳税人，该公司销售产品、对外捐赠产品、进口原材料、公司为客户修理旧电视机等均应按13%税率计算缴纳增值税；对外转让生产技术的使用权适用6%税率计算缴纳增值税，将闲置的仓库对外租赁适用9%税率计算缴纳增值税。

模块三　一般纳税人销项税额的计算

按照《中华人民共和国增值税暂行条例》的规定，我国现行增值税一般纳税人应纳税额的计算采用购进扣税法，即根据购进货物和劳务增值税专用发票上注明的税款进行抵扣，销项税额与进项税额之差为应纳税额。计算公式为：

应纳税额 = 当期销项税额 − 当期进项税额

销项税额 = 不含税销售额 × 适用税率

其中的销售额是指纳税人销售货物、提供应税劳务或者发生应税行为向购买方收取的全部价款和价外费用，但不包括向购买方收取的销项税额。企

微课：销项税的一般规定

PPT：销项税的一般规定

业确定增值税销项税额有如下几种情况：

一、开具增值税专用发票的销项税额的确定

销项税额是指纳税人销售货物、提供应税劳务或者发生应税行为，按照规定税率计算并向购买方收取的增值税税额。通常情况下，销项税额在销售发票上是单独一栏注明的，如表2－3所示，最后一栏内容是“税额”，它在会计核算中会单独计入“应交税费——应交增值税（销项税额）”账户，该账户的贷方合计就是对外开具增值税专用发票的销售收入的销项税额合计。

表2－3　　增值税专用发票记账联

1100026200　　北京增值税专用发票　　№ 43007765

发票联

开票日期：2019年12月26日

购买方	名　　称：北京羽裳服饰有限公司 纳税人识别号：91110322337328752X 地 址、电 话：北京市朝阳区新华路3号102室 010-78061988 开户行及账号：中国工商银行北京分行 1013991627280904056			密码区	2369/>85325+04><<<0+<0+>2*6 2>31001>1></>◇<1100132620* 04*052*35*896<32236+9853250 *+400262>3*1+00<11/+/++◇+>		
货物或应税劳务、服务名称	规格型号	单位	数量	单价	金额	税率	税额
*电子计算机*电脑		台	10	800.00	8000.00	13%	1040.00
合　　计					￥8000.00		￥1040.00
价税合计（大写）	⊗玖仟零佰肆拾圆整				（小写）￥9040.00		
销货方	名　　称：北京五洲商场有限公司 纳税人识别号：91110010832354616K 地 址、电 话：北京市昌平区城南街道55号1011 010-56645246 开户行及账号：北京民生银行昌平支行 696203564			备注	北京五洲商场有限公司 91110010832354616K 发票专用章		

收款人：林雯　　复核：秦成军　　开票人：夏政香　　销售方：（章）

税总函[2016]117号上海华森实业有限公司

第二联：发票联 购买方记账凭证

在开具增值税专用发票和其他计算销项税额的情况下，销项税额的计算公式是：

销项税额＝销售额×适用税率

其中的销售额包括向购买方收取的除销项税额外的全部价款和价外费用。

价外费用包括向购买方价外收取的手续费、补贴、基金、集资费、返还利润、奖励费、违约金（延期付款利息）、包装费、包装物租金、储备费、优质费、运输装卸费、代收款项、代垫款项及其他各种性质的价外费用。但不包括下列项目：

（1）受托加工应征消费税的消费品所代收代缴的消费税。

（2）同时符合以下条件的代垫运输费用：

①承运部门的运输费用发票开具给购买方的；

②纳税人将该项发票转交给购买方的。

（3）同时符合以下条件代为收取的政府性基金或者行政事业性收费：

①由国务院或者财政部批准设立的政府性基金，由国务院或者省级人民政府及其财政、价格主管部门批准设立的行政事业性收费；

②收取时开具省级以上财政部门印制的财政票据；

③所收款项全额上缴财政。

（4）销售货物的同时代办保险等而向购买方收取的保险费，以及向购买方收取的代购买方缴纳的车辆购置税、车辆牌照费。

在买卖双方办理结算时，销售额和销项税额一般是同时合并结算的。

纳税申报期间所有开具增值税专用发票的与销售额同步的销项税额均需要通过记账程序汇总到“应交税费——应交增值税（销项税额）”账户中，在纳税申报时，这一账户是纳税申报数据的主要来源。它与“主营业务收入”相应业务保持以税率为比例的对应关系。

销售额以人民币计算。纳税人以外汇结算销售额的，可以选择销售额发生的当天或当月 1 日的国家外汇牌价（原则上为中间价）折合成人民币计算。纳税人应在事先确定采用何种折合率，确定后 12 个月内不得变更。

【引例分析 2－11】

夏新电器有限责任公司 8 月 1 日销售产品，8 月 23 日将自产产品对外捐赠，8 月 24 日转让生产技术使用权，8 月 28 日将闲置的仓库对外租赁，8 月 30 日为客户修理旧电视机，以上均应开具增值税专用发票。

发票上增值销项税额应为：

1 日：混合销售货物，应按销售货物缴纳增值税，销项税额＝（3 000×200 货款＋800 元运费）×13%＝78 104（元）

23 日：对外捐赠，视同销售，销项税额＝3 000×10×13%＝3 900（元）

24 日：转让生产技术使用权，销项税额＝40 000×6%＝2 400（元）

28 日：转让不动产使用权，销项税额＝5 000×9%＝450（元）

30 日：为客户提供修理旧电视机劳务，销项税额＝400×13%＝52（元）

二、销售额和销项税额合并收取时销项税额的确定

增值税的应税销售额不包括向购买方收取的销项税额，但由于在实际生活中，销项税额与销售额同时收取，为便于消费者购买的整体支付考虑，常常出现纳税人将销售货物的销售额和销项税额合并定价的情况。遇到这种情况，在计税时先要将含税销售额换算为不含税销售额，其换算公式为：

销售额＝含税销售额÷（1＋税率）

增值税一般纳税人（包括纳税人自己或代其他部门）向购买方收取的价外费用和应税的包装物押金，应视为含税收入，在征税时应换算为不含税收入再并入销售额。

【引例分析 2－12】

夏新电器公司 8 月 8 日销售自产电视机给小规模纳税人，收取的款项是价税合并收取的，需要通过计算来确定销项税额：

销项税额＝3 390÷（1＋13%）×13%＝390（元）

三、发生折扣、折让、中止或者退回时销售额的确定

折扣销售（又称“商业折扣”）是按商品标明的价格扣减一定数额后销售。这项扣减数通常用百分比表示，如 10%、20% 等，我国习惯用九折、八折等表示。在发生商业折扣时，如果销售额和折扣额在同一张发票上注明的，可按折扣后的销售额计税；如果将折扣额另开一张发票，则不论其在财务上如何处理，均不得从销售额中减除折扣额。这里的折扣销售仅限于货物价格折扣，如果是实物折扣应按视同销售中“无偿赠送”处理，实物款额不能从原销售额中减除。

案例：增值税税负预警小案例

销售折扣（又称现金折扣），是指在采用赊销方式销售商品时，为了鼓励购货方在一定期限内尽早偿还货款，而规定一个短于规定期限的折扣。比如，规定在 10 天内付款的给予 5% 的货款折扣；15 天付款的，折扣 3%；1 个月的，全价付款。这种折扣发生在销售货物之后，属于一种融资行为，折扣额不得从销售额中减除。

销售折让是指销货之后，作为已售产品出现品种、质量问题而给予购买方的补偿，是原销售额的减少，折让额可以从销售额中减除。因销售折让、中止或者退回而退还给购买方的增值税额，应当从当期的销项税额中扣减。

【引例分析 2－13】

夏新电器公司 8 月 5 日举行促销活动，给予 8% 的折扣为商业折扣，销售额和折扣额在同一张发票上注明，可按折扣后的销售额计税。

销项税额＝3 000×（1－8%）×85×13%＝234 600×13%

＝30 498（元）

四、包装物对外销售时销售额的确定

通常情况下，包装物是商品的组成部分，纳税人销售带包装的货物，无论包装物是否单独计价，在财务上如何核算，也不论这部分包装物是自制的或外购的，均应包括在销售额内。但有的纳税人为了能收回包装物周转使用，对包装物不作价随同货物出售，而是另外收取押金，并单独记账核算，这种情况下，包装物押金一般不并入销售额。但酒类产品收取的包装物押金，除销售啤酒、黄酒外，无论是否返还以及会计上如何核算，都应并入当期销售

额计税。

对按规定不并入销售额计税的包装物押金，如果超过合同或双方协议约定的期限或者超过一年未收回，并且押金不再退还的，则应按所包装货物的适用税率计算销售额。由于逾期包装物押金为含税收入，需换算成不含税价再并入销售额。

逾期包装物押金销售额 = 逾期包装物押金 ÷（1 + 适用税率）

五、视同销售或售价明显偏低的销售额的确定

纳税人销售货物、提供应税劳务或发生应税行为价格明显偏低或者偏高且不具有合理商业目的的，或视同销售但无实际销售额发生的，主管税务机关有权按照下列顺序确定销售额：

（1）按照纳税人最近时期销售同类货物、同类服务、无形资产或者不动产的平均价格确定。

（2）按照其他纳税人最近时期销售同类货物、同类服务、无形资产或者不动产的平均价格确定。

（3）按照组成计税价格确定。组成计税价格的公式为：

组成计税价格 = 成本 ×（1 + 成本利润率）

成本利润率由国家税务总局确定。

如果视同销售或售价明显偏低的货物是属于应征消费税的货物，其组成计税价格中应加计消费税税额；属应从价定率征收消费税的货物，其组价公式中的成本利润率需按消费税的有关规定计算。

组成计税价格 =（成本 + 利润）÷（1 − 消费税比例税率）

不具有合理商业目的，是指以谋取税收利益为主要目的，通过人为安排，减少、免除、推迟缴纳增值税税款，或者增加退还增值税税款。

微课：销项税的特殊规定

六、部分特殊服务销售额的确定

（1）贷款服务，以提供贷款服务取得的全部利息及利息性质的收入为销售额。

（2）直接收费金融服务，以提供直接收费金融服务收取的手续费、佣金、酬金、管理费、服务费、经手费、开户费、过户费、结算费、转托管费等各类费用为销售额。

PPT：销项税的特殊规定

（3）金融商品转让，按照卖出价扣除买入价后的余额为销售额。转让金融商品出现的正负差，按盈亏相抵后的余额为销售额。若相抵后出现负差，可结转下一纳税期与下期转让金融商品销售额相抵，但年末时仍出现负差的，不得转入下一个会计年度。

金融商品的买入价，可以选择按照加权平均法或者移动加权平均法进行核算，选择后36个月内不得变更。

金融商品转让，不得开具增值税专用发票。

（4）经纪代理服务，以取得的全部价款和价外费用，扣除向委托方收取并代为支付的政府性基金或者行政事业性收费后的余额为销售额。向委托方收取的政府性基金或者行政事业性收费，不得开具增值税专用发票。

（5）劳务派遣服务，可选择差额计税，以扣除代用工单位支付给劳务派遣员工的工资、福利和为其办理社会保险及住房公积金后的余额计税。

（6）融资租赁和融资性售后回租业务。

①经人民银行、银监会或者商务部批准从事融资租赁业务的纳税人，提供融资租赁服务，以取得的全部价款和价外费用，扣除支付的借款利息（包括外汇借款和人民币借款利息）、发行债券利息和车辆购置税后的余额为销售额。

②经人民银行、银监会或者商务部批准从事融资租赁业务的纳税人，提供融资性售后回租服务，以取得的全部价款和价外费用（不含本金），扣除对外支付的借款利息（包括外汇借款和人民币借款利息）、发行债券利息后的余额作为销售额。

（7）航空运输企业的销售额，不包括代收的机场建设费和代售其他航空运输企业客票而代收转付的价款。

（8）一般纳税人提供客运场站服务，以其取得的全部价款和价外费用，扣除支付给承运方运费后的余额为销售额。

（9）一般纳税人提供旅游服务，可以选择以取得的全部价款和价外费用，扣除向旅游服务购买方收取并支付给其他单位或者个人的住宿费、餐饮费、交通费、签证费、门票费和支付给其他接团旅游企业的旅游费用后的余额为销售额。

选择上述办法计算销售额的纳税人，向旅游服务购买方收取并支付的上述费用，不得开具增值税专用发票，可以开具普通发票。

（10）一般纳税人提供建筑服务适用简易计税方法的，以取得的全部价款和价外费用扣除支付的分包款后的余额为销售额。

（11）房地产开发企业中的一般纳税人销售其开发的房地产项目（选择简易计税方法的房地产老项目除外），以取得的全部价款和价外费用，扣除受让土地时向政府部门支付的土地价款后的余额为销售额。

房地产老项目，是指《建筑工程施工许可证》注明的合同开工日期在2016年4月30日前的房地产项目；未取得《建筑工程施工许可证》的，建筑工程承包合同注明的开工日期在2016年4月30日前的建筑工程项目。

（12）纳税人按照上述（4）~（11）款的规定从全部价款和价外费用中扣除的价款，应当取得符合法律、行政法规和国家税务总局规定的有效凭证。否则，不得扣除。

上述凭证是指：

①支付给境内单位或者个人的款项，以发票为合法有效凭证。

②支付给境外单位或者个人的款项，以该单位或者个人的签收单据为合

法有效凭证，税务机关对签收单据有疑义的，可以要求其提供境外公证机构的确认证明。

③缴纳的税款，以完税凭证为合法有效凭证。

④扣除的政府性基金、行政事业性收费或者向政府支付的土地价款，以省级以上（含省级）财政部门监（印）制的财政票据为合法有效凭证。

⑤国家税务总局规定的其他凭证。

纳税人取得的上述凭证属于增值税扣税凭证的，其进项税额不得从销项税额中抵扣。

知识窗

销售自己使用过的固定资产的征税规定

自2009年1月1日起，纳税人销售自己使用过的固定资产，应区分不同情形征收增值税：

1. 销售自己使用过的2009年1月1日以后购进或者自制的固定资产，按照适用税率征收增值税。

2. 2008年12月31日以前未纳入扩大增值税抵扣范围试点的增值税一般纳税人，销售自己使用过的2008年12月31日以前购进或者自制的固定资产，按照3%征收率减按2%征收增值税。

3. 2008年12月31日以前已纳入扩大增值税抵扣范围试点的增值税一般纳税人，销售自己使用过的在本地区扩大增值税抵扣范围试点以前购进或者自制的固定资产，按照3%征收率减按2%征收增值税；销售自己使用过的在本地区扩大增值税抵扣范围试点以后购进或者自制的固定资产，按照适用税率征收增值税。

一般纳税人销售自己使用过的固定资产，适用按简易办法依3%征收率减按2%征收增值税政策，只开具普通发票，不得开具增值税专用发票；可以放弃减税，按照简易办法依照3%征收率缴纳增值税，并可以开具增值税专用发票。

小规模纳税人（除其他个人外，下同）销售自己使用过的固定资产，减按2%征收率征收增值税。小规模纳税人销售自己使用过的固定资产，只开具普通发票，不得由税务机关代开增值税专用发票。

【引例分析2－14】

夏新电器公司8月5日原总经理个人消费的小轿车，因购进时提供给个人消费，故当时不能抵扣进项税额，出售时适用按简易办法依3%征收率减按2%征收增值税政策，产生应纳税额：［35 000÷（1+3%）］×2%≈679.61（元）。

模块四 一般纳税人进项税额的计算

根据《中华人民共和国增值税暂行条例》的规定，在征收增值税时，对上一生产流通环节已纳税款实行抵扣。在实务中，外购业务所承担的税额，也即进项税额，有的准予从销项税额中抵扣，有的却不得从销项税额中抵扣。

进项税额，是指纳税人购进货物、加工修理修配劳务、服务、无形资产或者不动产，支付或者负担的增值税额。按照税法规定，增值税进项税额允许纳税人在销售货物时从向购买方收取的销项税额中抵扣。在开具增值税专用发票的情况下，它们之间的对应关系是：销售方收取的销项税额，就是购买方支付的进项税额。对于任何一个一般纳税人而言，由于其在经营活动中既会发生销售业务，又会发生购进业务，因此，每一个一般纳税人都会有收取的销项税额和支付的进项税额。增值税的核心就是用纳税人收取的销项税额抵扣其支付的进项税额，其余额为纳税人实际应缴纳的增值税税额。这样，进项税额作为可抵扣的部分，对于纳税人实际纳税多少就产生了举足轻重的作用。然而，需要注意的是，并不是纳税人支付的所有进项税额都可以从销项税额中抵扣。当纳税人购进的货物、加工修理修配劳务、服务、无形资产或者不动产，支付或者负担的增值税额不是用于增值税应税项目，而是用于简易计税项目、免税项目或用于集体福利、个人消费等情况时，其支付的进项税额就不能从销项税额中抵扣。

微课：可抵扣进项税额

PPT：可抵扣进项税额

一、准予从销项税额中抵扣的进项税额

准予从销项税额中抵扣的进项税额，限于下列增值税扣税凭证上注明的增值税额和按规定的扣除率计算的进项税额，且可以抵扣的条件是“合同流”“资金流”“发票流”“货物流”“四流”一致，否则不予抵扣。

（一）从销售方取得的增值税专用发票上注明的增值税额（含税控机动车销售统一发票，下同）

购进业务，如果对方可提供增值税专用发票，则增值税专用发票“抵扣联”上的税额即为购进方的可抵扣税额，纳税申报期间收到的所有可以抵扣的增值税专用发票的抵扣联的进项税额均需要通过记账程序汇总到“应交税费——应交增值税（进项税额）”账户中，在纳税申报时，这一账户是纳税申报抵扣数据的主要来源。

【引例分析 2－15】

夏新电器公司 8 月 2 日购进原材料，8 月 9 日为客户送货上门，取得的都

是增值税专用发票，如专用发票经税务机关认证，它们都是可抵扣的进项税额

（二）从海关取得的海关进口增值税专用缴款书上注明的增值税额

目前货物进口环节的增值税由海关负责代征，纳税人在进口货物办理报关进口手续时，需向海关申报缴纳进口增值税并从海关取得完税证明，所取得的海关进口增值税专用缴款书上注明的增值税额准予抵扣。纳税人取得海关进口增值税专用缴款书，在进行增值税纳税申报时，应当通过本省（自治区、直辖市和计划单列市）增值税发票综合服务平台对扣税凭证信息进行用途确认。

纳税人进口货物凡已缴纳了增值税的，不论是否已经支付货款，其取得的海关完税凭证均可作为增值税进项税额的抵扣凭证。

【引例分析 2－16】

夏新电器公司 8 月 22 日从境外进口的原材料，公司从海关取得进口增值税专用缴款书，上面所注明的进口增值税额为可抵扣税额。

案例："合同流""资金流""发票流""货物流""四流"一致

（三）购买农业产品准予抵扣的进项税额

购进农产品，取得增值税专用发票或者海关进口增值税专用缴款书，以增值税专用发票或海关进口增值税专用缴款书上注明的增值税额为进项税额；从按照简易计税方法依照 3% 征收率计算缴纳增值税的小规模纳税人处取得增值税专用发票的，以增值税专用发票上注明的金额和 9% 的扣除率计算进项税额；取得（开具）农产品销售发票或收购发票的，以农产品销售发票或收购发票上注明的农产品买价和 9% 的扣除率计算进项税额；纳税人购进用于生产销售或委托受托加工 13% 税率货物的农产品，按照 10% 的扣除率计算进项税额；纳税人购进农产品既用于生产销售或委托受托加工 13% 税率货物又用于生产销售其他货物服务的，应当分别核算用于生产销售或委托受托加工 13% 税率货物和其他货物服务的农产品进项税额，未分别核算的，统一以增值税专用发票或海关进口增值税专用缴款书上注明的增值税税额为进项税额，或以农产品收购发票或销售发票上注明的农产品买价和 9% 的扣除率计算进项税额。按照农产品收购发票或者销售发票上注明的农产品买价和 9% 的扣除率计算可扣除的进项税额的计算公式为：

进项税额＝买价×扣除率

买价，是指纳税人购进农产品在农产品收购发票或者销售发票上注明的价款和按照规定缴纳的烟叶税。

（四）中华人民共和国税收完税凭证上注明的增值税额

从境外单位或者个人购进服务、无形资产或者不动产，自税务机关或者扣缴义务人取得的解缴税款的完税凭证上注明的增值税额。

纳税人凭完税凭证抵扣进项税额的，应当具备书面合同、付款证和境外

单位的对账单或者发票。资料不全的，其进项税额不得从销项税额中抵扣。

（五）购买税控设备所支付的费用

增值税纳税人初次购买增值税税控系统专用设备（包括分开票机）支付的费用，可凭购买增值税税控系统专用设备取得的增值税专用发票，在增值税应纳税额中全额抵减（抵减额为价税合计额），不足抵减的可结转下期继续抵减。增值税纳税人非初次购买增值税税控系统专用设备支付的费用，由其自行负担，不得在增值税应纳税额中抵减。

增值税纳税人缴纳的技术维护费，可凭技术维护服务单位开具的技术维护费发票，在增值税应纳税额中全额抵减，不足抵减的可结转下期继续抵减。

增值税一般纳税人支付的以上两项费用在增值税应纳税额中全额抵减的，其增值税专用发票不作为增值税抵扣凭证，其进项税额不得从销项税额中抵扣。

（六）过桥过路费的抵扣

纳税人支付的道路通行费，按照收费公路通行费增值税电子普通发票上注明的增值税额抵扣进项税额。其中，高速公路通行费的计税率为3%，一级、二级公路通行费的计税率为5%。

纳税人支付的桥、闸通行费，暂凭取得的通行费发票上注明的收费金额按照下列公式计算可抵扣的进项税额：

$$\text{桥、闸通行费可抵扣进项税额}=\frac{\text{桥、闸通行费发票上注明的金额}}{1+5\%}\times 5\%$$

（七）不动产、在建工程的抵税

（1）适用一般计税方法的纳税人，2016年5月1日后取得并在会计制度上按固定资产核算的不动产或者2016年5月1日后取得的不动产在建工程，其进项税额可从销项税额中抵扣。

取得不动产，包括以直接购买、接受捐赠、接受投资入股、自建以及抵债等各种形式取得不动产，不包括房地产开发企业自行开发的房地产项目。

（2）按规定不得抵扣且未抵扣进项税额的固定资产、无形资产、不动产，发生用途改变，用于允许抵扣进项税额的应税项目，可在用途改变的次月按照下列公式计算可以抵扣的进项税额：

$$\text{可以抵扣的进项税额}=\frac{\text{固定资产、无形资产、不动产净值}}{1+\text{适用税率}}\times\text{适用税率}$$

上述可以抵扣的进项税额应取得合法有效的增值税扣税凭证。

（八）旅客运输服务的抵扣

纳税人购进国内旅客运输服务，其进项税额允许从销项税额中抵扣。如果纳税人未取得增值税专用发票，暂时按照以下规定确定进项税额：

（1）取得增值税电子普通发票的，为发票上注明的税额；

（2）取得注明旅客身份信息的航空运输电子客票行程单的，为按照下列公式计算进项税额：

航空旅客运输进项税额 =（票价 + 燃油附加费）÷（1 +9%）×9%

（3）取得注明旅客身份信息的铁路车票的，为按照下列公式计算的进项税额：

铁路旅客运输进项税额 = 票面金额 ÷（1 +9%）×9%

（4）取得注明旅客身份信息的公路、水路等其他客票的，按照下列公式计算进项税额：

公路、水路等其他旅客运输进项税额 = 票面金额 ÷（1 +3%）×3%

二、不得从销项税额抵扣的进项税额

（一）用于简易计税方法计税项目、免税项目、集体福利或个人消费的购进货物、加工修理修配劳务、服务、无形资产和不动产的进项税额

用于简易计税方法计税项目、免税项目、集体福利或者个人消费的购进货物、加工修理修配劳务、服务、无形资产和不动产的进项税额不得从销项税额中抵扣。其中涉及的固定资产、无形资产、不动产，仅指专用于上述项目的固定资产、无形资产（不包括其他权益性无形资产）、不动产，发生兼用于增值税应税项目和上述项目情况的，该进项税额准予全部抵扣。

微课：不可抵扣进项税额

PPT：不可抵扣进项税额

纳税人购进其他权益性无形资产无论是专用于简易计税方法计税项目、免征增值税项目、集体福利或者个人消费，还是兼用于上述项目，均可以抵扣进项税额。

知识窗

增值税的转型

我国2009年以前实行的是生产型的增值税，即纳税人购进固定资产的进项税额不得从销项税额中抵扣。自2009年1月1日起，增值税一般纳税人购进（包括接受捐赠、实物投资）或者自制（包括改扩建、安装）固定资产发生的进项税额，可凭增值税专用发票、海关进口增值税专用缴款书从销项税额中抵扣，其进项税额应当记入“应交税费——应交增值税（进项税额）”科目。

用于集体福利或个人消费的购进货物或应税劳务，是指企业内部设置的供职工使用的食堂、浴室、理发室、宿舍、幼儿园等福利设施及其设备、物品等或者以福利、奖励、津贴等形式发放给职工个人的物品。个人消费，包括纳税人的交际应酬消费。纳税人凡购进货物或应税劳务是用于集体福利、个人消费的，由于其已改变了生产、经营需要的用途，成为最终消费品，因此，其进项税额不能抵扣。

【引例分析 2 -17】

夏新电器公司8月16日外购清凉饮料发放给职工作为夏季高温福利品，

为用于个人消费的购进货物，不能抵扣税款；8 月 23 日从小规模纳税人处购入零件取得普通发票，没有进项税额可抵扣。

（二）适用于一般计税方法的纳税人，兼营简易计税方法计税项目、免征增值税项目中不得抵扣的进项税额

适用一般计税方法的纳税人，兼营简易计税方法计税项目、免征增值税项目而无法划分不得抵扣的进项税额，按照下列公式计算不得抵扣的进项税额：

不得抵扣的进项税额 = 当期无法划分的全部进项税额 ×（当期简易计税方法计税项目销售额 + 免征增值税项目销售额）÷ 当期全部销售额

主管税务机关可以按照上述公式依据年度数据对不得抵扣的进项税额进行清算。

业务 2－1

某制药厂为增值税一般纳税人，2019 年 10 月份发生如下业务：

1. 购进生产原料一批，税控发票注明价款 40 000 元，增值税 5 200 元。
2. 销售应税药品 20 箱，取得不含税收入 200 000 元。
3. 销售免税药品 20 000 元。
4. 上期留抵税额 6 000 元。

要求：核算该制药厂 10 月份应纳增值税额。

【工作步骤】

第一步：核定当期销项税额 = 200 000 × 13% = 26 000（元）

第二步：核定当期进项税额 = 5 200（元）

第三步：核定免税药品不可抵扣进项税额

= 5 200 ÷（200 000 + 20 000）× 20 000 ≈ 472.73（元）

第四步：核定应纳税额 = 26 000 －（5 200 － 472.73）－ 6 000

= 15 272.73（元）

（三）非正常损失业务涉及的进项税额

非正常损失的购进货物，非正常损失的在产品、产成品所耗用的购进货物（不包括固定资产），以及相关的加工修理修配劳务和交通运输服务；非正常损失的不动产，以及该不动产所耗用的购进货物、设计服务和建筑服务；非正常损失的不动产在建工程所耗用的购进货物、设计服务和建筑服务。以上业务所涉及的进项税额不准予从销项税额中抵扣。

纳税人新建、改建、扩建、修缮、装饰不动产，均属于不动产在建工程。

非正常损失，是指因管理不善造成货物被盗、丢失、霉烂变质，以及因违反法律法规造成货物或者不动产被依法没收、销毁、拆除的情形。

【引例分析 2－18】

夏新电器公司 8 月 9 日被盗产品对应的进项税额为 800 元不再能抵税，需作进项税额转出。

（四）购进的贷款服务、餐饮服务、居民日常服务和娱乐服务

一般意义上，餐饮服务、居民日常服务和娱乐服务主要接受对象是个人。对于一般纳税人购买的餐饮服务、居民日常服务和娱乐服务，难以准确地界定接受劳务的对象是企业还是个人，因此，一般纳税人购进的餐饮服务、居民日常服务和娱乐服务的进项税额不得从销项税额中抵扣（即使取得增值税发票也不能抵扣）。

纳税人接受贷款服务向贷款方支付的与该笔贷款直接相关的投融资顾问费、手续费、咨询费等费用，其进项税额不得从销项税额中抵扣。不能抵扣的原因是目前税务机关没有对存款利息征收增值税，所以，贷款利息也不能抵税。

需注意，酒店住宿可索取增值税专用发票，进项税额可抵扣。

（五）不符合法律法规规定的凭证

纳税人取得的增值税扣税凭证不符合法律、行政法规或者国家税务总局有关规定的，其进项税额不得从销项税额中抵扣。

增值税扣税凭证，是指增值税专用发票、海关进口增值税专用缴款书、农产品收购发票、农产品销售发票和完税凭证。下列凭证不能抵税：

（1）取得虚开的增值税专用发票。企业如果善意取得虚开的增值税专用发票，如能重新取得合法、有效的专用发票，准予其抵扣进项税款；如不能重新取得合法、有效的专票，不允许抵扣进项税款。

（2）资料不全的完税凭证。纳税人凭税收缴款凭证抵扣进项税额的，应当具备书面合同、付款证明和境外单位的对账单或者发票。资料不全的，其进项税额不得从销项税额中抵扣。

（3）没有按规定加盖财务专用章或者发票专用章的扣税凭证。一般纳税人销售货物或者提供应税劳务可汇总开具专用发票。汇总开具专用发票的，同时使用防伪税控系统开具“销售货物或者提供应税劳务清单”，并加盖财务专用章或者发票专用章。

（六）一般纳税人的特殊规定

为了加强对一般纳税人的管理，防止利用一般纳税人和小规模纳税人的两种不同的征税办法达到少缴税款的情况发生，有下列情形之一者，应当按照销售额和增值税税率计算应纳税额，不得抵扣进项税额：

（1）一般纳税人会计核算不健全，或者不能够提供准确税务资料的。

（2）应当办理一般纳税人资格登记而未办理的。如：年销售额超过小规模纳税人标准但未登记一般纳税人资格的。

三、增值税的加计抵减

（一）适用对象

自 2019 年 4 月 1 日至 2021 年 12 月 31 日，生产、生活性服务业纳税人允许按照当期可抵扣进项税额加计一定比例抵减应纳税额。这里的生产、生活

性服务业纳税人，是指提供邮政服务、电信服务、现代服务、生活服务取得的销售额占全部销售额的比重超过50%的纳税人。具体标准如下：

（1）2019年3月31日前设立的纳税人，自2018年4月至2019年3月期间的销售额（经营期不满12个月的，按照实际经营期的销售额）符合规定条件的，自2019年4月1日起适用加计抵减政策，加计扣除比例为10%。

（2）2019年4月1日后设立的纳税人，自设立之日起3个月的销售额符合规定条件的，自登记为一般纳税人之日起适用加计抵减政策，加计扣除比例为10%。

（3）2019年9月30日前设立的纳税人，自2018年10月至2019年9月期间的销售额（经营期不满12个月的，按照实际经营期的销售额）符合规定条件的提供生活性服务的纳税人，自2019年10月1日起适用加计抵减15%政策。

（4）2019年10月1日后设立的提供生活性服务的纳税人，自设立之日起3个月的销售额符合上述规定条件的，自登记为一般纳税人之日起适用加计抵减15%政策。

（5）纳税人确定适用加计抵减政策后，当年内不再调整，以后年度是否适用，根据上年度销售额计算确定。

（6）纳税人可计提但未计提的加计抵减额，可在确定适用加计抵减政策当期一并计提。

（二）加计抵减额的确定办法

纳税人应按照当期可抵扣进项税额的10%或15%计提当期加计抵减额。

按照现行规定不得从销项税额中抵扣的进项税额，不得计提加计抵减额；已计提加计抵减额的进项税额，按规定作进项税额转出的，应在进项税额转出当期，相应调减加计抵减额。计算公式如下：

当期计提加计抵减额 = 当期可抵扣进项税额 × 10% 或 15%

当期可抵减加计抵减额 = 上期末加计抵减额余额 + 当期计提加计抵减额 − 当期调减加计抵减额

（三）加计抵减办法

纳税人应按照现行规定计算一般计税方法下的应纳税额（以下简称“抵减前的应纳税额”）后，区分以下情形加计抵减：

（1）抵减前的应纳税额等于零的，当期可抵减加计抵减额全部结转下期抵减；

（2）抵减前的应纳税额大于零，且大于当期可抵减加计抵减额的，当期可抵减加计抵减额全额从抵减前的应纳税额中抵减；

（3）抵减前的应纳税额大于零，且小于或等于当期可抵减加计抵减额的，以当期可抵减加计抵减额抵减应纳税额至零。未抵减完的当期可抵减加计抵减额，结转下期继续抵减。

（四）不得加计抵减的情形

纳税人出口货物劳务、发生跨境应税行为不适用加计抵减政策，其对应的进项税额不得计提加计抵减额。

纳税人兼营出口货物劳务、发生跨境应税行为且无法划分不得计提加计抵减额的进项税额，按照以下公式计算：

不得计提加计抵减额的进项税额 = 当期无法划分的全部进项税额 × 当期出口货物劳务和发生跨境应税行为的销售额 ÷ 当期全部销售额

（五）核算办法

纳税人应单独核算加计抵减额的计提、抵减、调减、结余等变动情况。不得骗取适用加计抵减政策或虚增加计抵减额。加计抵减政策执行到期后，纳税人不再计提加计抵减额，结余的加计抵减额停止抵减。

模块五 进口货物应纳税额的计算

根据《中华人民共和国增值税暂行条例》的规定，申报进入中华人民共和国海关境内的货物，均应缴纳增值税。

微课：进口货物应纳税额的计算

PPT：进口货物应纳税额的计算

一、进口环节增值税的含义

进口增值税，是指进口环节征缴的增值税，属于流转税的一种。不同于一般增值税对在生产、批发、零售等环节的增值额为征税对象，进口增值税是专门对进口环节的增值额进行征税的一种增值税。

确定一项货物是否属于进口货物，必须首先看其是否有报关进口手续。一般来说，境外产品要输入境内，都必须向我国海关申报进口，并办理有关报关手续。只要是报关进口的应税货物，不论其是国外产制还是我国已出口而又转销国内的货物，是进口者自行采购还是国外捐赠的货物，是进口者自用还是作为贸易或其他用途等，均应按照规定缴纳进口环节的增值税。

二、进口环节货物增值税应纳税额的计算

纳税人进口货物，按规定的组成计税价格和税率计算增值税应纳税额：

应纳税额 = 组成计税价格 × 税率

上式中的税率是规定的增值税税率，组成计税价格有两种情况：

（1）进口货物只征收增值税的，其组成计税价格为：

组成计税价格 = 关税完税价格 + 关税 = 关税完税价格 ×（1 + 关税税率）

（2）进口货物同时征收消费税的，其组成计税价格为：

组成计税价格 = 关税完税价格 + 关税 + 消费税

= 关税完税价格 ×（1 + 关税税率）÷（1 − 消费税税率）

【引例分析 2－19】

夏新电器公司 8 月 22 日从境外进口原材料，材料到岸价折合人民币 180 000 元，该材料进口关税税率为 20%，适用增值税税率为 13%。取得海关提供的进口增值税专用缴款书。该公司应缴纳的进口增值税额为 $(180\,000+180\,000\times20\%)\times13\%=28\,080$（元）。

为对进口增值税额的计算有更清晰的概念，下面以另一公司的进口货物为例说明进口增值税的计算方法。

业务 2－2

小刘为广州市祥飞进出口贸易公司的会计，该公司为增值税一般纳税人。该公司 2019 年 5 月从国外进口设备，设备的离岸价为 230 万美元，国际运费率为 5%，国际运输保险费率为 4%，关税税率为 15%，增值税税率为 13%，外汇牌价为 1 美元＝6.3 元人民币。小刘现要确认该笔业务应缴纳多少增值税。

【工作步骤】

第一步：确定进口设备的国际运费 $=230\times5\%=11.5$（万美元）

第二步：确定进口设备的国际运输保险费 $=(230+11.5)\times4\%$
$=9.66$（万美元）

第三步：确定以人民币标价的进口设备到岸价 $=(230+11.5+9.66)\times6.3$
$\approx1\,582.31$（万元）

第四步：确定进口关税 $=1\,582.31\times15\%\approx237.35$（万元）

第五步：确定组成计税价格 $=1\,582.31+237.35=1\,819.66$（万元）

第六步：确定应纳增值税额 $=1\,819.66\times13\%\approx236.56$（万元）

微课：增值税发票的管理和使用

模块六　管理、使用和认证增值税发票

增值税专用发票是增值税一般纳税人销售货物、提供应税劳务或者发生应税行为开具的发票，是购买方支付增值税额并可按照增值税有关规定据以抵扣增值税进项税额的凭证。

PPT：增值税发票的管理和使用

一、专用发票的领购使用

一般纳税人应通过增值税防伪税控系统使用专用发票，包括领购、开具、缴销、认证纸质专用发票及其相应的数据电文。

知识窗

防伪税控系统

防伪税控系统，是指使用专用设备（指金税卡、IC卡、读卡器和其他设备）和通用设备（指计算机、打印机、扫描器具和其他设备）、运用数字密码和电子存储技术管理专用发票的计算机管理系统。

安装税控装置是税务强制性规定。增值税一般纳税人必须通过防伪税控装置开具增值税发票（可开具增值税专用发票和增值税普通发票）。

一般纳税人领购专用设备后，需要携带税控设备到主管国税机关进行初始发行，将企业信息、增值税发票种类、限额、份数、离线开票金额等信息添加到设备中。税控设备公司的技术人员需将增值税开票系统安装到电脑中，纳税人才可以开具增值税发票。

二、专用发票的开具

（一）专用发票的开具条件

视频：发票管理概述

纳税人销售货物、提供应税劳务或发生应税行为，应当向索取增值税专用发票的购买方开具增值税专用发票，并在增值税专用发票上分别注明销售额和销项税额。属于下列情形之一的，不得开具增值税专用发票：

（1）向消费者个人销售货物、提供应税劳务、应税服务、无形资产或者不动产。

（2）销售货物、提供应税劳务或应税行为适用免征增值税规定的。

（3）小规模纳税人销售货物、提供应税劳务、服务、无形资产或者不动产。

（4）经纪代理服务中，向委托方收取的政府性基金或者行政事业性收费。

（5）金融商品转让。

案例：买卖发票，都是犯罪

（6）旅游服务，向旅游服务购买方收取并支付给其他单位或者个人的住宿费、餐饮费、交通费、签证费、门票费和支付给其他接团旅游企业的旅游费用。

（7）有形动产融资性售后回租服务，向承租方收取的有形动产价款本金。

（8）一般纳税人销售自己使用过的固定资产，按简易办法依3%征收率减按2%征收增值税的。

（9）销售旧货。

（10）提供劳务派遣服务选择差额纳税，向用工单位收取用于支付给劳务派遣员工工资、福利和为其办理社会保险及住房公积金的费用。

（二）专用发票的开具要求

开具专用发票要求：项目齐全，与实际交易相符；字迹清楚，不得压线、错格；发票联和抵扣联加盖发票专用章；按照增值税纳税义务的发生时间开具。

同一张发票上可以同时开具不同税率、不同品名，如果销售货物、劳务或应税行为的内容较多，还可开具销货清单。

（三）已开具专用发票的作废

一般纳税人在开具专用发票当月，发生销货退回、开票有误等情形，收到退回的发票联、抵扣联符合作废条件的，按作废处理；开具时发现有误的，可即时作废。作废专用发票须在防伪税控系统中将相应的数据电文按“作废”处理，在纸质专用发票（含未打印的专用发票）各联次上注明“作废”字样，全联次留存。

作废条件，指同时具有下列情形：①收到退回的发票联、抵扣联时间未超过销售方开票当月；②销售方未抄税（指报税前用 IC 卡或者 IC 卡和软盘抄取开票数据电文）并且未记账；③购买方未认证或者认证结果为“纳税人识别号认证不符”“专用发票代码、号码认证不符”。

（四）取得专用发票后，发生退货或销售折让等情况的处理

已开具的增值税专用发票，如发生销货退回、开票有误、应税行为中止以及发票抵扣联、发票联均无法认证等情形但不符合作废条件，或者因销货部分退回及发生销售折让，需要开具红字专用发票的，必须按以下方法处理：

（1）专用发票已交付购买方，购买方可在增值税专用发票系统升级版中填开并上传“开具红字增值税专用发票信息表”（以下统称“信息表”）。“信息表”所对应的蓝字专用发票应经税务机关认证（所购货物或服务等不属于增值税扣税项目范围的除外）。经认证结果为“认证相符”并且已经抵扣增值税进项税额的，购买方在填开“信息表”时不填写相对应的蓝字专用发票信息，应暂依“信息表”所列增值税税额从当期进项税额中转出，未抵扣增值税进项税额的可列入当期进项税额，待取得销售方开具的红字专用发票后，与“信息表”一并作为记账凭证；经认证结果“无法认证”“纳税人识别号认证不符”“专用发票代码、号码认证不符”，以及所购货物或服务不属于增值税扣税项目范围的，购买方不列入进项税额，不作进项税额转出，填开“信息表”时应填写相对应的蓝字专用发票信息。

（2）专用发票尚未交付购买方或者购买方拒收的，销售方应于专用发票认证期限内在增值税发票系统升级版中填开并上传“信息表”。

（3）主管税务机关通过网络接收纳税人上传的“信息表”，系统自动校验通过后，生成带有“红字发票信息表编号”的“信息表”，并将信息同步至纳税人端系统中。

（4）销售方凭税务机关校验通过的“信息表”开具红字专用发票，在增值税发票系统升级版中以销项负数开具。红字专用发票应与“信息表”一一对应。

（5）纳税人也可凭“信息表”电子信息或纸质资料到税务机关对“信息表”内容进行系统校验。

（6）纳税人需要开具红字增值税普通发票的，可以在所对应的蓝字发票金额范围内开具多份红字发票。红字机动车销售统一发票需与原蓝字机动车

销售统一发票一一对应。

三、增值税专用发票的网上认证

我国增值税纳税人按照信用程度分为A、B、M、C、D五级，税务部门根据税务总局发布的《纳税信用管理办法》，依据纳税人信用历史信息、税务内部信息和外部信息等内容对纳税人进行信用评价。每年4月，税务机关确定上一年度纳税信用评价结果。

其中增值税一般纳税人分为A、B、M、C四类，所有小规模纳税人作为D类纳税人管理。

下列增值税一般纳税人为C类纳税人：

（1）暂认定或转认定的尚在考察期内的企业；

（2）连续三个月零申报、负申报的企业，或者一年内零申报、负申报累计达到六次的企业；

（3）增值税负担率明显偏低且无正当理由的企业；

（4）有偷税、骗税或虚开增值税专用发票行为的；

（5）有其他严重税务违法行为的。

增值税一般纳税人，可以通过登录本省增值税发票查询平台，查询、选择用于申报抵扣、出口退税或者代办退税的增值税发票信息。具体处理方法如下：

（1）纳税人取得销售方使用增值税发票系统升级版开具的增值税发票（包括增值税专用发票、机动车销售统一发票），可以不再进行扫描认证，通过增值税发票税控开票软件登录本省增值税发票查询平台，查询、选择用于申报抵扣或者出口退税的增值税发票信息。

（2）纳税人取得增值税发票，通过增值税发票查询平台未查询到对应发票信息的，仍可进行扫描认证。

企业在取得发票抵扣联后，在发票所属期内进行认证的，通过认证的发票需要在次月申报。发票认证有四种方式：①税务局前台认证；②税务局终端机自行认证；③网上勾选认证；④扫描仪认证（后两种认证方式都是由系统生成认证文件上传国税网认证，属于网上认证方式）。

以网上认证为例，如果企业采用网上认证发票，首先由纳税人网上勾选或扫描输入发票的抵扣联票面信息，网上认证系统将生成的电子数据经过一定的校验程序后，通过网络传送到税务机关的防伪税控认证子系统，由防伪税控认证子系统完成解密、认证，纳税人通过查询认证结果再申报抵扣。

【引例分析2-20】

夏新电器公司8月份的各项业务中，可抵扣的税额包括8月2日购进原材料和8月9日为客户送货上门支付的运费。如该公司在8月份将以上税额进行抵扣，则应在网上认证系统勾选或扫描输入发票的抵扣联票面信息，申请认证，认证通过后方能抵税。假设该公司以上两张专票均申请当期认证并且全部通过认证，下载主管税务机关下发的通知书如下：

认证结果通知书

夏新电器有限责任公司：

（纳税人编码：010608004866　税务登记号：990178954096680046）

你单位于2019年8月报送的防伪税控系统开具的专用发票抵扣联共2份（不含重复认证和未通过认证的发票）。认证情况如下（详见所附清单）：

认证结果	发票份数	金额	税额
认证相符	2	200 600.00	26 054.00
过期认证	0	0.00	0.00

广州市番禺区税务局市桥分局

2019年9月3日

注：1. 过期认证的专用发票不可用于抵扣进项税额或出口退税。

2. 请将认证相符专用发票抵扣联与本通知书一起装订成册，作为纳税检查的备查资料。

3. 如有疑问，请及时与主管税务机关联系。

专用发票认证结果清单（认证相符）

所属年月：2019年8月

企业名称：夏新电器有限责任公司　　　纳税人识别号：990178954096668004648

序号	发票代码	发票号码	开票日期	销货方税号	金额	税额
1	4400133148	08945868	2019－8－02	441900910246232	600 800	78 104
2	4400133166	08945332	2019－8－09	441900910246367	600	54

微课：增值税纳税环节及应纳税额的基本规定

模块七　一般纳税人增值税应纳税额的计算

按照《中华人民共和国增值税暂行条例》的规定，缴纳增值税应明确应纳税额的时间限定和确定应纳税额的计算。

PPT：增值税纳税环节及应纳税额的基本规定

一、计算应纳税额的时间限定

一般纳税人应纳税额计算公式中的“当期”，是个重要的时间限定，只有在纳税期限内实际发生的销项税额、进项税额，才是法定的当期销项税额和当期进项税额。

（一）销项税额的时间规定

销售货物或者应税劳务的纳税义务发生时间，为收讫销售款或者取得索取销售款凭据的当天。按销售结算方式的不同，具体分为以下几种：

（1）采取直接收款方式销售货物或发生应税行为，不论货物是否发出，均为收到销售款或取得索取销售款凭据的当天。先开具发票的，为开具发票的当天。

“收讫销售款项”，是指纳税人销售货物或服务、无形资产、不动产过程中或者完成后收到款项。

“取得索取销售款项凭据的当天”，是指书面合同确定的付款日期；未签订书面合同或者书面合同未确定付款日期的，为货物、服务、无形资产转让完成的当天或者不动产权属变更的当天。

（2）采取托收承付和委托银行收款方式销售货物，为发出货物并办妥托收手续的当天。

（3）采取赊销和分期收款方式销售货物，为书面合同约定的收款日期的当天；无书面合同的或者书面合同没有约定收款日期的，为货物发出的当天。

（4）采取预收货款方式销售货物，为货物发出的当天，但生产销售生产工期超过 12 个月的大型机械设备、船舶、飞机等货物，为收到预收款或者书面合同约定的收款日期的当天。

（5）委托其他纳税人代销货物，为收到代销单位的代销清单或者收到全部或者部分货款的当天。未收到代销清单及货款的，为发出代销货物满 180 天的当天。

（6）纳税人发生视同销售，除将货物交付他人代销及销售代销货物外，纳税义务发生时间为货物移送的当天，或者是服务、无形资产转让完成的当天或者不动产权属变更的当天。

（7）销售应税劳务，为提供劳务同时收讫销售款或取得索取销售款的凭据的当天。

（8）纳税人提供建筑服务、租赁服务采取预收款方式的，其纳税义务发生时间为收到预收款的当天。

如某纳税人出租一辆小轿车，租金 5 000 元/月，一次性预收了对方一年的租金共 60 000 元，则应在收到 60 000 元租金的当天确认纳税义务发生，并按 60 000 元确认收入。而不能将 60 000 元租金采取按月分摊确认收入的方法，也不能在该业务完成后再确认收入。

（9）纳税人从事金融商品转让的，为金融商品所有权转移的当天。

（10）增值税扣缴义务发生时间为纳税人增值税纳税义务发生的当天。

（二）进口货物纳税义务发生时间规定

进口货物的纳税义务发生时间，为报关进口的当天。

【引例分析 2－21】

夏新电器公司 8 月 22 日从境外进口的原材料取得的进口增值税专用缴款书，如申请当期抵扣，则应向主管税务机关报送“海关完税凭证抵扣清单”（包括纸质资料和电子数据）申请稽核比对。假设比对通过，则该业务可抵扣的税额为 28 080 元。

（五）未在规定期限内认证或者申报抵扣的情况

增值税一般纳税人取得的增值税专用发票以及海关缴款书，未在规定期限内到税务机关办理认证或者申报抵扣的，不得作为合法的增值税扣税凭证，不得计算进项税额抵扣。国家税务总局另有规定的除外。

（六）计算应纳税额时进项税额不足抵扣的处理

纳税人如当期销项税额小于当期进项税额不足抵扣时，其不足部分可以结转下期继续抵扣。

二、计算增值税一般纳税人应纳税额

确定一般纳税人销项税额和进项税额以后，直接相抵即为当期应纳税额。如果相抵结果为负数，形成留抵税额，待下期抵扣，则下期应纳税额的计算公式为：

应纳税额＝当期销项税额－当期进项税额－上期留抵税额

需要注意的是：一般纳税人因销售货物退回或者折让，或者因服务中止或折让而退还给购买方的增值税额，应从当期的销项税额中扣减；因购进货物退出或者折让，或者因服务中止或折让而收回的增值税额，应从当期的进项税额中扣减。

一般纳税人销售货物或者应税劳务，开具增值税专用发票后，发生销售货物退回或者折让、开票有误等情形，应按国家税务总局的规定开具红字增值税专用发票。未按规定开具红字增值税专用发票的，增值税额不得从销项税额中扣减。

【引例分析 2－22】

广州夏新电器有限责任公司为增值税一般纳税人，其 8 月应纳税额为 54 994.05 元。根据本项目引例中的各项业务，具体计算过程如下：

1. 当期销项税额：115 794 元

1 日：$(3\ 000 \times 200 + 800) \times 13\% = 78\ 104$（元）

5 日：$3\ 000 \times (1 - 8\%) \times 85 \times 13\% = 30\ 498$（元）

8 日：$3\ 390 \div (1 + 13\%) \times 13\% = 390$（元）

23 日：$3\ 000 \times 10 \times 13\% = 3\ 900$（元）

24 日：$40\ 000 \times 6\% = 2\ 400$（元）

28 日：$5\ 000 \times 9\% = 450$（元）

30 日：$400 \times 13\% = 52$（元）

2. 当期简易计税应纳税额 679.61 元

13 日：应纳税额 $= 35\ 000 \div (1 + 3\%) \times 3\% \approx 1\ 019.42$（元）

减免税额 $= 35\ 000 \div (1 + 3\%) \times 1\% \approx 339.81$（元）

实际应缴纳税额 $= 1\ 019.42 - 339.81 = 679.61$（元）

3. 当期可抵扣进项税额：54 134 元

2 日：26 000 元

9 日：$600 \times 9\% = 54$（元）

22 日：$(180\ 000 + 180\ 000 \times 20\%) \times 13\% = 28\ 080$（元）

4. 不予抵扣的进项税额

9 日：被盗产品对应的进项税额为 800 元，作进项税额转出。

23 日，从小规模纳税人处购入零件，取得普通发票对应的税额。

5. 当期应纳税金 $= 115\ 794 - (54\ 134 - 800) + 679.61 = 63\ 139.61$（元）

三、增值税税款的减免

增值税税款的减免分即征即退、先征后退、先征后返、直接免征和直接减征等形式。其中，直接免征和直接减征（指按应征税款的一定比例征收，目前一般是采用降低税率或按简易办法征收的方式给予优惠。如出售未抵过税的旧固定资产）已在前面有阐述，此处仅介绍其他减免方式。

（一）即征即退

即征即退是指按税法规定应缴纳的税款，由税务机关在征税时部分或全部退还纳税人的一种税收优惠。退税机关为税务机关。

（1）增值税一般纳税人销售其自行开发生产的软件产品，按 13% 税率征收增值税后，对其增值税实际税负超过 3% 的部分实行即征即退政策。增值税一般纳税人将进口软件产品进行本地化改造后对外销售，其销售的软件产品可享受以上政策。其退税额按以下公式计算：

即征即退税额 = 当期软件产品增值税应纳税额 − 当期软件产品销售额 × 3%

当期软件产品增值税应纳税额 = 当期软件产品销项税额 − 当期软件产品可抵扣进项税额

（2）一般纳税人提供管道运输服务，对其增值税实际税负超过 3% 的部分实行增值税即征即退政策。

（3）经人民银行、银监会或者商务部批准从事融资租赁业务的试点纳税人中的一般纳税人，提供有形动产融资租赁服务和有形动产融资性售后回租服务，对其增值税实际税负超过 3% 的部分实行增值税即征即退政策。

（4）纳税人享受安置残疾人增值税即征即退优惠政策：

①纳税人：安置残疾人的单位和个体工商户。

②纳税人本期应退增值税额 = 本期所含月份每月应退增值税税额之和

月应退增值税额 = 纳税人本月安置残疾人员人数 × 本月月最低工资标准的 4 倍

（二）先征后退

先征后退是指按税法规定缴纳的税款，由税务机关征收入库后，再由税务机关按规定的程序给予部分或全部退税的一种税收优惠。如出版社专为少年儿童出版发行的报纸和期刊、中小学学生的课本、少数民族文字出版物、盲文图书和盲文期刊等。

（三）先征后返

先征后返是指税务机关正常将增值税征收入库，然后由财政机关按税收政策规定审核并返还企业所缴入库的增值税，返税机关为财政机关。如对数控机床产品实行增值税先征后返。

先征后退和先征后返是有区别的。先征后退是由税务部门先足额征收增值税，并由税务部门定期退还已征的全部和部分增值税；而先征后返是由税务部门先足额征收增值税，然后由财政部门将已征税款全部和部分返还给企业。

模块八　一般纳税人增值税的纳税申报

微课：一般纳税人的纳税申报

PPT：一般纳税人的纳税申报

按照《中华人民共和国增值税暂行条例》，增值税纳税人在申报当月应纳增值税时，须填写增值税纳税申报表及附表，并向主管税务机关申报纳税。

一、纳税时间和地点

（一）纳税期限

增值税的纳税期限分别为 1 日、3 日、5 日、10 日、15 日、1 个月或 1 个季度。其中，以 1 个季度为纳税期限适用于小规模纳税人、银行、财务公司、信托投资公司、信用社以及财政部和国家税务总局规定的其他纳税人。纳税人的具体纳税期限，由主管税务机关根据纳税人应纳税额的大小分别核定；不能按照固定期限纳税的，可以按次纳税。

按固定期限纳税的小规模纳税人，可以选择以 1 个月或 1 个季度为纳税期限，一经选择，一个会计年度内不得变更。

纳税人以 1 个月或者 1 个季度为纳税期的，自期满之日起 15 日内申报纳税；以 1 日、3 日、5 日、10 日或者 15 日为纳税期的，自期满之日起 5 日内预缴税款，于次月 1 日起 15 日内申报纳税并结清上月应纳税款。

扣缴义务人解缴税款的期限，按照前两款规定执行。

纳税人进口货物，应当自海关填发税款缴纳书之日起 15 日内缴纳税款。

纳税人出口适用税率为零的货物，可以按月向税务机关申报办理该项出口货物的退税。

（二）纳税地点

（1）固定业户应当向其机构所在地主管税务机关申报纳税。总机构和分支机构不在同一县（市）的，应当分别向各自所在地主管税务机关申报纳税；经财政部和国家税务总局或其授权的税务机关批准，也可由总机构汇总向总机构所在地主管税务机关申报纳税。总分支机构不在同一县（市），但在同一省（自治区、直辖市、计划单列市）范围内的，经省（自治区、直辖市、计划单列市）财政厅（局）和国家税务局批准，可以由总机构汇总向总机构所在地的主管税务机关申报缴纳增值税。

（2）固定业户到外县（市）销售货物或发生应税行为，应当向其机构所在地主管税务机关申请开具"外出经营活动税收管理证明"，向其机构所在地主管税务机关申报纳税。未持有其机构所在地主管税务机关核发的"外出经营活动税收管理证明"到外县（市）销售货物或者应税劳务的，应当向销售地主管税务机关申报纳税；未向销售地主管税务机关申报纳税的，由其机构所在地主管税务机关补征税款。

（3）非固定业户销售货物、提供应税劳务或发生应税行为，应当向销售地或应税行为发生地主管税务机关申报纳税；未申报纳税的，由其机构所在地或者居住地主管税务机关补征税款。

（4）进口货物，应当由进口人或其代理人向报关地海关申报纳税。

（5）其他个人提供建筑服务，销售或者租赁不动产，转让自然资源使用权，应向建筑服务发生地、不动产所在地、自然资源所在地主管税务机关申报纳税。

（6）扣缴义务人应当向其机构所在地或者居住地主管税务机关申报缴纳扣缴的税款。

二、纳税申报表

纳税申报的核心是填写并报送纳税申报表及相关资料。增值税一般纳税人填报的内容有1份主表、4份附表、增值税减免税申报明细表。主表为增值税纳税申报表，附表分别是本期销售情况明细，进项税额明细，服务、不动产和无形资产扣除项目明细和税额抵减情况表。具体表格格式见表2-4至表2-9。

【引例分析2-23】

夏新电器有限责任公司的税务会计应依据《中华人民共和国增值税暂行条例》填报其8月增值税纳税申报表各表（填写内容见表2-4至表2-9）。

表 2－4

增值税纳税申报表（一般纳税人适用）

根据国家税收法律法规及增值税相关规定制定本表。纳税人不论有无销售额，均应按税务机关核定的纳税期限填写本表，并向当地税务机关申报。

税款所属时间：自 2019 年 8 月 1 日至 2019 年 8 月 31 日　　填表日期：2019 年 9 月 8 日

纳税人识别号	9 9 0 1 7 8 9 5 4 0 9 6 6 8 0 0 4 6	所属行业：		金额单位：元至角分	
纳税人名称	夏新电器有限责任公司（公章）	法定代表人姓名	章庆良	注册地址	广州番禺大北路×××号
				生产经营地址	广州番禺大北路×××号
开户银行及账号	建设银行大北路办事处 105100098013	登记注册类型	制造业	电话号码	85213821

项目		栏次	一般项目		即征即退项目	
			本月数	本年累计	本月数	本年累计
销售额	（一）按适用税率计税销售额	1	913 800. 00			
	其中：应税货物销售额	2	868 400. 00			
	应税劳务销售额	3	400. 00			
	纳税检查调整的销售额	4				
	（二）按简易办法计税销售额	5	33 980. 58			
	其中：纳税检查调整的销售额	6				
	（三）免、抵、退办法出口销售额	7			—	—
	（四）免税销售额	8			—	—
	其中：免税货物销售额	9			—	—
	免税劳务销售额	10			—	—
税款计算	销项税额	11	115 794. 00			
	进项税额	12	54 134. 00			
	上期留抵税额	13				—
	进项税额转出	14	800. 00			
	免、抵、退应退税额	15			—	—
	按适用税率计算的纳税检查应补缴税额	16			—	—
	应抵扣税额合计	17＝12＋13－14－15＋16	53 334. 00	—		—
	实际抵扣税额	18（如 17＜11，则为 17，否则为 11）	53 334. 00			
	应纳税额	19＝11－18	62 460. 00			
	期末留抵税额	20＝17－18				—
	简易计税办法计算的应纳税额	21	1 019. 42			
	按简易计税办法计算的纳税检查应补缴税额	22			—	—
	应纳税额减征额	23	339. 81			
	应纳税额合计	24＝19＋21－23	63 139. 61			

续表

项　目		栏次	一般项目		即征即退项目	
			本月数	本年累计	本月数	本年累计
税款缴纳	期初未缴税额（多缴为负数）	25	6 850.00			
	实收出口开具专用缴款书退税额	26			—	—
	本期已缴税额	27 = 28 + 29 + 30 + 31	6 850.00			
	①分次预缴税额	28		—		—
	②出口开具专用缴款书预缴税额	29		—	—	—
	③本期缴纳上期应纳税额	30	6 850.00			
	④本期缴纳欠缴税额	31				
	期末未缴税额（多缴为负数）	32 = 24 + 25 + 26 − 27	63 139.61			
	其中：欠缴税额（≥0）	33 = 25 + 26 − 27		—		—
	本期应补（退）税额	34 = 24 − 28 − 29	63 139.61	—		—
	即征即退实际退税额	35	—	—		
	期初未缴查补税额	36			—	—
	本期入库查补税额	37			—	—
	期末未缴查补税额	38 = 16 + 22 + 36 − 37			—	—
授权声明	如果你已委托代理人申报，请填写下列资料： 为代理一切税务事宜，现授权 （地址）　　　为本纳税人的代理申报人，任何与本申报表有关的往来文件，都可寄予此人。 授权人签字：		申报人声明	本纳税申报表是根据国家税收法律法规及相关规定填报的，我确定它是真实的、可靠的、完整的。 声明人签字：		

主管税务机关：　　　　接收人：　　　　接收日期：

表 2－5

增值税纳税申报表附列资料（一）

（本期销售情况明细）

税款所属时间：自 2019 年 8 月 1 日至 2019 年 8 月 31 日

纳税人名称：（公章）夏新电器有限责任公司　　　　金额单位：元至角分

项目及栏次				开具增值税专用发票		开具其他发票		未开具发票		纳税检查调整		合计			服务、不动产和无形资产扣除项目本期实际扣除金额	扣除后	
				销售额	销项（应纳）税额	销售额	销项（应纳）税额	销售额	销项（应纳）税额	销售额	销项（应纳）税额	销售额	销项（应纳）税额	价税合计		含税（免税）销售额	销项（应纳）税额
				1	2	3	4	5	6	7	8	9＝1＋3＋5＋7	10＝2＋4＋6＋8	11＝9＋10	12	13＝11－12	14＝13÷（100%＋税率或征收率）×税率或征收率
一、一般计税方法计税	全部征税项目	13%税率的货物及加工修理修配劳务	1	865 400.00	112 502.00	3 000.00	390.00					868 400.00	112 892.00	—	—	—	—
		13%税率的服务、不动产和无形资产	2	400.00	52.00							400.00	52.00				
		9%税率的货物及加工修理修配劳务	3											—	—	—	—
		9%税率的服务、不动产和无形资产	4	5 000.00	450.00							5 000.00	450.00				
		6%税率	5	40 000.00	2 400.00							40 000.00	2 400.00				
	其中：即征即退项目	即征即退货物及加工修理修配劳务	6	—	—	—	—	—	—	—	—			—	—	—	—
		即征即退服务、不动产和无形资产	7	—	—	—	—	—	—	—	—						

续表

项目及栏次				开具增值税专用发票		开具其他发票		未开具发票		纳税检查调整		合计			服务、不动产和无形资产扣除项目本期实际扣除金额	扣除后	
				销售额	销项（应纳）税额	销售额	销项（应纳）税额	销售额	销项（应纳）税额	销售额	销项（应纳）税额	销售额	销项（应纳）税额	价税合计		含税（免税）销售额	销项（应纳）税额
				1	2	3	4	5	6	7	8	9 =1 +3 +5 +7	10 =2 +4 +6 +8	11 =9 +10	12	13 =11 -12	14 =13 ÷（100% +税率或征收率）×税率或征收率
二、简易计税方法计税	全部征税项目	6%征收率	8							—	—			—	—	—	—
		5%征收率的货物及加工修理修配劳务	9a							—	—			—	—	—	—
		5%征收率的服务、不动产和无形资产	9b							—	—						
		4%征收率	10							—	—			—	—	—	—
		3%征收率的货物及加工修理修配劳务	11	33 980.58	1 019.42					—	—	33 980.58	1 019.42	—	—	—	—
		3%征收率的服务、不动产和无形资产	12							—	—						
		预征率 %	13a							—	—						
		预征率 %	13b							—	—						
		预征率 %	13c							—	—						
	其中：即征即退项目	即征即退货物及加工修理修配劳务	14	—	—	—	—	—	—	—	—			—	—	—	—
		即征即退服务、不动产和无形资产	15	—	—	—	—	—	—	—	—						

续表

项目及栏次			开具增值税专用发票		开具其他发票		未开具发票		纳税检查调整		合计			服务、不动产和无形资产扣除项目本期实际扣除金额	扣除后	
			销售额	销项（应纳）税额	销售额	销项（应纳）税额	销售额	销项（应纳）税额	销售额	销项（应纳）税额	销售额	销项（应纳）税额	价税合计		含税（免税）销售额	销项（应纳）税额
			1	2	3	4	5	6	7	8	9 = 1 + 3 + 5 + 7	10 = 2 + 4 + 6 + 8	11 = 9 + 10	12	13 = 11 − 12	14 = 13 ÷ (100% + 税率或征收率) × 税率或征收率
三、免抵退税	货物及加工修理修配劳务	16	—	—		—		—	—	—		—	—	—	—	—
	服务、不动产和无形资产	17	—	—		—		—	—	—		—				—
四、免税	货物及加工修理修配劳务	18				—		—	—	—		—	—	—	—	—
	服务、不动产和无形资产	19	—	—		—		—	—	—		—				—

表 2-6

增值税纳税申报表附列资料（二）
（本期进项税额明细）

税款所属时间：自 2019 年 8 月 1 日至 2019 年 8 月 31 日

纳税人名称：（公章）　夏新电器有限责任公司　　　　金额单位：元至角分

一、申报抵扣的进项税额				
项目	栏次	份数	金额	税额
（一）认证相符的增值税专用发票	1=2+3	2.00	200 600.00	26 054.00
其中：本期认证相符且本期申报抵扣	2	2.00	200 600.00	26 054.00
前期认证相符且本期申报抵扣	3			
（二）其他扣税凭证	4=5+6+7+8a+8b	1.00	216 000.00	28 080.00
其中：海关进口增值税专用缴款书	5	1.00	216 000.00	28 080.00
农产品收购发票或者销售发票	6			
代扣代缴税收缴款凭证	7		—	
加计扣除农产品进项税额	8a	—	—	
其他	8b			
（三）本期用于购建不动产的扣税凭证	9			
（四）本期用于抵扣的旅客运输服务扣税凭证	10	—	—	
（五）外贸企业进项税额抵扣证明	11	—	—	
当期申报抵扣进项税额合计	12=1+4+11			54 134.00
二、进项税额转出额				
项目	栏次	税额		
本期进项税额转出额	13=14 至 23 之和	800.00		
其中：免税项目用	14			
集体福利、个人消费	15			
非正常损失	16	800.00		
简易计税方法征税项目用	17			
免抵退税办法不得抵扣的进项税额	18			
纳税检查调减进项税额	19			
红字专用发票信息表注明的进项税额	20			
上期留抵税额抵减欠税	21			
上期留抵税额退税	22			
其他应作进项税额转出的情形	23			
三、待抵扣进项税额				
项目	栏次	份数	金额	税额
（一）认证相符的增值税专用发票	24	—	—	—
期初已认证相符但未申报抵扣	25			
本期认证相符且本期未申报抵扣	26			
期末已认证相符但未申报抵扣	27			
其中：按照税法规定不允许抵扣	28			
（二）其他扣税凭证	29=30 至 33 之和			
其中：海关进口增值税专用缴款书	30			
农产品收购发票或者销售发票	31			
代扣代缴税收缴款凭证	32		—	
其他	33			
	34			
四、其他				
项目	栏次	份数	金额	税额
本期认证相符的增值税专用发票	35	2.00	200 600.00	26 054.00
代扣代缴税额	36	—	—	

表 2－7

增值税纳税申报表附列资料（三）
（服务、不动产和无形资产扣除项目明细）

税款所属时间： 年 月 日至 年 月 日

纳税人名称：（公章） 金额单位：元至角分

项目及栏次		本期服务、不动产和无形资产价税合计额（免税销售额）	服务、不动产和无形资产扣除项目				
			期初余额	本期发生额	本期应扣除金额	本期实际扣除金额	期末余额
		1	2	3	4＝2＋3	5（5≤1且5≤4）	6＝4－5
13%税率的项目	1						
9%税率的项目	2						
6%税率的项目（不含金融商品转让）	3						
6%税率的金融商品转让项目	4						
5%征收率的项目	5						
3%征收率的项目	6						
免抵退税的项目	7						
免税的项目	8						

表 2－8

增值税纳税申报表附列资料（四）
（税额抵减情况表）

税款所属时间： 年 月 日至 年 月 日

纳税人名称：（公章） 金额单位：元至角分

一、税额抵减情况

序号	抵减项目	期初余额	本期发生额	本期应抵减税额	本期实际抵减税额	期末余额
		1	2	3＝1＋2	4≤3	5＝3－4
1	增值税税控系统专用设备费及技术维护费					
2	分支机构预征缴纳税款					
3	建筑服务预征缴纳税款					
4	销售不动产预征缴纳税款					
5	出租不动产预征缴纳税款					

二、加计抵减情况

序号	加计抵减项目	期初余额	本期发生额	本期调减额	本期可抵减额	本期实际抵减额	期末余额
		1	2	3	4＝1＋2－3	5	6＝4－5
6							
7							
8							

表 2－9

增值税减免税申报明细表

税款所属时间：自 2019 年 8 月 1 日至 2019 年 8 月 31 日

纳税人名称（公章）：　　　　　　　　　　　　　　　　金额单位：元至角分

一、减税项目						
减税性质代码及名称	栏次	期初余额	本期发生额	本期应抵减税额	本期实际抵减税额	期末余额
		1	2	3＝1＋2	4≤3	5＝3－4
合计	1	0	339.81	339.81	339.81	0
税率式减征	2	0	339.81	339.81	339.81	0
	3					
	4					
	5					
	6					
二、免税项目						
免税性质代码及名称	栏次	免征增值税项目销售额	免税销售额扣除项目本期实际扣除金额	扣除后免税销售额	免税销售额对应的进项税额	免税额
		1	2	3＝1－2	4	5
合　计	7					
出口免税	8		—	—	—	—
其中：跨境服务	9		—	—	—	—
	10					
	11					
	12					
	13					
	14					
	15					
	16					

三、报送纳税申报表

一般纳税人必报的纳税申报资料包括纳税申报表及其附列资料和纳税申报其他资料两类。

（一）纳税申报表及其附列资料

（1）“增值税纳税申报表（适用于增值税一般纳税人）”；

（2）“增值税纳税申报表附列资料（一）”（本期销售情况明细）；

（3）“增值税纳税申报表附列资料（二）”（本期进项税额明细）；

（4）“增值税纳税申报表附列资料（三）”（服务、不动产和无形资产扣除项目明细）；

（5）“税额抵减情况表”；

（6）“不动产分期抵扣计算表”。

（二）纳税申报其他资料

（1）已开具的税控“机动车销售统一发票”和普通发票的存根联；

（2）符合抵扣条件且在本期申报抵扣的防伪税控“增值税专用发票”、税控“机动车销售统一发票”的抵扣联；

（3）符合抵扣条件且在本期申报抵扣的海关进口增值税专用缴款书、购进农产品取得的普通发票、运输费用结算单据的复印件；

（4）符合抵扣条件且在本期申报抵扣的代扣代缴增值税的税收通用缴款书及其清单，书面合同、付款证明和境外单位的对账单或者发票；

（5）已开具的农产品收购凭证的存根联或报查联；

（6）应税服务扣除项目的合法凭证及其清单；

（7）主管税务机关规定的其他资料。

（三）报送资料

纳税申报表及其附列资料为必报资料，其纸质资料的报送份数、期限由市（地）税务机关确定；纳税申报备查资料是否需要在当期报送、如何报送由主管税务机关确定。

模块九　按简易计税法计算缴纳增值税

微课：简易计税法适用范围及应纳税额的计算

简易计税方法的应纳税额，是指按照销售额和增值税征收率计算的增值税额，不得抵扣进项税额。应纳税额计算公式：

应纳税额＝销售额×征收率

此处的销售额为不含税销售额。小规模纳税人一律采用简易计税方法计税，一般纳税人提供的特定应税服务可以选择适用简易计税方法。

一、小规模纳税人应纳税额的计算

PPT：简易计税法适用范围及应纳税额的计算

小规模纳税人采用简易计税法计算应纳增值税额，其购进货物不论是否取得增值税专用发票，都不能抵扣进项税额。所以小规模纳税人的应纳税额通过下列公式直接计算：

应纳税额＝销售额×征收率

公式中的销售额应为不含税销售额，如果是含税销售额，应换算为不含税销售额：

不含税销售额＝含税销售额÷（1＋征收率）

小规模纳税人如销售不能开具增值税专用发票的货物等，可以申请由主管税务机关代开发票。主管税务机关为小规模纳税人代开专用发票，应在专用发票“单价”栏和“金额”栏分别填写不含增值税税额的单价和销售额，因此，其应纳税额按销售额依照征收率计算。

另外，小规模纳税人初次购买增值税税控系统专用设备、缴纳的技术维护费，亦可凭购买增值税税控系统专用设备取得的增值税专用发票和技术维护费发票，在增值税应纳税额中全额抵减（抵减额为价税合计额），不足抵减的可结转下期继续抵减。

二、其他按简易办法纳税应纳税额的计算

（1）纳税人销售自己使用过的物品，按下列政策执行：

①一般纳税人销售自己使用过的物品和旧货，适用按简易办法依3%征收率减按2%征收增值税。按下列公式确定销售额和应纳税额：

销售额＝含税销售额÷（1＋3%）

应纳税额＝销售额×2%

所称“旧货”，是指进入二次流通的具有部分使用价值的货物（含旧汽车、旧摩托车和旧游艇），但不包括自己使用过的物品。

②一般纳税人销售自己使用过的按规定不得抵扣且未抵扣进项税额的固定资产，按简易办法依3%征收率减按2%征收增值税。销售时应开具普通发票，不得开具增值税专用发票。纳税人亦可以放弃减税，按照简易办法依照3%征收率缴纳增值税，并可以开具增值税专用发票。

③小规模纳税人（除其他个人外，下同）销售自己使用过的固定资产和旧货，减按2%征收率征收增值税。按下列公式确定销售额和应纳税额：

销售额＝含税销售额÷（1＋3%）

应纳税额＝销售额×2%

小规模纳税人销售自己使用过的固定资产，应开具普通发票，不得由税务机关代开增值税专用发票。

小规模纳税人销售自己使用过的除固定资产以外的物品，应按3%的征收率征收增值税。

（2）一般纳税人销售自产的下列货物，可选择按照简易办法依照3%征收率计算缴纳增值税：①县级及县级以下小型水力发电单位生产的电力。②建筑用和生产建筑材料所用的砂、土、石料。③以自己采掘的砂、土、石料或其他矿物连续生产的砖、瓦、石灰。④用微生物、微生物代谢产物、动物毒素、人或动物的血液或组织制成的生物制品。⑤自来水。对属于一般纳税人的自来水公司销售自来水按简易办法依照3%征收率征收增值税，不得抵扣其购进自来水取得增值税扣税凭证上注明的增值税税款。⑥商品混凝土。

（3）一般纳税人提供下列应税服务，可选择按照简易办法依照3%征收率计算缴纳增值税：①公共交通运输服务：包括轮客渡、公交客运、地铁、城市轻轨、出租车、长途客运、班车。②动漫服务。③电影放映服务、仓储服务、装卸搬运服务、收派服务和文化体育服务。④以纳入“营改增”试点之日前取得的有形动产为标的物提供的经营租赁服务。⑤在纳入“营改增”

试点之日前签订的尚未执行完毕的有形动产租赁合同。

一般纳税人选择简易办法计算缴纳增值税后，36个月内不得变更。

（4）一般纳税人销售货物属于下列情形之一的，暂按简易办法依照3%征收率计算缴纳增值税：①寄售商店代销寄售物品（包括居民个人寄售的物品在内）；②典当业销售死当物品；③经国务院或国务院授权机关批准的免税商店零售的免税品。

（5）建筑服务的简易计税：

①一般纳税人以清包工方式提供的建筑服务、为甲供工程提供的建筑服务、为建筑工程老项目提供的建筑服务，可以选择适用简易计税方法依照3%征收率计税。以清包工方式提供建筑服务，是指施工方不采购建筑工程所需的材料或只采购辅助材料，并收取人工费、管理费或者其他费用的建筑服务；甲供工程，是指全部或部分设备、材料、动力由工程发包方自行采购的建筑工程。

②一般纳税人跨县（市）提供建筑服务，适用一般计税方法计税的，应以取得的全部价款和价外费用为销售额计算应纳税额。纳税人应以取得的全部价款和价外费用扣除支付的分包款后的余额，按照2%的预征率在建筑服务发生地预缴税款后，向机构所在地主管税务机关进行纳税申报。

③一般纳税人跨县（市）提供建筑服务，选择适用简易计税方法计税的，应以取得的全部价款和价外费用扣除支付的分包款后的余额为销售额，按照3%的征收率计算应纳税额。纳税人应按照上述计税方法在建筑服务发生地预缴税款后，向机构所在地主管税务机关进行纳税申报。

④试点纳税人中的小规模纳税人（以下称“小规模纳税人”）跨县（市）提供建筑服务，应以取得的全部价款和价外费用扣除支付的分包款后的余额为销售额，按照3%的征收率计算应纳税额。纳税人应按照上述计税方法在建筑服务发生地预缴税款后，向机构所在地主管税务机关进行纳税申报。

（6）销售不动产的简易计税：

①一般纳税人销售其2016年4月30日前取得（不含自建）的不动产，可以选择适用简易计税方法，以取得的全部价款和价外费用减去该项不动产购置原价或者取得不动产时的作价后的余额为销售额，按照5%的征收率计算应纳税额。纳税人应按照上述计税方法在不动产所在地预缴税款后，向机构所在地主管税务机关进行纳税申报。

②一般纳税人销售其2016年4月30日前自建的不动产，可以选择适用简易计税方法，以取得的全部价款和价外费用为销售额，按照5%的征收率计算应纳税额。纳税人应按照上述计税方法在不动产所在地预缴税款后，向机构所在地主管税务机关进行纳税申报。

③一般纳税人销售其2016年5月1日后取得（不含自建）的不动产，应适用一般计税方法，以取得的全部价款和价外费用为销售额计算应纳税额。纳税人应以取得的全部价款和价外费用减去该项不动产购置原价或者取得不动产时的作价后的余额，按照5%的预征率在不动产所在地预缴税款后，向机

构所在地主管税务机关进行纳税申报。

④一般纳税人销售其2016年5月1日后自建的不动产，应适用一般计税方法，以取得的全部价款和价外费用为销售额计算应纳税额。纳税人应以取得的全部价款和价外费用，按照5%的预征率在不动产所在地预缴税款后，向机构所在地主管税务机关进行纳税申报。

⑤小规模纳税人销售其取得（不含自建）的不动产（不含个体工商户销售购买的住房和其他个人销售不动产），应以取得的全部价款和价外费用减去该项不动产购置原价或者取得不动产时的作价后的余额为销售额，按照5%的征收率计算应纳税额。纳税人应按照上述计税方法在不动产所在地预缴税款后，向机构所在地主管税务机关进行纳税申报。

⑥小规模纳税人销售其自建的不动产，应以取得的全部价款和价外费用为销售额，按照5%的征收率计算应纳税额。纳税人应按照上述计税方法在不动产所在地预缴税款后，向机构所在地主管税务机关进行纳税申报。

三、起征点

起征点仅适用于个体工商户小规模纳税人和其他个人：

按期纳税的，为月销售额5 000~20 000元（含本数）；

按次纳税的，为每次（日）销售额300~500元（含本数）。

起征点的调整由财政部和国家税务总局规定。省、自治区、直辖市财政厅（局）和国家税务局应当在规定的幅度内，根据实际情况确定本地区适用的起征点，并报财政部和国家税务总局备案。个人发生应税行为的销售额未达到增值税起征点的，免征增值税；达到起征点的，全额计算缴纳增值税。

增值税起征点不适用于登记为一般纳税人的个体工商户。

四、小微企业优惠政策

小规模纳税人发生增值税应税销售行为，合计月销售额未超过10万元（以1个季度为纳税期的，季度销售额未超过30万元，下同）的，免征增值税；小规模纳税人发生增值税应税销售行为，合计月销售额超过10万元，但扣除本期发生的销售不动产的销售额后未超过10万元的，其销售货物、劳务、服务、无形资产取得的销售额免征增值税；适用增值税差额征税政策的小规模纳税人，以差额后的销售额确定是否可以享受规定的免征增值税政策。

另外，自2019年1月1日起，各省（区、市）政府对增值税小规模纳税人在50%幅度内减征资源税、城市维护建设税、印花税、城镇土地使用税、耕地占用税等地方税种以及教育费附加和地方教育附加等。

业务2-3

星磊有限责任公司为小规模纳税人，主要从事饮料的生产与销售，社会统一信用代码为：332678733079532118，联系电话为：85213456，法定代表人为廖峰，财务负责人和税务会计均为吴胜利。2019 年 9 月发生的各项业务如下：

1. 9 月 3 日，销售给某小型超市一批自产饮料，含税销售收入 8 500 元，开具普通发票；

2. 9 月 8 日，从一般纳税人处购进生产原料一批，货款 3 000 元，增值税 390 元；

3. 9 月 12 日，批发一批自产饮料，开具增值税专用发票，发票注明价款为 12 000 元，增值税征收率为 3%；

【工作步骤】

第一步：确定不含税销售额：

不含税销售额 = 8 500 ÷（1 + 3%）≈ 8 252.43（元）

第二步：确定本月销售额：

本月销售额合计 = 8 252.43 + 12 000 = 20 252.43（元）

第三步：确定本月应纳税额：

本月应纳税额 = 20 252.43 × 3% ≈ 607.57（元）

五、增值税小规模纳税人纳税申报表的填写

“小规模纳税人增值税纳税申报表”（见表 2 - 10）适用于增值税小规模纳税人填报。纳税人销售使用过的固定资产、销售免税货物或提供免税劳务的，也使用本表。下面以星磊有限责任公司 2019 年 9 月纳税申报业务为例说明“小规模纳税人增值税纳税申报表”填报方法。

表 2 - 10　　增值税纳税申报表

（适用于增值税小规模纳税人）

纳税人识别号：332678733079532118

纳税人名称（公章）：星磊有限责任公司　　金额单位：元（列至角分）

税款所属期：2019 年 9 月 1 日至 2019 年 9 月 30 日　　填表日期：2019 年 10 月 9 日

	项目	栏次	本期数		本年累计	
			货物及劳务	服务、不动产和无形资产	货物及劳务	服务、不动产和无形资产
一、计税依据	（一）应征增值税不含税销售额	1	20 252.43			
	税务机关代开的增值税专用发票不含税销售额	2	12 000.00			
	税控器具开具的普通发票不含税销售额	3	8 252.43			
	（二）销售、出租不动产不含税销售额	4	—		—	
	税务机关代开的增值税专用发票不含税销售额	5	—		—	

续表

	项目	栏次	本期数		本年累计	
			货物及劳务	服务、不动产和无形资产	货物及劳务	服务、不动产和无形资产
一、计税依据	税控器具开具的普通发票不含税销售额	6	—		—	
	（三）销售使用过的应税固定资产不含税销售额	7（7≥8）		—		—
	其中：税控器具开具的普通发票不含税销售额	8		—		—
	（四）免税销售额	9 = 10 + 11 + 12				
	其中：小微企业免税销售额	10	20 252.43			
	未达起征点销售额	11				
	其他免税销售额	12				
	（五）出口免税销售额	13（13≥14）				
	其中：税控器具开具的普通发票销售额	14				
二、税款计算	本期应纳税额	15	607.57			
	本期应纳税额减征额	16				
	本期免税额	17	607.57			
	其中：小微企业免税额	18	607.57			
	未达起征点免税额	19				
	应纳税额合计	20 = 15 − 16	0			
	本期预缴税额	21			—	—
	本期应补（退）税额	22 = 20 − 21	0		—	—

纳税人或代理人声明：	如纳税人填报，由纳税人填写以下各栏：
本纳税申报表是根据国家税收法律法规及相关规定填报的，我确定它是真实的、可靠的、完整的。	办税人员：吴胜利　　财务负责人：吴胜利 法定代表人：廖峰　　联系电话：　85213456
	如委托代理人填报，由代理人填写以下各栏：
	代理人名称（公章）：经办人： 联系电话：

主管税务机关：　　接收人：　　接收日期：

模块十 增值税的出口退（免）税

微课：增值税出口退（免）税范围与计算

PPT：增值税出口退（免）税范围与计算

我国的出口货物劳务退（免）税，是指在国际贸易业务中，对我国报关出口的货物、劳务或服务，退还或免征国内各生产和流通环节的增值税和消费税。即对增值税出口货物、劳务或服务实行零税率，对消费税出口货物、劳务或服务免税。出口货物、劳务或服务适用零税率，不但出口环节不必纳税，而且还可以退还以前环节已纳税款，这就是我们通常所说的“出口退税”。

一、确定增值税出口退（免）税政策的适用范围

（一）出口免税并退税

出口免税是指对货物在出口销售环节不征增值税、消费税，这是把货物出口环节与出口前的销售环节都同样视为一个征税环节。出口退税是指对货物在出口前实际承担的税收，按规定的退税率计算后予以退还。

下列出口货物和劳务，除另有规定外，给予免税并退税：①出口企业出口货物；②出口企业或其他单位视同出口货物；③出口企业对外提供加工修理修配劳务。

对境内单位和个人提供的国际运输服务、向境外单位提供的研发服务和设计服务，航天运输服务，往返香港、澳门、台湾的交通运输服务以及在香港、澳门、台湾提供的交通运输服务；境内单位和个人向境外单位提供广播影视节目（作品）的制作和发行服务；技术转让服务、软件服务、电路设计及测试服务、信息系统服务、业务流程管理服务，以及合同标的物在境外的合同能源管理服务；离岸服务外包业务，实行增值税零税率。

境内单位和个人属于增值税一般计税方法的适用增值税零税率。生产企业实行免抵退税办法。外贸企业分两种情形，如果属于外购应税服务出口的实行免退税办法；如果属于直接将适用增值税零税率应税服务出口的，视同生产企业连同其出口货物统一实行免抵退税办法，如自行开发设计的应税服务项目出口。

知识窗

相关概念

出口企业，是指依法办理工商登记、税务登记、对外贸易经营者备案登记，自营或委托出口货物的单位或个体工商户，以及依法办理工商登记、税务登记但未办理对外贸易经营者备案登记，委托出口货物的生产企业。

出口货物，是指向海关报关后实际离境并销售给境外单位或个人的货

物，分为自营出口货物和委托出口货物两类。

生产企业，是指具有生产能力（包括加工修理修配能力）的单位或个体工商户。

（二）出口免税不退税

出口免税指对货物在出口销售环节不征增值税、消费税，出口不退税是指适用这个政策的出口货物因在前一道生产、销售环节或进口环节是免税的，因此，出口时该货物的价格中本身就不含税，也无须退税。

下列企业出口的货物劳务，除另有规定外，适用增值税免税政策：

1. 出口企业或其他单位出口规定的货物

（1）增值税小规模纳税人出口的货物；

（2）避孕药品和用具，古旧图书；

（3）软件产品。其具体范围是指海关税则号前四位为“9803”的货物。

（4）含黄金、铂金成分的货物、钻石及其饰品；

（5）国家计划内出口的卷烟；

（6）已使用过的设备，具体范围是指购进时未取得增值税专用发票、海关进口增值税专用缴款书但其他相关单证齐全的已使用过的设备；

（7）非出口企业委托出口的货物；

（8）非列名生产企业出口的非视同自产货物；

（9）农业生产者自产农产品；

（10）油画、花生果仁、黑大豆等财政部和国家税务总局规定的出口免税的货物；

（11）外贸企业取得普通发票、废旧物资收购凭证、农产品收购发票、政府非税收入票据的货物；

（12）来料加工复出口的货物；

（13）特殊区域内的企业出口的特殊区域内的货物；

（14）以人民币现金作为结算方式的边境地区出口企业从所在省（自治区）的边境口岸出口到接壤国家的一般贸易和边境小额贸易出口货物；

（15）以旅游购物贸易方式报关出口的货物。

境内单位和个人提供适用增值税零税率的应税服务，如果属于适用简易计税方法的，实行免征增值税办法。如小规模企业应税服务出口。

2. 出口企业或其他单位视同出口的货物劳务

（1）国家批准设立的免税店销售的免税货物；

（2）特殊区域内的企业为境外的单位或个人提供加工修理修配劳务；

（3）同一特殊区域、不同特殊区域内的企业之间销售特殊区域内的货物。

3. 出口企业或其他单位未按规定申报或未补齐增值税退（免）税凭证的出口货物劳务

（1）未在国家税务总局规定的期限内申报增值税退（免）税的出口货物

劳务；

(2) 未在规定期限内申报开具“代理出口货物证明”的出口货物劳务；

(3) 已申报增值税退（免）税，却未在国家税务总局规定的期限内向税务机关补齐增值税退（免）税凭证的出口货物劳务。

(三) 出口不免税也不退税

下列出口货物劳务，不免税也不退税，即适用增值税征税政策：

(1) 出口企业出口或视同出口财政部和国家税务总局根据国务院决定明确的取消出口退（免）税的货物；

(2) 出口企业或其他单位销售给特殊区域内的生活消费用品和交通运输工具；

(3) 出口企业或其他单位因骗取出口退税被税务机关停止办理增值税退（免）税期间出口的货物；

(4) 出口企业或其他单位提供虚假备案单证的货物；

(5) 出口企业或其他单位增值税退（免）税凭证有伪造或内容不实的货物；

(6) 出口企业或其他单位未在国家税务总局规定期限内申报免税核销以及经主管税务机关审核不予免税核销的出口卷烟；

(7) 出口企业或其他单位具有其他特殊情形的出口货物劳务。

二、确定出口货物增值税退税率

出口货物退税率，是出口货物的实际退税额与退税计税依据的比例。具体规定如下：

(1) 除财政部和国家税务总局根据国务院决定而明确的增值税出口退税率（以下简称“退税率”）外，出口货物的退税率为其适用税率。国家会根据对外贸易的实际情况对退税率做出及时的调整，在申报出口退税时应查询国家税务总局发布的出口退税率文库，按照当时的有关规定执行。

(2) 退税率的特殊规定：

①外贸企业购进按简易办法征税的出口货物、从小规模纳税人购进的出口货物，其退税率分别为简易办法实际执行的征收率、小规模纳税人征收率。上述出口货物取得增值税专用发票的，退税率按照增值税专用发票上的税率和出口货物退税率孰低的原则确定。

②出口企业委托加工修理修配货物，其加工修理修配费用的退税率为出口货物的退税率。

③出口服务的纳税人的适用退税率为其在境内提供对应服务的增值税税率。

(3) 适用不同退税率的货物劳务，应分开报关、核算并申报退（免）税，未分开报关、核算或划分不清的，从低适用退税率。

三、计算出口货物增值税退税额

我国增值税出口退税的计算有两种方法，一是“免、抵、退”办法，主要适用于自营出口或者委托外贸企业出口自产货物的生产企业；二是“先征后退”办法，主要适用于收购货物出口的外（工）贸企业。

提供服务、转让技术的境内单位和个人属于增值税一般计税方法的适用增值税零税率。生产企业实行“免、抵、退”税办法，外贸企业分两种情形：如果属于外购应税服务出口的实行“免、退”税办法；如果属于直接将适用增值税零税率应税服务出口的，视同生产企业连同其出口货物统一实行“免、抵、退”税办法，如自行开发设计的应税服务项目出口。

（一）“免、抵、退”计算方法

生产企业自营出口或者委托外贸企业代理出口的自产货物，除另有规定外，一律实行“免、抵、退”税的办法。其中，“免”税，是指生产企业出口的自产货物，免征本企业生产销售环节的增值税；“抵”税，是指生产企业出口的自产货物所耗用的原材料、零部件、燃料、动力等所含应予退还的进项税额，抵顶内销货物应纳税额；“退”税，是指生产企业出口的自产货物应抵顶的进项税额大于应纳税额时，对未抵顶完的部分予以退税。

在没有免税购进材料的情况下，生产企业免抵退税额的具体的计算公式如下：

当期应纳税额 = 内销货物应纳税额 −（当期进项税额 − 不得免征和抵扣的税额）− 上期期末留抵税额

不得免征和抵扣的税额 = 离岸价 × 汇率 ×（征税率 − 退税率）

免抵退税额 = 离岸价 × 汇率 × 出口退税率

当期免抵税额 = 当期免抵退税额 − 当期应退税额

业务 2 − 4

某生产型外商投资企业，适用的销售货物的征税税率为 13%，退税率适用 9%，2019 年 10 月有关经营业务如下：10 月 8 日，购进原材料专用发票注明价款为 200 万元，进项税额 26 万元通过认证可抵扣；10 月 15 日，出口货物 25 万美元，款项未收，汇率为 6.32；10 月 20 日，内销货物不含税销售额为 100 万元，款项已收。

【工作步骤】

第一步：确定适用的出口退税方法：生产型企业，适用“免、抵、退”税的办法。

第二步：确定当期不得免征和抵扣税额：

当期不得免征和抵扣税额 = 250 000 × 6.32 ×（13% − 9%）= 63 200（元）

第三步：确定应纳税额：

应纳税额 = 1 000 000 × 13% −（260 000 − 63 200）

= −66 800（元）（为期末留抵税额）

第四步：确定免抵退税额：

免抵退税额 = 250 000 × 6.32 × 9% = 142 200（元）

第五步：确定当期应退税额。由于期末留抵税额 < 当期免抵退税额，

所以：

当期应退税额 = 期末留抵税额 = 66 800（元）

第六步：确定免抵税额：

免抵税额 = 142 200 − 66 800 = 75 400（元）

业务 2－5

某国内影视发行有限公司为增值税一般纳税人，主要从事影视制作与发行业务。该公司在 2019 年 9 月 5 日向境外机构发行一部影视节目，取得服务收入 400 万元（换算为人民币价格），取得国内发行收入 1 000 万元，当期销项税额为 60 万元。当月购进一部摄影设备（固定资产）500 万元，进项税额 65 万元。已知影视服务业征税率为 6%，适用出口退税率为 6%。该公司提供的境外出口服务属于零税率应税服务，实行免抵退税办法。

工作步骤：

第一步：确定适用的出口退税方法：生产型企业，适用“免、抵、退”税的办法。

第二步：确定当期应纳税额：

当期应纳税额 = 销项税额 −（进项税额 − 当期免抵退税不予抵扣税额）= 600 000 −（650 000 − 0）= −5（万元）

第三步：确定当期零税率应税服务免抵退税额：

当期零税率应税服务免抵退税额 = 当期零税率应税服务免抵退税计税价格 × 外汇人民币牌价 × 零税率应税服务退税率 = 400 × 6% = 24（万元）

第四步：确定当期应退税额和当期免抵税额。由于该公司当期期末留抵税额 8 万元小于当期零税率应税服务免抵退税额 24 万元，则：

当期应退税额 = 当期期末留抵税额 = 5（万元）

当期免抵税额 = 当期零税率应税服务免抵退税额 − 当期应退税额 = 24 − 5 = 19（万元）

（二）外贸企业出口货物采用“先征后退”的计算方法

由于外贸企业出口销售环节免征增值税，其购进货物已纳的增值税在报关出口后按照规定的退税率予以退还。

业务 2－6

某对外贸易企业，2019 年 8 月 5 日报关出口销售产品，该商品的购进价格为 80 万美元，适用退税率为 13%，美元汇率为 6.32。

【工作步骤】

第一步：确定适用的出口退税方法：外贸企业适用“先征后退”的方法，在货物报关出口后将其购进货物已纳的增值税按照规定的退税率予以退还。

第二步：确定退税额：

退税额 = 800 000 × 6.32 × 13% = 657 280（元）

四、出口退（免）税申报办法

自2018年5月1日起，企业办理出口退（免）税手续，应按如下方法进行申报：

（1）出口企业或其他单位办理出口退（免）税备案手续时，应按规定向主管税务机关填报“出口退（免）税备案表”（见表2－11）。

表2－11　　出口退（免）税备案表

<table>
<tr><td colspan="6">以下信息由备案企业填写</td></tr>
<tr><td colspan="2">统一社会信用代码/纳税人识别号</td><td colspan="4"></td></tr>
<tr><td colspan="2">纳税人名称</td><td colspan="4"></td></tr>
<tr><td colspan="2">海关企业代码</td><td colspan="4"></td></tr>
<tr><td colspan="2">对外贸易经营者备案登记表编号</td><td colspan="4"></td></tr>
<tr><td colspan="2">企业类型</td><td colspan="4">内资生产企业（　）外商投资企业（　）外贸企业（　）其他单位（　）</td></tr>
<tr><td colspan="2">退税开户银行</td><td colspan="4"></td></tr>
<tr><td colspan="2">退税开户银行账号</td><td colspan="4"></td></tr>
<tr><td rowspan="4">办理退（免）税人员</td><td>姓名</td><td colspan="2"></td><td rowspan="2">电话</td><td rowspan="2"></td></tr>
<tr><td>身份证号</td><td colspan="2"></td></tr>
<tr><td>姓名</td><td colspan="2"></td><td rowspan="2">电话</td><td rowspan="2"></td></tr>
<tr><td>身份证号</td><td colspan="2"></td></tr>
<tr><td colspan="2">退（免）税计算方法</td><td colspan="4">免抵退税（　）免退税（　）免税（　）其他（　）</td></tr>
<tr><td colspan="2">是否提供零税率应税服务</td><td>是（　）
否（　）</td><td colspan="2">提供零税率应税服务代码</td><td></td></tr>
<tr><td colspan="2">享受增值税优惠政策</td><td colspan="4">先征后退（　）即征即退（　）超税负返还（　）其他（　）</td></tr>
<tr><td colspan="2">出口退（免）税管理类型</td><td colspan="4"></td></tr>
<tr><td colspan="2">附送资料</td><td colspan="4"></td></tr>
<tr><td colspan="6">本表是根据国家税收法律法规及相关规定填报的，我单位确定它是真实的、可靠的、完整的。
经　办　人：
财务负责人：
法定代表人：
（印　章）
年　月　日</td></tr>
<tr><td colspan="6">以下信息由主管税务机关从税务登记信息中提取</td></tr>
<tr><td rowspan="4">工商登记</td><td>证照号码</td><td></td><td rowspan="4">法定代表人（个体工商户负责人）</td><td>姓名</td><td></td></tr>
<tr><td>开业（设立）日期</td><td></td><td rowspan="2">身份证号</td><td rowspan="2"></td></tr>
<tr><td>营业期限止</td><td></td></tr>
<tr><td>注册资本</td><td></td><td>电话</td><td></td></tr>
<tr><td colspan="2">注册地址</td><td colspan="4"></td></tr>
<tr><td colspan="2">生产经营地址</td><td colspan="4"></td></tr>
<tr><td colspan="2">联系电话</td><td colspan="4"></td></tr>
<tr><td colspan="2">纳税人类型</td><td colspan="4">增值税一般纳税人（　）增值税小规模纳税人（　）其他（　）</td></tr>
<tr><td colspan="2">登记注册类型</td><td></td><td colspan="2">行业</td><td></td></tr>
<tr><td colspan="2">纳税信用级别</td><td></td><td colspan="2">纳税人状态</td><td></td></tr>
</table>

续表

以下信息由主管税务机关填写			
主管税务机关代码		主管税务机关名称	
退税机关代码		退税机关名称	
企业分组		分类管理类别	
备案状态			
撤回标识		撤回时间	
其他扩展信息			

（2）出口企业和其他单位申报出口退（免）税时，不再进行退（免）税预申报。主管税务机关确认申报凭证的内容与对应的管理部门电子信息无误后方可受理出口退（免）税申报。

（3）实行免抵退税办法的出口企业或其他单位在申报办理出口退（免）税时，不再报送当期“增值税纳税申报表”。

（4）出口企业按规定申请开具代理进口货物证明时，不再提供进口货物报关单（加工贸易专用）。

（5）外贸企业购进货物需分批申报退（免）税的以及生产企业购进非自产应税消费品需分批申报消费税退税的，出口企业不再向主管税务机关填报“出口退税进货分批申报单”，由主管税务机关通过出口税收管理系统对进货凭证进行核对。

（6）出口企业或其他单位在出口退（免）税申报期限截止之日前，申报出口退（免）税的出口报关单、代理出口货物证明、委托出口货物证明、增值税进货凭证仍没有电子信息或凭证的内容与电子信息比对不符的，应在出口退（免）税申报期限截止之日前，向主管税务机关报送“出口退（免）税凭证无相关电子信息申报表”。相关退（免）税申报凭证及资料留存企业备查，不再报送。

（7）出口企业或其他单位出口货物劳务、发生增值税跨境应税行为，由于表 2－13 中所列原因未收齐单证，无法在规定期限内申报的，应在出口退（免）税申报期限截止之日前，向负责管理出口退（免）税的主管税务机关报送“出口退（免）税延期申报申请表”及相关举证资料，提出延期申报申请。主管税务机关自受理企业申请之日起 20 个工作日内完成核准，并将结果告知出口企业或其他单位。

（8）出口企业申报退（免）税的出口货物，应按照《国家税务总局关于出口企业申报出口货物退（免）税提供收汇资料有关问题的公告》（国家税务总局公告 2013 年第 30 号，以下简称“30 号公告”）的规定在出口退（免）税申报截止之日前收汇，未按规定收汇的出口货物适用增值税免税政策。对有下列情形之一的出口企业，在申报出口退（免）税时，须按照 30 号公告的规定提供收汇资料：

①出口退（免）税企业分类管理类别为四类的；

②主管税务机关发现出口企业申报的不能收汇原因是虚假的；

③主管税务机关发现出口企业提供的出口货物收汇凭证是冒用的。

上述第①种情形自出口企业被主管税务机关评定为四类企业的次月起执行；第②种至第③种情形自主管税务机关通知出口企业之日起24个月内执行。上述情形的执行时间以申报退（免）税时间为准。

出口企业同时存在上述两种以上情形的，执行的截止时间为几种情形中的最晚截止时间。

（9）生产企业应于每年4月20日前，按以下规定向主管税务机关申请办理上年度海关已核销的进料加工手册（账册）项下的进料加工业务核销手续。4月20日前未进行核销的，对该企业的出口退（免）税业务，主管税务机关暂不办理，在其进行核销后再办理。

①生产企业申请核销前，应从主管税务机关获取海关联网监管加工贸易电子数据中的进料加工“电子账册（电子化手册）核销数据”以及进料加工业务的进口和出口货物报关单数据。

生产企业将获取的反馈数据与进料加工手册（账册）实际发生的进口和出口情况核对后，填报“生产企业进料加工业务免抵退税核销表”向主管税务机关申请核销。如果核对发现，实际业务与反馈数据不一致的，生产企业还应填写“已核销手册（账册）海关数据调整表”连同电子数据和证明材料一并报送主管税务机关。

②主管税务机关应将企业报送的电子数据读入出口退税审核系统，对“生产企业进料加工业务免抵退税核销表”和“已核销手册（账册）海关数据调整表”及证明资料进行审核。

③主管税务机关确认核销后，生产企业应以“生产企业进料加工业务免抵退税核销表”中的“已核销手册（账册）综合实际分配率”，作为当年度进料加工计划分配率。同时，应在核销确认的次月，根据“生产企业进料加工业务免抵退税核销表”确认的不得免征和抵扣税额在纳税申报时申报调整；应在确认核销后的首次免抵退税申报时，根据“生产企业进料加工业务免抵退税核销表”确认的调整免抵退税额申报调整当期免抵退税额。

④生产企业发现核销数据有误的，应在发现次月按照本条第①项至第③项的有关规定向主管税务机关重新办理核销手续。

（10）出口企业因纳税信用级别、海关企业信用管理类别、外汇管理的分类管理等级等发生变化，或者对分类管理类别评定结果有异议的，可以书面向负责评定出口企业管理类别的税务机关提出重新评定管理类别。有关税务机关应按照《国家税务总局关于发布修订后的〈出口退（免）税企业分类管理办法〉的公告》（国家税务总局公告2016年第46号）的规定，自收到企业复评资料之日起20个工作日内完成评定工作。

练习题：增值税纳税实务

项目三
消费税纳税实务

知识点

消费税征税范围　消费税纳税人　消费税税率　消费税应纳税额计算
消费税纳税时间和地点

技能点

消费税的计税依据确定　消费税手工纳税申报

知识导图

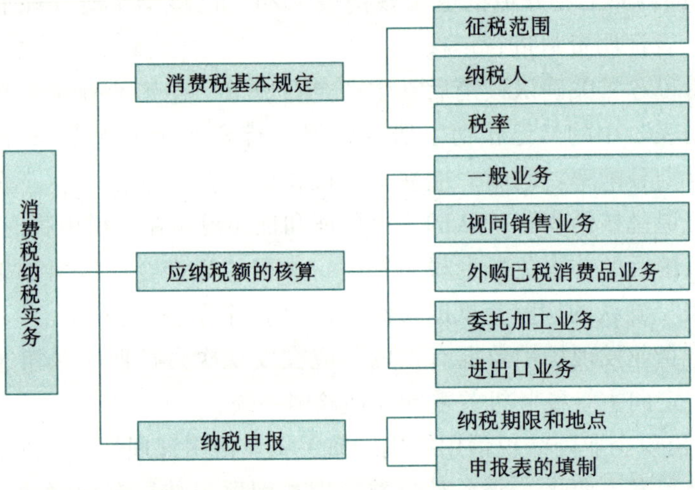

引　例

澳华化妆品有限公司消费税的纳税申报

澳华化妆品有限公司为增值税一般纳税人，主要从事高档化妆品的生产、进口及销售，统一社会信用代码为：440158796325847588。2019 年 5 月发生的各项业务如下：

（1）5 月 4 日公司购进用于生产高档化妆品的原材料一批，取得对方开具的增值税专用发票上注明价款 80 万元；支付不含增值税运费 2 万元，取得增值税专用发票；以上款项均用银行存款支付。

（2）5 月 15 日销售一批高档化妆品，开具增值税专用发票，注明价款 125 万元，增值税 16.25 万元；另外收取包装费 5.65 万元（开具普通发票）。当天开户银行通知货款已收到。

（3）5 月 18 日，受当地另外一家化妆品公司的委托，加工一批香水，委托方提供原材料，合同列明材料成本 30 万元，加工费 10 万元（不含税）。5 月 22 日加工完成，将香水交付对方，收到相关款项。

（4）5 月 19 日公司将上月外购香水精的一半（上月买入时取得的增值税专用发票上注明价款 50 万元）用于加工生产成该公司品牌的高档化妆品，全部销售给某贸易公司，取得不含增值税的价款 200 万元，收到对方开具的商业承兑汇票。

（5）5 月 23 日，销售公司生产的护肤品，开具增值税专用发票，上面注明价款为 10 万元，增值税 1.3 万元。

（6）5 月 24 日从意大利进口一批用于生产高档香水的特殊香水精，关税完税价格 80 万元，关税税率为 30%，当日公司支付货款，完成报关取得关税完税凭证，材料已验收入库。

（7）5 月 26 日，公司将从意大利进口的香水精加工成高档香水，29 日将这批香水全部销售给东升贸易公司，取得价税合计款共 565 万元，货款当天到账。

（8）5 月 28 日，公司销售了一批化妆品礼盒（每套含有一瓶价值 600 元的香水和一套价值 400 元的普通护肤品）1 000 套，每套不含税单价 1 000 元，开具增值税专用发票，货款已收。

（9）5 月 29 日销售公司生产的一批舞台演员化妆用的化妆油、卸妆油，收到价税款合计 22.6 万元。

（10）5 月 30 日，公司将新研制成功的一批香水作为福利发放给公司职工，账面成本为 12 万元，该香水没有同类销售价格。

王洋为该公司的会计，根据 5 月份的相关业务需要办理消费税的纳税申报业务。

【引例分析 3-1】

目前我国消费税的核算与申报依据的是《中华人民共和国消费税暂行条例》，王洋作为公司会计要进行消费税的纳税申报，首先需要根据《中华人民共和国消费税暂行条例》的规定确定消费税征税范围、纳税人及适用税率等，然后依据规定计算澳华公司 5 月份应缴纳的消费税税额，填列消费税纳税申报表，报送相关税务机构。

模块一　确定消费税的征税范围

微课：消费税征税范围

消费税是对消费品和特定的消费行为按流转额征收的一种商品税。我国现行消费税是1994年税制改革时设置的一个税种，征收范围具有选择性、征税环节具有单一性、计税方法具有灵活性，目的是调节产品结构、引导消费方向、保证财政收入。

依据《中华人民共和国消费税暂行条例》，消费税的征税范围仅限15种特定的消费品，除此之外的消费品均不缴纳消费税。这15种应税消费品具体包括：

PPT：消费税征税范围

一、烟

凡是以烟叶为原料加工生产的产品，不论使用何种辅料，均属于本税目的征收范围，包括卷烟（进口卷烟、白包卷烟、手工卷烟和未经国务院批准纳入计划的企业及个人生产的卷烟）、雪茄烟和烟丝。

在“烟”税目下分“卷烟”等子目，“卷烟”又分“甲类卷烟”和“乙类卷烟”。其中，甲类卷烟是指每标准条（200支，下同）调拨价格在70元（不含增值税）以上（含70元）的卷烟；乙类卷烟是指每标准条调拨价格在70元（不含增值税）以下的卷烟。

二、酒

酒是指酒精度在1度以上的各种酒类饮料。酒类包括白酒、黄酒、啤酒和其他酒。

其中，啤酒分甲类啤酒和乙类啤酒，每吨出厂价（含包装物及包装物押金）在3 000元（含3 000，不含增值税）以上的是甲类啤酒，每吨出厂价（含包装物及包装物押金）在3 000元（不含增值税）以下的是乙类啤酒。对饮食业、商业、娱乐业举办的啤酒屋（啤酒坊）利用啤酒生产设备生产的啤酒，应当征收消费税。果啤属于啤酒，按啤酒征收消费税。

三、高档化妆品

本税目征税范围包括：高档美容、修饰类化妆品、高档护肤类化妆品和成套化妆品。

高档美容、修饰类化妆品和高档护肤类化妆品是指生产（进口）环节销售（完税）价格（不含增值税）在10元/毫升（克）或15元/片（张）及以上的美容、修饰类化妆品和护肤类化妆品；美容、修饰类化妆品是指香水、香水精、香粉、口红、指甲油、胭脂、眉笔、唇笔、蓝眼油、眼睫毛；成套化妆品是指由各种用途的化妆品配套盒装而成的系列产品。

舞台、戏剧、影视演员化妆用的上妆油、卸妆油、油彩，不属于本税目的征收范围。

四、贵重首饰及珠宝玉石

本税目征税范围包括：凡以金、银、白金、宝石、珍珠、钻石、翡翠、珊瑚、玛瑙等高贵稀有物质以及其他金属、人造宝石等制作的各种纯金银首饰及镶嵌首饰和经采掘、打磨、加工的各种珠宝玉石。

视频：看专业人士为你现场解答何为消费税

五、鞭炮、焰火

本税目征税范围包括：各种鞭炮、焰火。体育上用的发令纸、鞭炮药引线，不按本税目征收。

六、成品油

视频：消费税征税范围

本税目征税范围包括：汽油、柴油、石脑油、溶剂油、航空煤油、润滑油、燃料油七个子目。

（一）汽油

汽油是指用原油或其他原料加工生产的辛烷值不小于 66 的可用作汽油发动机燃料的各种轻质油。汽油分为车用汽油和航空汽油等。以汽油、汽油组分调和生产的甲醇汽油、乙醇汽油也属于本税目征收范围。

（二）柴油

柴油是指用原油或其他原料加工生产的倾点或凝点在 -50℃ ~30℃的可用作柴油发动机燃料的各种轻质油和以柴油组分为主、经调和精制可用作柴油发动机燃料的非标油。以柴油、柴油组分调和生产的生物柴油也属于本税目征收范围。

（三）石脑油

石脑油又叫化工轻油，是以原油或其他原料加工生产的用于化工原料的轻质油。石脑油的征收范围包括除汽油、柴油、航空煤油、溶剂油以外的各种轻质油。非标汽油、重整生成油、拔头油、戊烷原料油、轻裂解料（减压柴油 VGO 和常压柴油 AGO）、重裂解料、加氢裂化尾油、芳烃抽余油均属轻质油，属于石脑油征收范围。

（四）溶剂油

溶剂油是用原油或其他原料加工生产的用于涂料、油漆、食用油、印刷油墨、皮革、农药、橡胶、化妆品生产和机械清洗、胶粘行业的轻质油。橡胶填充油、溶剂油原料，属于溶剂油征收范围。

（五）航空煤油

航空煤油也叫喷气燃料，是用原油或其他原料加工生产的用作喷气发动机和喷气推进系统燃料的各种轻质油。

（六）润滑油

润滑油是用原油或其他原料加工生产的用于内燃机、机械加工过程的润滑产品。润滑油分为矿物性润滑油、植物性润滑油、动物性润滑油和化工原料合成润滑油。润滑油的征收范围包括矿物性润滑油、矿物性润滑油基础油、植物性润滑油、动物性润滑油和化工原料合成润滑油。以植物性、动物性和矿物性基础油（或矿物性润滑油）混合掺配而成的“混合性”润滑油，不论矿物性基础油（或矿物性润滑油）所占比例高低，均属润滑油的征收范围。

（七）燃料油

燃料油也称重油、渣油，是用原油或其他原料加工生产，主要用作电厂发电、锅炉用燃料、加热炉燃料、冶金和其他工业炉燃料。蜡油、船用重油、常压重油、减压重油、180CTS 燃料油、7 号燃料油、糠醛油、工业燃料等油品的主要用途是作为燃料燃烧，属于燃料油征收范围。

案例：一则正在多地上演的关于消费税的悲催故事

七、小汽车

小汽车是指由动力驱动，具有 4 个或 4 个以上车轮的非轨道承载的车辆。

本税目征收范围包括：（1）乘用车：含驾驶员座位在内最多不超过 9 个座位（含）的，在设计和技术特性上用于载运乘客和货物的各类乘用车。（2）中轻型商用客车：含驾驶员座位在内的座位数在 10～23 座（含 23 座）个的、在设计和技术特性上用于载运乘客和货物的各类中轻型商用客车。（3）超豪华小汽车：每辆零售价格 130 万元（不含增值税）及以上的乘用车和中轻型商用客车。

用排气量小于 1.5 升（含）的乘用车底盘（车架）改装、改制的车辆属于乘用车征收范围；用排气量大于 1.5 升的乘用车底盘（车架）或用中轻型商用客车底盘（车架）改装、改制的车辆属于中轻型商用客车征收范围。含驾驶员人数（额定载客）为区间值（如 8～10 人，17～26 人）的小汽车，按其区间值下限人数确定征收范围。

电动汽车不属于本税目征收范围。沙滩车、雪地车、卡丁车、高尔夫车不属于消费税征收范围，不征收消费税。

八、摩托车

本税目征税范围包括轻便摩托车和摩托车两种。对最大设计车速不超过 50 千米/时、发动机气缸总工作容量不超过 50 毫升的三轮摩托车和气缸容量在 250 毫升（不含 250 毫升）以下的摩托车不征收消费税。

九、高尔夫球及球具

高尔夫球及球具是指从事高尔夫球运动所需的各种专用装备，包括高尔夫球、高尔夫球杆及高尔夫球包（袋）等。高尔夫球是指重量不超过 45.93

克、直径不超过42.67毫米的高尔夫球运动比赛、练习用球；高尔夫球杆是指被设计用来打高尔夫球的工具，由杆头、杆身和握把三部分组成；高尔夫球包（袋）是指专用于盛装高尔夫球及球杆的包（袋）。本税目征收范围包括高尔夫球、高尔夫球杆、高尔夫球包（袋）。高尔夫球杆的杆头、杆身和握把属于本税目的征收范围。

十、高档手表

高档手表是指销售价格（不含增值税）每只在10 000元（含）以上的各类手表。本税目征收范围包括符合以上标准的各类手表。

十一、游艇

游艇是指长度大于8米、小于90米，船体由玻璃钢、钢、铝合金、塑料等多种材料制作，可以在水上移动的水上浮载体。按照动力划分，游艇分为无动力艇、帆艇和机动艇。

本税目征收范围包括艇身长度大于8米（含）、小于90米（含），内置发动机，可以在水上移动，一般为私人或团体购置，主要用于水上运动和休闲娱乐等非牟利活动的各类机动艇。

十二、木制一次性筷子

木制一次性筷子，又称卫生筷子，是指以木材为原料经过锯段、浸泡、旋切、刨切、烘干、筛选、打磨、倒角、包装等环节加工而成的各类一次性使用的筷子。

本税目征收范围包括各种规格的木制一次性筷子。未经打磨、倒角的木制一次性筷子属于本税目征税范围。

十三、实木地板

实木地板是指以木材为原料，经锯割、干燥、刨光、截断、开榫、涂漆等工序加工而成的块状或条状的地面装饰材料。实木地板按生产工艺不同，可分为独板（块）实木地板、实木指接地板、实木复合地板三类；按表面处理状态不同，可分为未涂饰地板（白坯板、素板）和漆饰地板两类。

本税目征收范围包括各类规格的实木地板、实木指接地板、实木复合地板及用于装饰墙壁、天棚的侧端面为榫、槽的实木装饰板。未经涂饰的素板属于本税目征税范围。

十四、电池

电池，是一种将化学能、光能等直接转换为电能的装置，一般由电极、电解质、容器、极端，通常还有隔离层组成的基本功能单元，以及用一个或多个基本功能单元装配成的电池组。范围包括：原电池、蓄电池、燃料电池、太阳能电池和其他电池。

自2015年2月1日起对电池（铅蓄电池除外）征收消费税；对无汞原电池、金属氢化物镍蓄电池（又称“氢镍蓄电池”或“镍氢蓄电池”）、锂原电池、锂离子蓄电池、太阳能电池、燃料电池和全钒液流电池免征消费税。2016年1月1日起，对铅蓄电池按4%税率征收消费税。

十五、涂料

涂料是指涂于物体表面能形成具有保护、装饰或特殊性能的固态涂膜的一类液体或固体材料之总称。涂料由主要成膜物质、次要成膜物质等构成。对施工状态下挥发性有机物（Volatile Organic Compounds，VOC）含量低于420克/升（含）的涂料免征消费税。

【引例分析3－2】

澳华公司主营业务为高档化妆品的生产、进口及销售，而高档化妆品属于消费税的征税范围，在5月份的各项业务中：

（1）5月15日、19日销售的两批高档化妆品和29日销售的高档香水均属于消费税的征税范围，均需缴纳消费税。

（2）5月28日销售的高档化妆品礼盒，根据规定也需要缴纳消费税。

（3）5月30日作为福利发放给职工的高档化妆品属于视同销售，需要缴纳消费税。

（4）5月23日销售的护肤品，29日销售的舞台演员用的化妆油、卸妆油不属于消费税征税范围，不需要缴纳消费税。

（5）5月20日交付的受托加工地板，也是消费税的征税范围，应按委托加工应税产品的规定缴纳消费税。

微课：消费税纳税人和适用税率

模块二　确定消费税的纳税人和适用税率

PPT：消费税纳税人和适用税率

一、确定消费税的纳税人

按照税法规定，在中华人民共和国境内生产、委托加工和进口《中华人民共和国消费税暂行条例》规定的消费品的单位和个人，以及国务院确定的销售《中华人民共和国消费税暂行条例》规定的消费品的其他单位和个人，为消费税的纳税人，应当依法缴纳消费税。

其中，“单位”是指企业、行政单位、事业单位、军事单位、社会团体及其他单位；“个人”是指个体工商户及其他个人。

“在中华人民共和国境内”，是指生产、委托加工和进口属于应当缴纳消费税的消费品的起运地或者所在地在境内。具体包括：

（1）生产、销售除金银首饰、钻石及钻石饰品、铂金首饰以外的应税消费品的单位和个人。

（2）零售金银首饰、钻石及钻石饰品、铂金首饰的单位和个人。

（3）委托加工应税消费品的单位和个人。

（4）进口应税消费品的单位和个人。

（5）批发卷烟的单位和个人。

（6）零售超豪华小汽车的单位和个人。

视频：生活中的消费税：今天交税了吗

知识窗

消费税的纳税环节

消费税具有单一环节征税的特点，除金银首饰、铂金首饰、钻石及钻石饰品改在零售环节征税，卷烟在批发环节加征消费税，及从2016年12月1日开始对超豪华小汽车在零售环节加征一道税率为10%的消费税之外，其他消费品都只在生产、委托加工或进口环节征税，在以后的批发、零售等环节不再征收消费税。另外对于企业在生产经营的过程中，将应税消费品移送用于加工非应税消费品的，在移送的环节征收消费税。

案例：谁是商场内销售金银首饰的消费税纳税人

【引例分析3－3】

澳华公司生产销售高档化妆品为消费税的纳税人，其生产销售的高档化妆品、香水的销售和进口都需要申报缴纳消费税。另外，该公司还提供加工应税消费品的行为，也需按规定代收代缴消费税。

二、消费税的税率

我国现行消费税采用比例税率和定额税率两种形式。对于从价征收的消费品，实行产品差别比例税率；对于从量征收的消费品，对不同产品实行不同的定额税率；对少数消费品实行从价和从量的复合税率征收。其中，比例税率适用于除卷烟以外的烟、除白酒、黄酒和啤酒以外的应税酒、高档化妆品、鞭炮、焰火、贵重首饰及珠宝玉石、摩托车、小汽车、高尔夫球及球具、高档手表、游艇、木制一次性筷子、实木地板、电池、涂料。定额税率适用于啤酒、黄酒、成品油。复合税率适用于白酒和卷烟，如表3－1所示。

表 3-1 消费税税目税率表

税目	税率
一、烟	
1. 卷烟	
工业	
（1）甲类卷烟【调拨价 70 元（不含增值税）/条以上（含 70 元）】	56%加 0.003 元/支
（2）乙类卷烟【调拨价 70 元（不含增值税）/条以下】	36%加 0.003 元/支
商业批发	11%加 0.005 元/支
2. 雪茄烟	36%
3. 烟丝	30%
二、酒	
1. 白酒	20%加 0.5 元/500 克（或 500 毫升）
2. 黄酒	240 元/吨
3. 啤酒	
（1）甲类啤酒	250 元/吨
（2）乙类啤酒	220 元/吨
4. 其他酒	10%
三、高档化妆品	15%
四、贵重首饰及珠宝玉石	
1. 金银首饰、铂金首饰和钻石及钻石饰品	5%
2. 其他贵重首饰和珠宝玉石	10%
五、鞭炮、焰火	15%
六、成品油（不含进口成品油）	
1. 汽油	1.52 元/升
2. 石脑油	1.52 元/升
3. 溶剂油	1.52 元/升
4. 润滑油	1.52 元/升
5. 柴油	1.2 元/升
6. 航空煤油	1.2 元/升
7. 燃料油	1.2 元/升
七、1. 乘用车	
（1）气缸容量（排气量，下同）在 1.0 升（含 1.0 升）以下的	1%
（2）气缸容量在 1.0 升以上至 1.5 升（含 1.5 升）的	3%
（3）气缸容量在 1.5 升以上至 2.0 升（含 2.0 升）的	5%
（4）气缸容量在 2.0 升以上至 2.5 升（含 2.5 升）的	9%
（5）气缸容量在 2.5 升以上至 3.0 升（含 3.0 升）的	12%
（6）气缸容量在 3.0 升以上至 4.0 升（含 4.0 升）的	25%
（7）气缸容量在 4.0 升以上的	40%
2. 中轻型商用客车	5%
八、摩托车	
1. 气缸容量（排气量，下同）在 250 毫升的	3%
2. 气缸容量在 250 毫升以上的	10%
九、高尔夫球及球具	10%
十、高档手表	20%
十一、游艇	10%
十二、木制一次性筷子	5%
十三、实木地板	5%
十四、电池	4%
十五、涂料	4%

纳税人兼营不同税率的应税消费品，应当分别适用不同税率核算应税消费品，未分别核算的，从高适用税率。

【引例分析 3－4】

王洋对照消费税的税目税率表查找，澳华公司高档化妆品类的消费税税率为 15%。

模块三　消费税应纳税额的计算

按照现行消费税法规定，消费税应纳税额度的计算方法分为从价计征、从量计征和从价从量复合计征三种。

微课：消费税应纳税额的计算

PPT：消费税应纳税额的计算

一、从价计征

实行从价计征的应税消费品，计税依据为应税消费品的销售额。消费税从价征收的计税公式为：

应纳税额＝销售额×税率

在从价计征的方式下，应纳税额的计算取决于应税销售额和适用税率。当税率一定时，销售额的确定就非常关键。由于消费税和增值税实行交叉征收，消费税为价内税，增值税为价外税。这种情况决定了实行从价定率征收的消费品，其消费税税基和增值税税基是一致的，即都是以含消费税而不含增值税的销售额作为计税基数。

（一）销售额的确定

销售额为纳税人销售应税消费品向购买方收取的全部价款和价外费用。价外费用是指价外收取的手续费、补贴、基金、集资费、返还利润、奖励费、违约金、滞纳金、延期付款利息、赔偿金、代收款项、代垫款项、包装费、包装物租金、储备费、优质费、运输装卸费以及其他各种性质的价外收费。但下列项目不包括在内：

（1）纳税人代垫运费，同时将承运部门开具给购货方的增值税专用发票转交给购货方的。

（2）同时符合以下条件代为收取的政府性基金或者行政事业性收费：①由国务院或者财政部批准设立的政府性基金，由国务院或者省级人民政府及其财政、价格主管部门批准设立的行政事业性收费；②收取时开具省级以上（含省级）财政部门监（印）制的财政票据；③所收款项全额上缴财政。

其他价外费用，无论是否属于纳税人的收入，均应并入销售额计算征税。

纳税人销售的应税消费品，以人民币以外的货币结算销售额的，其销售额的人民币折合率可以选择销售额发生的当天或者当月1日的人民币汇率中间价。纳税人应在事先确定采取何种折合率，确定后1年内不得变更。

【引例分析3－5】

澳华公司5月15日销售的高档化妆品不含税价为125万元，另收取的包装费5.65万元（开具普通发票），这笔业务需要缴纳消费税为：

需纳消费税 $=125\times15\%+5.65\div(1+13\%)\times15\%=19.5$（万元）

需要说明，对实行从价定率办法计算应纳税额的应税消费品连同包装物销售的，无论包装物是否单独计价，也不论其在会计上如何核算，均应并入应税消费品的销售额中缴纳消费税。如果包装物不作价随同产品销售，而是收取押金（收取酒类产品的包装物押金除外），且单独核算又未过期的，此项押金则不应并入应税消费品的销售额中征税。但对因逾期未收回的包装物不再退还的或者已收取1年以上的押金，应并入应税消费品的销售额，按照应税消费品的适用税率缴纳消费税。对酒类产品生产企业销售酒类产品（黄酒、啤酒除外）而收取的包装物押金，无论押金是否返还与会计上如何核算，均需并入酒类产品销售额中，依酒类产品的适用税率征收消费税。

对既作价随同应税消费品销售，又另外收取的包装物押金，凡纳税人在规定的期限内没有退还的，均应并入应税消费品的销售额，按照应税消费品的适用税率征收消费税。

（二）含增值税销售额的换算

应税消费品在缴纳消费税的同时，与一般货物一样，还应缴纳增值税。按照《消费税暂行条例实施细则》的规定，应税消费品的销售额，不包括应向购货方收取的增值税税款。如果纳税人应税消费品的销售额中未扣除增值税税款或者因不得开具增值税专用发票而发生价款和增值税税款合并收取的，在计算消费税时，应将含增值税的销售额换算为不含增值税税款的销售额。其换算公式为：

应税消费品的销售额＝含增值税的销售额÷（1＋增值税税率或征收率）

在使用换算公式时，应根据纳税人的具体情况分别使用增值税税率或征收率。如果消费税的纳税人同时是增值税一般纳税人的，应适用13%的增值税税率；如果消费税的纳税人是增值税小规模纳税人的，应适用3%的征收率。

【引例分析3－6】

5月26日，澳华公司将从意大利进口的香水精加工成高档香水，29日将这批香水全部销售给东升贸易公司，取得价税合计款共565万元，这笔业务需要缴纳的消费税为：

应纳消费税 =565 ÷（1 +13%）×15% =75（万元）

二、从量计征

在从量定额计征方式下，应纳税额等于应税消费品的销售数量乘以单位税额，计税公式为：

应纳税额 = 销售数量 × 单位税额

其计税依据是纳税人销售应税消费品的数量，通常为每单位应税消费品的重量、容积或数量。在企业会计核算中，主要包括销售发票中所反映的销售数量，以及其他视同销售的数量和加工及进口的数量。具体规定为：

（1）销售应税消费品的，为应税消费品的销售数量。

（2）自产自用应税消费品的，为应税消费品的移送使用数量。

（3）委托加工应税消费品的，为纳税人收回的应税消费品数量。

（4）进口应税消费品的，为海关核定的应税消费品进口征税数量。

我国消费税对黄酒、啤酒、汽油、柴油等实行定额税率，采用从量定额的办法征税。啤酒、黄酒是以吨为税额单位；汽油、柴油是以升为税额单位。考虑到实际销售过程中，一些纳税人会把吨和升这两个计量单位混用，为准确计算应纳税额，吨与升两个计量单位的换算标准见表 3 –2。

表 3 –2　吨、升换算表

序号	名称	计量单位的换算标准
1	黄酒	1 吨 =962 升
2	啤酒	1 吨 =988 升
3	汽油	1 吨 =1 388 升
4	柴油	1 吨 =1 176 升
5	航空煤油	1 吨 =1 246 升
6	石脑油	1 吨 =1 385 升
7	溶剂油	1 吨 =1 282 升
8	润滑油	1 吨 =1 126 升
9	燃料油	1 吨 =1 015 升

三、从价从量复合计征

现行消费税的征税范围中，只有卷烟、白酒采用从价从量复合计征方法。计税依据既要按照销售收入确定，又要按照销售数量确定。以两者计税之和为应缴消费税。计算公式为：

应纳税额 = 销售数量 × 单位税额 + 销售额 × 税率

生产、销售卷烟、白酒从量定额计税依据为实际销售数量。进口、委托加工、自产自用卷烟、白酒从量定额计税依据分别为海关核定的进口征税数量、委托方收回数量、移送使用数量。

另外，纳税人生产销售两种税率以上的应税消费品，如卷烟厂同时生产销售两种税率卷烟、炼油厂同时生产销售汽油和柴油，要分别核算其销售额和销售数量。未分别核算或将不同税率的应税消费品组成成套消费品销售的，从高适用税率。

【引例分析 3－7】

5 月 28 日，澳华公司销售了一批化妆品礼盒（每套含有一瓶价值 600 元的香水和一套价值 400 元的普通护肤品）1 000 套，每套不含税单价 1 000 元，开具增值税专用发票。这笔业务公司销售的成套礼盒，从高适用税率，需要缴纳的消费税为：

应纳消费税 = 1 000 × 1 000 × 15% = 15（万元）

知识窗

卷烟批发环节应纳消费税的计算

为了适当增加财政收入，完善烟产品消费税制度，自 2009 年 5 月 1 日起，在卷烟批发环节加征一道消费从价税。2015 年 5 月 10 日，又对卷烟批发环节消费税税率进行了调整。

卷烟批发环节消费税纳税人为在中华人民共和国境内从事卷烟批发业务的单位和个人。纳税人销售给纳税人以外的单位和个人的卷烟于销售时纳税。但纳税人之间销售的卷烟不缴纳消费税。

纳税人实行复合计税方式，税率为：从价税税率 11%，从量税税额 0.005 元/支。计税依据为纳税人批发卷烟的销售额（不含增值税）、批发卷烟的销售数量。

卷烟消费税在生产和批发两个环节征收后，批发企业在计算纳税时不得扣除已含的生产环节的消费税税款。

模块四　视同销售应纳消费税的计算

微课：视同销售应纳消费税的计算

在实际经济活动中，经常出现纳税人生产了应税消费品后，不是用于直接对外销售，而是用于连续生产应税消费品或其他方面。例如，有的企业把自己生产的应税消费品，以福利或奖励等形式发给本厂职工。这种自产自用应税消费品的行为是否要纳税或应该如何纳税，这是需要税法明确规定的。

一、视同销售行为的确定

纳税人自产自用的应税消费品，用于连续生产应税消费品的，不纳税。例如，卷烟厂生产出烟丝，再用生产出的烟丝连续生产卷烟，虽然烟丝是应税消费品，但用于连续生产卷烟的烟丝就不用缴纳消费税，只对生产销售的卷烟征收消费税。税法这样规定，体现了不重复课税的原则。

PPT：视同销售应纳消费税的计算

纳税人自产自用的应税消费品，除用于连续生产应税消费品外，凡用于其他方面的，都视同销售，于移送使用时纳税。视同销售是指纳税人将自产的应税消费品用于生产非应税消费品、在建工程、管理部门、非生产机构、提供劳务，以及用于馈赠、赞助、集资、广告、样品、职工福利、奖励等方面。其中“用于生产非应税消费品”是指把自产的应税消费品用于生产《中华人民共和国消费税暂行条例》税目、税率表所列的15类产品以外的产品。

总之，企业生产的应税消费品虽然没有用于销售，但只要是用于税法所规定的视同销售范围的，都要依法缴纳消费税。

二、视同销售应纳消费税的计算

纳税人自产自用应税消费品，凡用于其他方面，均应当纳税。纳税人用于换取生产资料和消费资料、投资入股和抵偿债务三方面的应税消费品，以纳税人同类应税消费品最高销售价格为计税依据。

纳税人自产应税消费品，自用于生产非应税产品、在建工程等其他方面视同销售的，其销售额按以下顺序确定：

（1）按纳税人当月销售同类消费品的销售价格计算；如果当月同类消费品当期销售价格高低不同，按销售数量加权平均计算。但销售价格明显偏低又无正当理由的，或者无销售价格的，不能列入加权平均计算。

（2）如果当月无销售或当月未完结的，按照同类消费品上月或最近月份的销售价格计算。

（3）如果没有同类消费品销售价格的，按组成计税价格计算。

①实行从价定率办法计算纳税的组成计税价格计算公式为：

$$组成计税价格 = （成本 + 利润）\div(1 - 比例税率)$$

②实行复合计税办法计算纳税的组成计税价格计算公式为：

$$组成计税价格 =(成本 + 利润 + 自产自用数量 \times 定额税率）\div(1 - 比例税率)$$

式中：成本是指应税消费品的产品生产成本；利润是指根据应税消费品的全国平均成本利润率计算的利润；全国平均成本利润率由国家税务总局确定（见表3－3）。

表 3-3　　平均成本利润率表　　单位:%

货物名称	利润率	货物名称	利润率
1. 甲类卷烟	10	11. 摩托车	6
2. 乙类卷烟	5	12. 高尔夫球及球具	10
3. 雪茄烟	5	13. 高档手表	20
4. 烟丝	5	14. 游艇	10
5. 粮食白酒	10	15. 木制一次性筷子	5
6. 薯类白酒	5	16. 实木地板	5
7. 其他酒	5	17. 乘用车	8
8. 化妆品	5	18. 中轻型商用客车	5
9. 鞭炮、焰火	5	19. 电池	4
10. 贵重首饰及珠宝玉石	6	20. 涂料	7

【引例分析 3-8】

5 月 30 日，澳华公司将新研制成功的一批香水作为福利发放给公司职工，账面成本为 12 万元，该香水没有同类销售价格。该笔业务为视同销售，需要缴纳消费税，由于市场没有同类消费品的价格需要组价，成本利润率为 5%，该笔业务需要缴纳的消费税为：

应纳消费税 $= 12 \times (1 + 5\%) \div (1 - 15\%) \times 15\% = 2.22$（万元）

微课：外购已税消费品应纳消费税的计算

模块五　外购已税消费品应纳消费税的计算

为了避免重复征税，现行《消费税暂行条例》规定，纳税人外购已税消费品生产应税消费品的，仍应以纳税人的销售额为依据进行计税，但可从其应纳消费税额中扣除当期生产领用的外购已税消费品的已纳税额。

PPT：外购已税消费品应纳消费税的计算

一、准予扣除外购已税消费品税额范围

某些应税消费品是用外购已缴纳消费税的应税消费品连续生产出来的，在对这些连续生产出来的应税消费品计算征税时，税法规定应按照当期生产领用数量计算准予扣除外购的应税消费品已缴税款。可以扣除原料已纳消费税税款的范围包括：

（1）外购已税烟丝生产的卷烟；

（2）外购已税高档化妆品生产的高档化妆品；

（3）外购已税珠宝玉石生产的贵重首饰及珠宝玉石（但用外购已税珠宝玉石生产的改在零售环节征收消费税的金银镶嵌首饰除外）；

（4）外购已税鞭炮、焰火生产的鞭炮、焰火；

（5）外购已税摩托车生产的摩托车（如用外购两轮摩托车改装成三轮摩托车）；

（6）外购已税杆头、杆身和握把为原料生产的高尔夫球杆；

（7）外购已税木制一次性筷子为原料生产的木制一次性筷子；

（8）外购已税实木地板为原料生产的实木地板；

（9）外购已税石脑油、润滑油、汽油、柴油、燃料油为原料生产的应税消费品。

二、准予扣除外购已税消费品税额计算

纳税人外购已税消费品生产应税消费品，仍应以纳税人的销售额为依据计税。但为了避免重复征税，规定可从其应纳消费税额中扣除当期生产领用的外购已税消费品的已纳税款。具体计算公式为：

1. 实行从价定率计算应纳税额

当期准予扣除的外购应税消费品已纳税款 = 当期准予扣除外购应税消费品买价 × 外购应税消费品适用税率

当期准予扣除的外购应税消费品买价 = 期初库存外购的应税消费品买价 + 当期购进的外购应税消费品买价 − 期末库存的外购应税消费品买价

2. 实行从量定额计算应纳税额

当期准予扣除的外购应税消费品已纳税款 = 当期准予扣除外购应税消费品数量 × 外购应税消费品单位税额

当期准予扣除的外购应税消费品数量 = 期初库存的外购应税消费品数量 + 当期购进的外购应税消费品数量 − 期末库存的外购应税消费品数量

【引例分析 3－9】

5 月 19 日澳华公司将上月外购香水精的一半不含税价格 25 万元加工生产成高档化妆品并对外销售，得不含增值税的价款 200 万元，这笔业务属于用消费税已税产品生产应税产品行为，按照规定，可以扣除已纳消费税税款，因此，该笔业务应缴纳消费税为：

应纳消费税 = 200 × 15% − 25 × 15% = 26.25（万元）

模块六　委托加工应税消费品应纳消费税的计算

微课：委托加工应税消费品应纳消费税的计算

在实际经济活动中，企业、单位或个人常由于某方面的局限或其他方面原因，要委托其他单位代为加工应税消费品，然后将加工好的应税消费品收回，直接销售或自己使用。这种生产应税消费品的行为即为委托加工应税消

费品的行为，也需要纳入消费税的征收范围，按规定计缴消费税。

一、委托加工应税消费品的确定

PPT：委托加工应税消费品应纳消费税的计算

委托加工应税消费品是指由委托方提供原料和主要材料，受托方只收取加工费和代垫部分辅助材料加工的行为。对于由受托方提供原材料生产应税消费品或者受托方先将原材料卖给委托方，然后再接受加工应税消费品，以及由受托方以委托方名义购进原材料生产应税消费品，不论纳税人在财务上是否作销售处理，都不能作为委托加工应税消费品的行为，而应当按照销售自制应税消费品缴纳消费税。

税法规定，委托加工应税消费品由受托方在向委托方交货时代收代缴消费税。这里，委托方是纳税人，受托方只是法定的代收代缴义务人。

二、委托加工应税消费品的计税

委托加工的应税消费品，按照受托方的同类消费品的销售价格计算纳税，同类消费品的销售价值是指受托方（即代收代缴义务人）当月销售的同类消费品的销售价格，如果当月同类消费品销售价格高低不同，应按销售数量加权平均计算。

如果受托方没有销售同类消费品的，按照组成计税价格计算纳税。组成计税价格的计算公式如下：

实行从价定率办法计算纳税的组成计税价格计算公式：

$$组成计税价格 = （材料成本 + 加工费）\div (1 - 比例税率)$$

实行复合计税办法计算纳税的组成计税价格计算公式：

$$组成计税价格 = \frac{材料成本 + 加工费 + 委托加工数量 \times 定额税率}{1 - 比例税率}$$

其中：材料成本是指委托方所提供加工材料的实际成本。委托加工应税消费品的纳税人，必须在委托加工合同上如实注明（或以其他方式提供）材料成本；凡未提供材料成本的，委托方所在地主管税务机关有权核定其材料成本。加工费是指受托方加工应税消费品向委托方所收取的全部费用（包括代垫辅助材料的实际成本，不包括增值税税金）。

【引例分析 3－10】

5 月 18 日，受当地另外一家化妆品公司的委托，澳华公司加工一批香水，委托方提供原材料，合同列明材料成本 30 万元，加工费 10 万（不含税）。5 月 22 日加工完成，将香水交付对方。这笔业务属于委托加工业务，由澳华公司代收代缴消费税，需代收代缴的消费税为：

代收代缴消费税 $= (30 + 10) \div (1 - 15\%) \times 15\% = 7.06$（万元）

委托加工的应税消费品，受托方在交货时已代收代缴消费税，委托方将收回的应税消费品，以不高于受托方的计税价格出售的，为直接销售，不再缴纳消费税；委托方以高于受托方的计税价格出售的，不属于直接出售，需按照规定申报缴纳消费税，在计税时准予扣除受托方已代收代缴的消费税。

三、委托加工收回的应税消费品已纳税款的扣除

委托加工收回的应税消费品直接对外出售的，不再缴纳消费税，如果将委托加工收回的应税消费品连续用于加工生产应税消费品的，准予从应纳消费税税额中按照当期生产领用数量计算扣除委托加工环节曾被代收代缴的消费税税款。可以扣除的范围与前面外购已税消费品生产应税消费品扣除已税消费品税款的范围相同。当期准予扣除委托加工收回的应税消费品已纳消费税税款的计算公式是：

当期准予扣除的委托加工应税消费品已纳税款＝期初库存的委托加工应税消费品已纳税款＋当期收回的委托加工应税消费品已纳税款－期末库存的委托加工应税消费品已纳税款

纳税人以外购、进口、委托加工收回的应税消费品为原料连续生产应税消费品，准予按现行政策规定抵扣外购、进口、委托加工收回应税消费品已纳消费税税款。

需要说明的是，纳税人用委托加工收回的已税珠宝玉石生产的改在零售环节征收消费税的金银首饰，在计税时一律不得扣除委托加工收回的珠宝玉石的已纳消费税税款。

模块七　进出口货物应纳消费税的计算

一、进口货物应纳消费税的计算

进口的应税消费品的消费税由海关代征，于报关进口时缴纳消费税，由进口人或者代理人向报关地海关申报纳税。依据国家税务总局、海关总署联合颁发的《关于进口货物征收增值税、消费税有关问题的通知》规定，进口应税消费品的验货人或者办理报关手续的单位和个人为进口应税消费品消费税的纳税义务人。纳税人进口应税消费品，应当自海关填发海关进口消费税专用缴款书之日起 15 日内缴纳税款。进口应税消费品消费税的税目、税率（税额），依照《中华人民共和国消费税暂行条例》有关规定执行。

微课：进出口货物应纳消费税的计算

纳税人进口应税消费品，按照组成计税价格和规定税率计算应纳的消费税额，具体的计算分为从价定率、从量定额和复合计税三种。

PPT：进出口货物应纳消费税的计算

1. 实行从价定率计征应纳税额的计算

实行从价定率办法计征消费税的应税消费品的组成计税价格计算公式如下：

组成计税价格＝（关税完税价格＋关税）÷（1－消费税比例税率）

应纳税额 = 组成计税价格 × 比例税率

式中：关税完税价格是指海关核定的关税计税价格。

2. 实行从量定额计征应纳税额的计算

实行从量定额办法的应税消费品按照进口数量计算应纳消费税税额。

其计算公式如下：

应纳税额 = 应税消费品数量 × 消费税单位税额

3. 实行复合计征应纳税额的计算

实行从价定率和从量定额混合征收办法的应税消费品按组成计税价格和进口数量计算消费税应纳税额。其计算公式如下：

应纳税额 = 组成计税价格 × 消费税比例税率 + 应税消费品数量 × 消费税定额税率

$$\text{组成计税价格} = \frac{\text{关税完税价格} + \text{关税} + \text{进口数量} \times \text{消费税定额税率}}{1 - \text{消费税比例税率}}$$

进口环节消费税除国务院另有规定者外，一律不得给与减税、免税。

【引例分析 3－11】

5 月 24 日，澳华公司从意大利进口一批用于生产高档香水的特殊香水精，关税完税价格 80 万元，关税税率为 30%，当日澳华公司支付货款，完成报关取得关税完税凭证。这笔业务需要缴纳消费税额为：

应纳消费税 = 80 × (1 + 30%) ÷ (1 − 15%) × 15% = 18.35（万元）

5 月 26 日，澳华公司将从意大利进口的香水精加工成高档香水，29 日将这批香水全部销售给东升贸易公司，取得价税合计款共 565 万元，这笔业务需要缴纳的消费税为：

应纳消费税 = 565 ÷ (1 + 13%) × 15% − 18.35 = 56.65（万元）

这里所用原材料进口时缴纳的消费税允许抵扣。

二、出口应退消费税的计算

世界各国为了鼓励货物出口，一般都采取优惠的税收政策，消费税的出口退（免）税政策跟增值税的出口退（免）税政策有很多一致的地方。出口应税消费品退（免）消费税在政策上分为三种情况，纳税人应根据自身情况判断适用的政策类型。

（一）确定适用的退（免）税政策

1. 出口免税并退税

有出口经营权的外贸企业购进应税消费品直接出口，以及外贸企业受其他外贸企业委托代理出口应税消费品，报关出口时可退还其已在生产环节或委托加工环节征收的消费税税款。

2. 出口免税但不退

有出口经营权的生产性企业自营出口或生产企业委托外贸企业代理出口

自产的应税消费品，依据其实际出口数量免征消费税，不予办理退还消费税。免征消费税是指对生产性企业按其实际出口数量免征生产环节的消费税。不予办理退还消费税，是因已免征了生产环节的消费税，该应税消费品出口时已不含有消费税，所以无须再办理退还消费税。

3. 出口不免税也不退税

除生产企业、外贸企业外的其他企业，具体是指一般商贸企业，这类企业委托外贸企业代理出口应税消费品一律不予退（免）税。

（二）确定出口退税率

计算出口应税消费品应退消费税税款时所用的税率或单位税额，可依据《中华人民共和国消费税暂行条例》所附消费税税目税率（税额）表执行，按该应税消费品所适用的消费税税率计算应退的消费税税额。如果企业有出口适用不同税率的应税消费品的，应将不同消费税税率的出口应税消费品分开核算和申报，凡划分不清适用税率的，一律从低适用税率计算应退消费税税额。

（三）计算出口应税消费品退税额

按规定应予退税的出口应税消费品，其退税额的计算如下：

（1）从量定额征收部分，按货物报关出口的数量计算。其公式为：

应退消费税税额 = 出口数量 × 单位税额

式中：单位税额即征收消费税时所适用的单位税额。

（2）从价定率征收部分，按外贸企业从工厂购进货物时征收消费税的价格计算。其公式为：

应退消费税税额 = 出口货物的工厂销售额 × 税率

式中：工厂销售额为不含增值税的销售额。

知识窗

超豪华小汽车零售环节应纳消费税的计算

为了引导合理消费，促进节能减排，自 2016 年 12 月 1 日起，在生产（进口）环节按现行税率征收消费税基础上，对豪华小汽车在零售环节加征一道消费税。超豪华小汽车是指每辆零售价格在 130 万元（不含增值税）及以上的乘用车和中轻型商用客车，即乘用车和中轻型商用客车子税目中的超豪华小汽车。纳税人为将超豪华小汽车销售给消费者的单位和个人，税率为 10%，计税依据为不含增值税的销售额。另外，国内汽车生产企业直接销售给消费者的超豪华小汽车，消费税税率按照生产环节税率和零售环节税率加总计算。其消费税应纳税额计算公式为：

应纳税额 = 销售额（不含增值税）×（生产环节税率 + 零售环节税率）

微课：消费税纳税申报

PPT：消费税纳税申报

案例：消费税纳税时间判别

模块八　消费税的纳税申报

按照《中华人民共和国消费税暂行条例》，消费税纳税人在申报当月应纳消费税时，需要根据产品种类填写不同的消费税纳税申报表，向主管税务机关申报纳税。

一、确定纳税期限和地点

（一）纳税期限

消费税的纳税期限分别为 1 日、3 日、5 日、10 日、15 日、1 个月或者 1 个季度。纳税人的具体纳税期限，由主管税务机关根据纳税人应纳税额的大小分别核定；不能按照固定期限纳税的，可以按次纳税。

纳税人以 1 个月或者 1 个季度为纳税期的，自期满之日起 15 日内申报纳税；以 1 日、3 日、5 日、10 日或者 15 日为纳税期的，自期满之日起 5 日内预缴税款，于次月 1 日起至 15 日内申报纳税并结清上月应纳税款。

纳税人进口应税消费品，应当自海关填发海关进口消费税专用缴款书之日起 15 日内缴纳税款。

（二）纳税地点

纳税人销售的应税消费品，以及自产自用的应税消费品，除国务院财政、税务主管部门另有规定外，应当向纳税人机构所在地或者居住地的主管税务机关申报纳税。

二、填列纳税申报表

纳税申报的核心是填报纳税申报表。消费税纳税申报表包括“烟类应税消费品消费税纳税申报表”“酒类应税消费品消费税纳税申报表”“成品油消费税纳税申报表”“小汽车消费税纳税申报表”“电池消费税纳税申报表”“涂料消费税纳税申报表”“其他应税消费品消费税纳税申报表”等适用于不同产品的纳税申报表。不同的纳税人应根据自身应税消费品的生产销售情况选择不同的纳税申报表。现以“其他应税消费品消费税纳税申报表”说明消费税纳税申报表的填列方法。

【引例分析 3－12】

王洋要填写澳华公司 5 月份的消费税纳税申报表，应该选择“其他应税消费品消费税纳税申报表”。

（1）“其他应税消费品消费税纳税申报表”如表 3－4 所示。表中的数据主要来源于“主营业务收入”账户的贷方本月发生额合计，如有视同销售的，应结合“库存商品”账户的贷方发生额分析填列。

表 3－4

其他应税消费品消费税纳税申报表

税款所属期：　2019 年 5 月 1 日至 2019 年 5 月 31 日

纳税人名称（公章）：广州澳华化妆品有限公司

纳税人识别号：4 4 0 1 5 8 7 9 6 3 2 5 8 4 7 5 8 8 0 0

填表日期：2019 年 6 月 7 日　　　　金额单位：元（列至角分）

项目 应税消费品名称	适用税率	销售数量	销售额	应纳税额
高档化妆品	15%		9 448 235. 29	1 417 235. 39
合计	—	—	—	1 417 235. 39

本期准予抵减税额：221 029. 41	**声明** 此纳税申报表是根据国家税收法律的规定填报的，我确定它是真实的、可靠的、完整的。 经办人（签章）： 财务负责人（签章）： 联系电话：
本期减（免）税额：	
期初未缴税额：	
本期缴纳前期应纳税额：	（如果你已委托代理人申报，请填写） **授权声明** 为代理一切税务事宜，现授权＿＿＿＿＿＿（地址）＿＿＿＿＿＿为本纳税人的代理申报人，任何与本申报表有关的往来文件，都可寄予此人。 授权人签章：
本期预缴税额：	
本期应补（退）税额：1 196 205. 98	
期末未缴税额：	

以下由税务机关填写

受理人（签章）：　　　受理日期：　年　月　日　受理税务机关（章）：

（2）王洋填完纳税申报表后，接下来还要填写“本期准予扣除税额计算表”（见表 3－5）、“准予扣除消费税明细表”（见表 3－6）。

表 3－5

本期准予扣除税额计算表

税款所属期：2019 年 5 月 1 日至 2019 年 5 月 31 日

纳税人名称（公章）：广州市澳华化妆品有限公司

纳税人识别号：4 4 0 1 5 8 7 9 6 3 2 5 8 4 7 5 8 8 0 0

填表日期：　2019 年 6 月 7 日　　　　金额单位：元（列至角分）

项目	应税消费品名称	高档化妆品			合计
当期准予扣除的委托加工应税消费品已纳税款计算	期初库存委托加工应税消费品已纳税款				—
	当期收回委托加工应税消费品已纳税款				—

续表

应税消费品名称 / 项目		高档化妆品			合计
当期准予扣除的委托加工应税消费品已纳税款计算	期末库存委托加工应税消费品已纳税款				—
	当期准予扣除委托加工应税消费品已纳税款				
当期准予扣除的外购应税消费品已纳税款计算	期初库存外购应税消费品买价	500 000			—
	当期购进应税消费品买价	1 223 529. 41			—
	期末库存外购应税消费品买价	250 000			—
	外购应税消费品适用税率	15%			—
	当期准予扣除外购应税消费品已纳税款	221 029. 41			
本期准予扣除税款合计		221 029. 41			

表 3 –6　　　　**准予扣除消费税凭证明细表**

税款所属期：2019 年 5 月 1 日至 2019 年 5 月 31 日

纳税人名称（公章）：广州澳华化妆品有限公司

纳税人识别号：4 4 0 1 5 8 7 9 6 3 2 5 8 4 7 5 8 8 0 0

填表日期：2019 年 6 月 7 日　　　　金额单位：元（列至角分）

应税消费品名称	凭证类别	凭证号码	开票日期	数量	金额	适用税率	消费税税额
香水精	记		4 月 15 日		500 000	15%	75 000
高档香水精	记		5 月 24 日		1 223 529. 41	15%	183 529. 41
合计	—	—	—	—	—	—	258 529. 41

（3）该公司还有委托加工业务，所以王洋还需要填写“本期代收代缴纳税计算表”（见表 3 –7）。

表 3 –7　　　　**本期代收代缴税额计算表**

税款所属期：2019 年 5 月 1 日至 2019 年 5 月 31 日

纳税人名称（公章）：广州澳华化妆品有限公司

纳税人识别号：4 4 0 1 5 8 7 9 6 3 2 5 8 4 7 5 8 8 0 0

填表日期：2019 年 6 月 7 日　　　　金额单位：元（列至角分）

应税消费品名称 / 项目	高档化妆品			合计
适用税率	15%			—
受托加工数量				—

续表

应税消费品名称 项目	高档化妆品			合计
同类产品销售价格				—
材料成本	300 000			—
加工费	100 000			—
组成计税价格	470 588.24			—
本期代收代缴税款	70 588.24			70 588.24

（4）由于资料有限，“生产经营情况表”和“本期减（免）税额明细表”填写略。

附：烟叶税

视频：卷烟消费税纳税申报

烟叶税是以纳税人收购烟叶的收购金额为计税依据征收的一种税。

烟叶税是新中国成立以后慢慢形成的一个税种，1958 年我国颁布实施《中华人民共和国农业税条例》（以下简称《农业税条例》）。1983 年，国务院以《农业税条例》为依据，选择特定农业产品征收农林特产农业税。当时农业特产农业税征收范围不包括烟叶，对烟叶另外征收产品税和工商统一税。1994 年我国进行了财政体制和税制改革，国务院取消原产品税和工商统一税，将原农林特产农业税与原产品税和工商统一税中的农林牧水产品税目合并，改为统一征收农业特产农业税，并于同年 1 月 30 日发布《国务院关于对农业特产收入征收农业税的规定》（国务院令 143 号）。其中规定对烟叶在收购环节征收，税率为 31%。1999 年，将烟叶特产农业税的税率下调为 20%。2004 年 6 月，根《中共中央、国务院关于促进农民增加收入若干政策的意见》（中发〔2004〕1 号），财政部、国家税务总局下发《关于取消除烟叶外的农业特产农业税有关问题的通知》（财〔2004〕120 号），规定从 2004 年起，除对烟叶暂保留征收农业特产农业税外，取消对其他农业特产品征收的农业特产农业税。2005 年 12 月 29 日，十届全国人大常委会第十九次会议决定，《农业税条例》自 2006 年 1 月 1 日起废止。至此，对烟叶征收农业特产农业税失去了法律依据。2006 年 4 月 28 日，国务院公布了《中华人民共和国烟叶税暂行条例》，并自公布之日起施行。2017 年 12 月 27 日，第十二届全国人民代表大会常务委员会第三十一次会议通过《中华人民共和国烟叶税法》，自 2018 年 7 月 1 日起施行。

一、纳税义务人和征税范围

（一）纳税义务人

在中华人民共和国境内收购烟叶的单位为烟叶税的纳税人，应当依照《中华人民共和国烟叶税法》的规定缴纳烟叶税。

（二）征税范围

按照《中华人民共和国烟叶税法》的规定，烟叶税的征税范围是指晾晒烟叶、烤烟叶。

二、税率和应纳税额的计算

（一）税率

烟叶税实行比例税率，税率为20%。烟叶税税率的调整，由国务院决定。

（二）应纳税额的计算

烟叶税应纳税额按照《中华人民共和国烟叶税法》的规定，以纳税人收购烟叶的收购金额和规定的税率计算。应纳税额的计算公式为：

应纳税额 = 烟叶收购金额 × 税率

收购金额包括纳税人支付给烟叶销售者的烟叶收购价款和价外补贴。按照简化手续、方便征收的原则，对价外补贴统一暂按烟叶收购价款的10%计入收购金额征税。

收购金额 = 收购价款 ×（1 + 10%）

三、征收管理

（一）纳税义务发生时间

烟叶税的纳税义务发生时间为纳税人收购烟叶的当天。收购烟叶的当天是指纳税人向烟叶销售者收购付讫收购烟叶款项或者开具收购烟叶凭据的当天。

练习题：消费税纳税实务

（二）纳税地点

纳税人收购烟叶，应当向烟叶收购地的主管税务机关申报纳税。按照税法的有关规定，烟叶收购地的主管税务机关是指烟叶收购地的县级税务局或者其他所指定的税务分局、所。

（三）纳税期限

烟叶税按月计征，纳税人应当于纳税义务发生月终了之日起15日内申报并缴纳税款。

项目四

关税纳税实务

知识点

关税征税范围　关税纳税人　关税税率　关税税收优惠

技能点

关税完税价格的计算　关税应纳税额的计算　关税的申报

知识导图

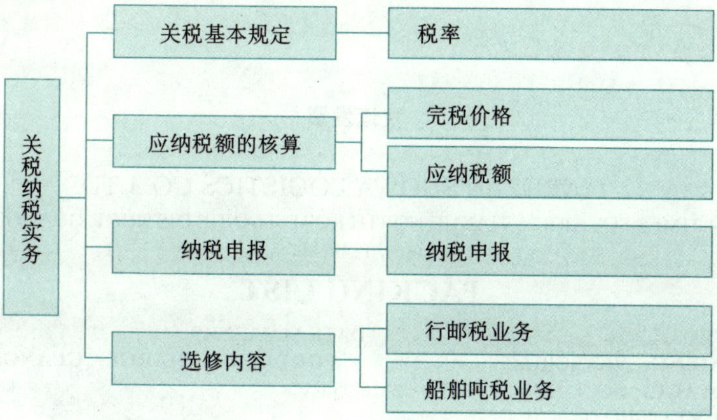

引　例

优鲜贸易有限公司关税的纳税申报

刘明是优鲜贸易有限公司的税务会计，该公司主要从事国内贸易、货物及技术进出口业务，拥有进出口经营权，单位代码为4401966312，统一社会信用代码91440105781210861W。刘明将公司2019年5月发生的进出口业务整理如下：

（1）从墨西哥购入一批鳄梨，货物于5月3日运达广州港。该货物的成交价格见商业发票（表4－1）。运抵广州港的运杂费见表4－2，保险费率3‰，汇率100USD＝671RMB。

表4－1 商业发票

DUBAFRESH TRADING CO.LTD

ADDRESS：GENERAL FIGUEROA 68 COLONIA 94500 CENTRO, VERACRUZ, MEXICO
TEL：0052-229-5879123

COMMERCIAL INVOICE

TO: GUANGZHOU YOUXIAN TRADING CO. LTD
ADDRESS： HUAXIAROAD IFC RM3801 ZHUJIANGXINCHENG, GUANGZHOU 510600,PR.CHINA

DATE MAY.1.2019
INVOICE NO.2019SDT556
CONTRACT NO.WST2019089
L/C NO.WST98900

PORT OF LOADING： VERACRUZ
DESTINATION: GUANGZHOU

SEQ.	DESCRIPTIONS	QUANTITIES	UNIT PRICE	AMOUNET
			FOB VERACRUZ, MEXICO	
1	AVOCADO	20 000 KG	USD6/KG	USD120 000.00

SAY TOTAL: USD ONE HUNDRED AND TWENTY THOUSAND ONLY.
WE HEREBY CERTIFY THAT THE CONTENTS OF INVOICE HEREIN ARE TURE AND CORRECT.

表4－2 货运发票

MARUZEN SHOWA LOGISTICS CO.,LTD.
ROOM 3104 TIMES SQUARE,28 TIANHE NORTH ROAD,TIANHE DISTRICT, GUANGZHOU,P.R.C.
TEL(86)20 84968008

PACKING LIST

B/L NO.GZ012559001
DATE MAY.1.2019
***PORT OF LOADING：** VERACRUZ
PORT OF DISCHARGE：GUANGZHOU
***VESSEL & VOYAGE：** OCCL 125S
ETD : 2018/05/03
***CARGO VOLUME:** 40HQ×1
NET WEIGHT：20 000KG
GROSS WEIGHT：21 200KG
FREIGHT ： (VERACRUZ CY/CY -GUANGZHOU)

(1)	OCEAN FREIGHT	USD	370	PER 40HQ	1
(2)	SAS PICK CHARGE	USD	135	PER 40HQ	1
(3)	CONTAINER DRAYAGE	USD	150	PER 40HQ	1

TOTAL AMOUNT: **USD 655.00**

(2) 从美国进口一批猕猴桃50 000千克，货物于5月6日运达广州港。进口申报价格FOBBANGKOK为USD500 000，运费USD600，保险费USD200，汇率100USD = 669RMB，另支付进口后运输费及装卸费8 000元（原始凭证略）。

(3) 5月10日，向美国出口50 000千克锡矿砂，以到岸价格USD90 000成交，其中境外运输费为USD350，保险费为USD50，出口佣金为USD500，汇率100USD = 662RMB。货物已抵达海关监管场所（原始凭证略）。

(4) 从巴西进口10吨冰冻鸡翼（不含鸡翼尖），货物于5月16日运达黄埔港。成交价格为CIF黄埔港USD25 000元（原始凭证略）。

(5) 从日本购入10台磁带放像机，以CIF价格成交，每台USD10 000，货物于5月21日运达黄埔港，汇率100USD = 662RMB（原始凭证略）。

(6) 从英国进口一批赤磷，共60吨，货物于5月22日运达广州港。货物以FOB价格成交，折合人民币25 000元/吨。优鲜贸易公司承担货物包装费600元/吨，支付境外佣金800元/吨，支付自己的采购代理人佣金200元/吨。已知该货物运达黄埔港起卸前的运保费为20 000元，从黄埔港运输至公司仓库的运保费、装卸费为5 000元（原始凭证略）。

(7) 5月15日，向德国出口20 000千克未锻轧铝合金，以离岸价USD 15 000成交，其中包含单独列明支付给德国代理人的佣金为离岸价3%，另外收到理舱费USD1 500。汇率100USD = 665RMB（原始凭证略）。

【引例分析4-1】

要准确填报进出口报关单，刘明首先根据《中华人民共和国进出口关税条例》明确关税的征税范围、纳税人，确定纳税义务后依据《中华人民共和国海关进出口税则》和相关海关文件查找货物适用的税率。然后再依据《中华人民共和国进出口关税条例》中规定的计算方式对所有业务进行关税应纳税额的计算，并在单一窗口（广州）填写报关单至海关，并缴纳关税。

微课：关税的征税对象、纳税人和税率

模块一　熟悉关税征税对象、纳税人和税率

PPT：关税的征税对象、纳税人和税率

要做好关税纳税申报工作，需要明确公司经营业务中哪些属于关税的征税范围并依据《中华人民共和国海关进出口税则》和相关海关文件查找货物适用的税率。因此，首先需要熟悉关税的基本规定。

关税是海关依法对进出关境的货物和物品征收的一种流转税。关境，又称税境，是指《中华人民共和国海关法》全面实施的领域。国境是一个主权

国家的领土、领海和领空。在通常情况下，一国关境与其国境的范围是一致的。但是，由于自由港、自由贸易区和关税同盟的存在，关境和国境有时不完全一致。

我国目前对进出境货物征收的关税分为进口关税和出口关税。对进口商品征收关税，会增加进口货物的成本，提高进口货物的市场价格，削弱进口商品与本国同类商品的竞争力，适当地使用进口关税可以保护本国工农业生产。因此，征收关税可以抵御外来竞争和保护国内产业，是一国（或地区）贯彻对外贸易政策的重要手段，也是经济政策的重要体现。相反，对出口商品征收关税，增加出口货物的出口成本，不利于其在国外市场上的竞争。因此，19 世纪后期，各国相继取消了出口关税。出于对国内有大量需求而供应不足商品的出口限制，或者为了防止国内某些有限自然资源耗竭，目前我国只对少数商品征收出口关税。因此，我们通常所称的关税主要指进口关税。

视频：如何理解关税

一、确定关税的征税对象

关税的征税对象是准许进出口的货物、进境物品。货物是指贸易性商品，包括进口商品和出口商品；物品是指入境旅客随身携带的行李物品、个人邮递物品、各种运输工具上的服务人员携带进口的自用物品、馈赠物品以及其他方式进境的个人物品。

二、确定关税的纳税人

进口货物的收货人、出口货物的发货人、进境物品的所有人，是关税的纳税义务人。进口货物的收货人、出口货物的发货人是依法取得对外贸易经营权并进口或出口货物的法人或其他社会团体。进境物品的纳税义务人是指，携带物品进境的入境人员、进境邮递物品的收件人以及以其他方式进口物品的收件人。

三、确定进出口商品关税税率

关税税则是一国政府根据国家关税政策和经济政策，通过一定的立法程序制定并公布实施的进出口货物和物品应税的关税税率表。我国关税税率是由《中华人民共和国进出口税则》（以下简称《进出口税则》）来确定的，其主要内容是关税税目、税则号列和税率，此外，还包括海关计征关税的规章条例及说明。自 2001 年底加入世界贸易组织，为履行世界贸易组织的关税减让义务，2002 年我国将进出口税则中的税目调整到 7 316 个，其中 5 332 个税目的税率有所降低，此后每年都有新的调整。2019 年“进口税则”税目调整至8 549 个，“出口税则”税目调整至 102 个。进口关税税率总水平在不断降低，2001 年进口关税税率总水平为 15.3%，2010 年为 9.8%，2019 年降至 7.5%。

（一）进口关税税率

进口关税设置最惠国税率、协定税率、特惠税率、普通税率、关税配额税率等税率。对进口货物在一定期限内可以实行暂定税率。

最惠国税率适用于如下原产国（地）的货物：原产于与我国共同适用最惠国待遇条款的世界贸易组织成员的进口货物，或原产于与我国签订有相互给予最惠国待遇条款的双边贸易协定的国家或者地区的进口货物，以及原产于我国境内的进口货物。

协定税率适用于原产于与我国签订含有关税优惠条款的区域性贸易协定的国家或者地区的进口货物。

特惠税率适用于原产于与我国签订有特殊关税优惠条款的贸易协定的国家或者地区的进口货物。

普通税率适用于原产于除了以上所列国家或者地区以外的进口货物，以及原产地不明的进口货物。

关税配额税率适用于国家规定的实行关税配额管理的进口货物。关税配额内的，适用关税配额税率；关税配额外的，其税率的适用按照上述规定执行。

暂定税率适用于706项（2019年规定）进口商品。另外根据国务院税委会〔2018〕65号通知，自2019年7月1日起，取消14项信息技术产品进口暂定税率，同时缩小1项进口暂定税率适用范围。

为了把种类繁多的商品加以综合，方便贸易双方了解对方进出口商品的关税水平，便于贸易谈判，我国于1992年1月1日起正式采用世界上广泛使用的由海关合作理事会编制的《商品名称及编码协调制度》（简称HS），按照不同商品的特点分门别类简化成22类、98章（《进出口税则2019》规定），分别编号按序排列，称为“税则号列”（即表4－3中的第1列）。税则号列由八位数码组成，如8703.2341，表示该货品属于第87章第03个税目第2个一级子目中的第3个二级子目中的第4个三级子目中的第1个四级子目。同时，我国对于来自不同国家和地区的商品给予不同的关税待遇，如表4－3中的第3列至第6列，其中，暂定税率以前置“△”标示（如2208.3000的最惠国税率10△5，表示最惠国税率是10%，暂定税率5%），关税配额税率在最惠国税率栏的脚注中列明。

拓展阅读：中华人民共和国进境物品进口关税税率表

表4－3　**2019年部分商品的进口关税税率表**　单位：%

税则号列	货品名称	最惠国税率	协定税率	特惠税率	普通税率
2208.3000	威士忌酒	10△5	0　东盟AS，新加坡SG，智利CL，新西兰NZ，秘鲁PE，哥CR，瑞士CH，冰岛IS，澳AU，香港HK，澳门MO，格GE 5　巴PK，韩国KR	0受惠国LD	180
3102.1000	尿素，不论是否水溶液	50①	0　香港HK，澳门MO 40　亚太AP，巴PK		150

续表

税则号列	货品名称	最惠国税率	协定税率	特惠税率	普通税率
8703.2341	小轿车	15	0 智利 CL，新西兰 NZ，，哥 CR，冰岛 IS，香港 HK，澳门 MO 12.5 澳 AU 13.5 亚太 AP 22.5 巴 PK，韩国 KR		230

①配额税率：4。暂定配额税率：1。

（二）出口关税税率

出口关税设置出口税率，出口税率包括出口税则税率和出口暂定税率。

1. 出口税则税率

我国对货物征收出口关税的目的主要是：控制国内重要经济资源的出口，如稀缺矿资源、原材料等；稳住出口商品的国际市场售价；控制高能耗、高污染和资源性产品的出口，促进贸易平衡。

2. 出口暂定税率

出口暂定税率是国家为了在短期内鼓励某些商品的出口而设立的税率，但国家为了限制某些商品的出口也会对一些原本不征收出口关税的商品设立暂定税率。一般而言，出口暂定税率低于出口税率，实施出口暂定税率的货物、税率、期限，由国务院关税税则委员会决定。

知识窗

税率的使用原则

根据《中华人民共和国进出口关税条例》，出口税率适用原则如下：

（1）适用最惠国税率的进口货物有暂定税率的，应当适用暂定税率。适用协定税率、特惠税率的进口货物有暂定税率的，应当从低适用税率；适用普通税率的进口货物，不适用暂定税率。

（2）适用出口税率的出口货物有暂定税率的，应当适用暂定税率。

（3）按照国家规定实行关税配额管理的进口货物，关税配额内的，适用关税配额税率；关税配额外的，其税率的适用按照第（1）项规定执行。

【引例分析4－2】

优鲜贸易有限公司进出口的货物均属于关税的征税范围，因而该公司是进出口关税的纳税义务人。利用《进出口税则2019》查找确定该公司的进出口货物关税税率，具体如下：

（1）从墨西哥进口鳄梨，由于墨西哥属于世界贸易组织成员国，适用最惠国税率，利用商品编码 08044000 查找关税税则，鳄梨的最惠国税率为 25%，2019 年暂定税率为 7%，因此该公司应以 7% 的暂定税率缴纳进口关税。

（2）从美国进口猕猴桃，由于美国属于世界贸易组织成员国，适用最惠国税率，利用商品编码 08105000 查找关税税则，猕猴桃的最惠国税率为 20%，2019 年无暂定税率，因此该公司应以 20% 的最惠国税率缴纳进口关税。

（3）出口到美国的锡矿砂，利用商品编码 26090000 查找关税税则，出口税则税率为 50%，出口暂定税率为 20%，因此该公司应以 20% 的税率缴纳出口关税。

（4）从巴西进口冰冻鸡翼（不含鸡翼尖），巴西属于世界贸易组织成员国，适用最惠国税率，利用商品编码 02071421 查找关税税则，冰冻鸡翼（不含鸡翼尖）最惠国税率为 0.8 元/千克，2019 年无暂定税率。因此该公司应以最惠国税率缴纳进口关税。

（5）从日本进口磁带放像机，日本属于世界贸易组织成员国，适用最惠国税率，利用商品编码 85211020 查找关税税则，磁带放像机最惠国税率如下：完税价格不高于 2 000 美元/台，适用税率 30%；完税价格高于 2 000 美元/台，采用复合计税，适用税率 3%，加 3 283 元。磁带放像机 2019 年无暂定税率，因此该公司应以最惠国税率缴纳磁带放像机进口关税。由于磁带放像机成交价格为 10 000 美元/台高于 2 000 美元/台，所以采用复合计税，适用税率 3%，加 3 283 元。

（6）从英国进口赤磷，英国属于世界贸易组织成员国，适用最惠国税率，利用商品编码 28047090 查找关税税则，赤磷最惠国税率 15%，2019 年无暂定税率。因此该公司应以 15% 最惠国税率缴纳进口关税。

（7）出口到德国的未锻轧铝合金（其他），利用商品编码 76012000 查找关税税则，出口税则税率为 30%，出口暂定税率为 15%，因此该公司应以 15% 的税率缴纳出口关税。

模块二　关税应纳税额的计算

在确定了进出口货物的关税税率以后，应根据《中华人民共和国进出口关税条例》和《中华人民共和国海关审定进出口货物完税价格办法》来核查进出口货物的完税价格。

一、计算关税完税价格

微课：进口货物应纳税额的计算

PPT：进口货物应纳税额的计算

（一）计算一般进口货物完税价格

1. 成交价格为基础的完税价格

进口货物的完税价格是指进口货物的计税价格，由符合条件的成交价格以及该货物运抵我国境内输入地点起卸前的运输及其相关费用、保险费为基础审查确定。进口货物的成交价格，是以卖方向我国境内销售该货物时买方为进口该货物向卖方实付、应付的价款为基础，并根据以下规定进行调整：

（1）应当计入进口货物成交价格的费用：

①由买方负担的购货佣金以外的佣金和经纪费。

②由买方负担的在审查确定完税价格时与该货物视为一体的容器的费用。

③由买方负担的包装材料费用和包装劳务费用。

④与该货物的生产和向中国境内销售有关的，由买方以免费或低于成本的方式提供并可以按适当比例分摊的料件、工具、模具、消耗材料及类似货物的价款，以及在境外开发、设计的相关费用。

⑤作为该货物向中国境内销售的条件，买方必须支付的、与该货物有关的特许权使用费。

⑥卖方直接或者间接从买方获得的该货物进口后转售、处置或者使用的收益。

（2）不应计入进口货物成交价格的费用：

①厂房、机械、设备等货物进口后进行建设、安装、装配、维修和技术服务的费用。

②进口货物运抵境内输入地点起卸后的运输及其相关费用、保险费。

③进口关税及国内税收。

视频：美方试图挑起“贸易战”对普通人有何影响？

知识窗

成交价格的成交条件

根据《中华人民共和国进出口关税条例》第十八条规定，成交价格同时需要满足以下条件：

（1）买方对进口货物的处置或使用不受限制，但法律、行政法规规定实施的限制、对货物转售地域的限制和对货物价格无实质性影响的限制除外。

（2）货物的成交价格没有因搭售或者其他因素的影响而无法确定。

（3）卖方不得从买方直接或间接获得因该货物进口后转售、处置或者使用而产生的任何收益，或者虽有收益，但是能按《中华人民共和国进出口关税条例》的有关规定进行调整的。

（4）买卖双方没有特殊关系，或者虽有特殊关系但未对成交价格产生影响。

拓展阅读：进口旧设备用于投资是否免征关税

为了便于理解，可以把进口货物的完税价格简单归纳为正常的到岸价（CIF），其中 C 是完整的货价，包含支付的佣金（支付给自己采购代理人的购货佣金除外）；I 是保险费，包含出口国和进口途中的保险费；F 是运费和其他费用，包含在出口国和进口国途中的运费和其他费用。计算进口货物关税的完税价格，CIF 三项缺一不可。如果价格不正常或不完整，则需要进行调整。

实际业务中较为常见的其他成交价格包括：

FOB 价格。以境外口岸离岸价（FOB）成交的，应另加货物从发货口岸到达我国口岸所发生的运杂费和保险费作为关税的关税价格。计算公式如下：

关税完税价格 = FOB + 运杂费 + 保险费

或 =（FOB + 运杂费）÷（1 − 保险费率）

CFR 价格。以成本加运费（CFR）成交的，应另加保险费作为关税价格。计算公式如下：

关税完税价格 = CFR ÷（1 − 保险费率）

2. 完税价格的估定

进口货物的价格不符合成交价格条件或者成交价格不能确定的，海关应当依次以下列方法估定该货物的完税价格：①相同货物成交价格估价方法；②类似货物成交价格估价方法；③倒扣价格估价方法；④计算价格估价方法；⑤合理方法。其中，经纳税人申请，可以颠倒第③和第④项的适用次序。

（二）计算出口货物完税价格

出口货物的完税价格是以成交价格为基础的完税价格，不包含出口关税和支付给境外的佣金。出口货物的完税价格由海关以该货物的成交价格以及该货物运至中华人民共和国境内输出地点装载前的运输及其相关费用、保险费为基础审查确定。

微课：出口货物应纳税额的计算

为了便于理解，可以把出口货物的完税价格归纳成离岸价（FOB）价格减去出口关税。计算公式为：

出口货物的完税价格 = FOB 价格 ÷（1 + 出口关税税率）

出口货物的成交价格不能确定的，海关经了解有关情况，并与纳税义务人进行价格磋商后，依次以下列价格估定该货物的完税价格：①与该货物同时或者大约同时向同一国家或者地区出口的相同货物的成交价格；②与该货物同时或者大约同时向同一国家或者地区出口的类似货物的成交价格；③按照下列各项总和计算的价格：境内生产相同或者类似货物的料件成本、加工费用，通常的利润和一般费用，境内发生的运输及其相关费用、保险费；④以合理方法估定的价格。

PPT：出口货物应纳税额的计算

知识窗

进出口货物完税价格中的运费及相关费用、保险费的计算

1. 一般海、陆、空运方式进口的货物

一般海、陆、空运方式进口的货物的运费和保险费：按实际支付的费用计算。如果进口货物的运费无法确定或未实际发生，按该货物进口同期运输行业公布的运费率（额）计算运费；按照“货价加运费”两者总额的3‰计算保险费。

2. 以其他方式进口的货物

（1）邮运进口货物：邮费作为运输及其相关费用、保险费；

（2）以境外边境口岸价格条件成交的铁路或公路运输进口货物：货价的1%计算运输及其相关费用、保险费；

（3）作为进口货物的自驾进口的运输工具：不另行计入运费。

3. 出口货物

销售价格如果包括离境口岸至境外口岸之间的运输、保险费的，该运输、扣除费应当扣除。

综上所述，对进出口货物完税价格中的运费及相关费用、保险费的确定，概况如下表所示：

运费及相关费用、保险费的确定

<table>
<tr><th colspan="2">进出口运载或成交方式</th><th>运费的确定</th><th>保险费的确定</th></tr>
<tr><td rowspan="4">一般方式进口</td><td>海运进口</td><td colspan="2">运抵境内的卸货口岸</td></tr>
<tr><td>陆运进口</td><td colspan="2">运抵境内的第一口岸或目的地口岸</td></tr>
<tr><td>空运进口</td><td colspan="2">运抵境内的第一口岸或目的地口岸</td></tr>
<tr><td>无法确定或未实际发生运保费</td><td>同期同行业运费率（额）</td><td>货价加运费两者总额的3‰</td></tr>
<tr><td rowspan="3">其他方式进口</td><td>邮运进口</td><td colspan="2">邮费</td></tr>
<tr><td>境外边境口岸价格条件成交的铁路或公路运输进口货物</td><td colspan="2">货价的1%</td></tr>
<tr><td>自驾进口的运输工具</td><td colspan="2">可不另行计人动费</td></tr>
<tr><td colspan="2">出口货物</td><td colspan="2">最多算至离境口岸</td></tr>
</table>

二、计算关税应纳税额

按照计税依据的不同，我国的进出口关税有从价计税、从量计税和复合计税、滑准税四种类型。我国大部分进出口货物的关税征收都采用从价计税。

拓展阅读：出口退税后发生退货是否补交税款

（一）从价计税应纳税额的计算

应纳关税税额 = 完税价格 × 税率

（二）从量计税应纳税额的计算

从量税以进口货物的长度、重量、面积、体积、容积等计量单位为计税依据。从量税不受商品价格的影响，计税方法简便。目前我国对石油原油、部分鸡产品、啤酒、胶卷等 37 项商品的进口采取从量计算税款。

应纳关税税额 = 应税进（出）口货物数量 × 定额税率

（三）复合计税应纳税额的计算

复合税同时以进口货物的价格和数量作为计税依据，先计征从量税，再计征从价税。如 2019 年税则中对录像机、放像机、摄像机等 10 项商品的进口采取复合计税方法。

进口货物应纳关税税额 = 应税货物数量 × 适用的单位税额 + 完税价格 × 税率

（四）滑准税应纳税额的计算

滑准税是指关税的税率随着进口货物价格的变动而反方向变动的一种税率形式，即价格越高，税率越低，税率为比例税率。因此，实行滑准税率的进口货物应纳关税税额的计算方法与从价税的计算方法相同。当期我国对配额外进口部分的棉花适用滑准税税率。

应纳关税税额 = 完税价格 × 税率 × 滑准税税率

【引例分析 4－3】

优鲜贸易公司刘明根据上述规定，计算 2019 年 5 月公司的进出口货物的关税完税价格，具体如下：

（1）鳄梨进口关税完税价格 =（120 000 × 6.71 + 655 × 6.71）÷（1 − 3‰）
= 812 031.14（元）

（2）猕猴桃进口关税完税价格 =（500 000 + 600 + 200）× 6.69
= 3 350 352（元）

（3）锡矿砂出口关税完税价格 =（90 000 − 500 − 350 − 50）× 6.62 ÷（1 + 20%）= 491 535（元）

（4）冰冻鸡翼采用从量计税，计税依据为重量，10 吨冰冻鸡翼（不含鸡翼尖）换算成计税单位，应税进口货物数量 = 10 吨 = 10 000（千克）

（5）磁带放像机采用复合计税，进口关税完税价格 = 10 000 × 6.62 × 10 = 662 000（元）

（6）红磷进口关税完税价格 =（25 000 + 600 + 800）× 60 + 20 000
= 1 604 000（元）

（7）未锻轧铝合金出口关税完税价格 = [15 000 ×（1 − 3%）+ 1 500] × 6.65 ÷（1 + 15%）= 92 810.87（元）

三、运用关税优惠政策

（一）关税的法定减免

关税的法定减免是指《中华人民共和国进出口关税条例》和《中华人民共和国海关法》中明确规定的减免税。包括：

（1）关税税额在人民币50元以下的一票货物；

（2）无商业价值的广告品和货样；

（3）外国政府、国际组织无偿赠送的物资；

（4）在海关放行前损失的货物；

（5）进出境运输工具装载的途中必需的燃料、物料和饮食用品。

在海关放行前遭受损坏的货物，可以根据海关认定的受损程度减征关税。法律规定的其他免征或者减征关税的货物，海关根据规定予以免征或者减征。

（二）跨境电子商务零售进口税收政策

跨境电子商务零售进口商品按照货物征收关税和进口环节增值税、消费税，购买跨境电子商务零售进口商品的个人作为纳税义务人，实际交易价格（包括货物零售价格、运费和保险费）作为完税价格，电子商务企业、电子商务交易平台企业或物流企业可作为代收代缴义务人。

跨境电子商务零售进口商品的单次交易限值为人民币5 000元，个人年度交易限值为人民币26 000元。在限值以内进口的跨境电子商务零售进口商品，关税税率暂设为0，进口环节增值税、消费税暂按法定应纳税额的70%征收。超过单次限值、累加后超过个人年度限值的单次交易，以及完税价格超过5 000元限值的单个不可分割商品，均按照一般贸易方式全额征税。

【引例分析4－4】

优鲜贸易公司刘明根据上述规定，判断公司2019年5月的进出口业务不享受关税优惠政策，并计算进出口货物应缴纳的关税税额，具体如下：

（1）进口鳄梨应纳关税税额 $= 812\ 031.14 \times 7\% = 56\ 842.18$（元）

（2）进口猕猴桃应纳关税税额 $= 3\ 350\ 352 \times 20\% = 670\ 070.4$（元）

（3）出口锡矿砂应纳关税税额 $= 491\ 535 \times 20\% = 98\ 307.00$（元）

（4）进口冰冻鸡翼应纳关税税额 $= 10\ 000 \times 0.8 = 8\ 000$（元）

（5）进口磁带放像机应纳关税税额 $= 3\ 283 \times 10 + 662\ 000 \times 3\%$

$= 52\ 690$（元）

（6）进口赤磷应纳关税税额 $= 1\ 604\ 000 \times 5\% = 80\ 200$（元）

（7）出口未锻轧铝合金应纳关税税额 $= 92\ 810.87 \times 15\%$

$= 13\ 921.63$（元）

模块三　关税的纳税申报

计算完关税应纳税额后，下一步应在规定的时间内进行关税的纳税申报，并按照规定流程完成税费的缴纳。

一、申报关税

进口货物的纳税义务人应当自运输工具申报进境之日起14日内，出口货物的纳税义务人除海关特准的外，应当在货物运抵海关监管区后、装货的24小时以前，向货物的进出境地海关申报。

纳税义务人应当依法如实向海关申报，并按照海关的规定提供有关确定完税价格、进行商品归类、确定原产地以及采取反倾销、反补贴或者保障措施等所需的资料；必要时，海关可以要求纳税义务人补充申报。

二、缴纳关税

纳税义务人应当自海关填发税款缴款书之日起15日内（如果遇到税款缴款的最后期限是星期六、星期日或者法定节假日的，则缴款期限自动顺延到下一个工作日），缴纳税款。

纳税人因不可抗力或者在国家税收政策调整的情形下，不能按期缴纳税款的，经海关总署批准，可以延期缴纳税款，但是最长不得超过6个月。纳税人未按期缴纳税款并没有申请延期缴税的，从滞纳税款之日起，按日加收5‱的滞纳金。

三、申报缴纳方式

自2018年6月1日起，海关全面实行无纸化出入境货物通关申报，企业可以通过“单一窗口”（包括通过“互联网+海关”接入“单一窗口”）报关报检合一界面向海关一次申报，系统将自动辅助计算应缴税费，企业确认后，就可以在线缴税并办理货物通关手续。

【引例分析4-5】

优鲜贸易公司刘明根据海关报关要求，登录“中国（广州）国际贸易单一窗口”，并填写业务1进口报关单和业务3的出口报关单。具体如下：

微课：关税的申报与缴纳

PPT：关税的申报与缴纳

视频：“单一窗口”企业注册开通流程

视频：舱单（公路）申报—操作

视频：税费支付操作

中华人民共和国海关进口货物报关单

预录入编号：531620190165296483　　海关编号：531620190165296483　（广州港海关）　　页码/页数：1/1

境内收货人（91440105781210861W） 广州优鲜贸易有限公司	**进境关别**（5100） 广州港海关	**进口日期** 20190503	**申报日期** 20190502	**备案号**
境外发货人 DUBAFRESH TRADING CO.LTD	**运输方式** 水路运输	**运输工具名称及航次号** UN9629055/OCCL 125S	**提运单号** GZ012559001	**货物存放地点** 广州番禺区沙湾镇市良路 12 号
消费使用单位（91440105781210861W） 广州优鲜贸易有限公司	**监管方式** 一般贸易	**征免性质**（101） 一般征税	**许可证号** 4401966312	**启运港** VERACRUZ
合同协议号 WST2019089	**贸易国（地区）**（MX） 墨西哥	**启运国（地区）**（MX） 墨西哥	**经停港**	**入境口岸** CNGZG 广州港

包装种类 纸制或纤维板制盒/箱	**件数** 800	**毛重（千克）** 21 200	**净重（千克）** 20 000	**成交方式** FOB	**运费** 655.00USD	**保费**	**杂费**

随附单证及编号

随附单证 1:　　随附单证 2:

标记唛码及备注

备注：N/M　集装箱标箱数及号码：2；OOLU8816777

项号	商品编号	商品名称及规格型号	数量及单位	单价/总价/币制	原产国（地区）	最终目的国（地区）	境内目的地	征免
1	08044000	鳄梨	20 000 千克 800 箱	150.0000 120 000.0000 美元	墨西哥 （MX）	中国 （CHN）	广州 （5100）	照章征税
2								
3								
4								
5								

特殊关系确认：否　**价格影响确认：**否　**支付特许权使用费确认：**否　**自报自缴：**是

报关人员　**报关人员证号** 53119426　**电话**　**兹申明以上内容承担如实申报、依法纳税之法律责任**　**海关批注及签章**

申报单位（91440105781210861W）广州优鲜贸易有限公司　**申报单位（签章）**

拓展阅读：中国（广州）国际贸易单一窗口货物申报系统操作指南

531620190165296578

中华人民共和国海关出口货物报关单

预录入编号：531620190165296578　　海关编号：531620190165296578　（广州港海关）　　页码/页数：1/1

境内发货人（91440105781210861W） 广州优鲜贸易有限公司	**出境关别**（5100） 广州港海关	**出口日期** 20190510	**申报日期** 20190509	**备案号**
境外收货人 NEW YORK METAL TRADING CO. LTD	**运输方式** 水路运输	**运输工具名称及航次号** UN88660TM/0378037E	**提运单号** NY1901266880	
生产销售单位（91440105781210861W） 广州优鲜贸易有限公司	**监管方式** 一般贸易	**征免性质**（101） 一般征税	**许可证号** 4401966312	
合同协议号 NYT20195627	**贸易国（地区）**（USD） 美国	**运抵国（地区）**（USD） 美国	**指运港**（USA101） New York	**离境口岸** CNGZG 广州港

包装种类 散装	**件数** 50	**毛重（千克）** 50 500	**净重（千克）** 50 000	**成交方式** CIF	**运费** 350 USD	**保费** 50 USD	**杂费** 500 USD

随附单证及编号

随附单证 1:　　　　随附单证 2:

标记唛码及备注

备注：N/M

项号	商品编号	商品名称及规格型号	数量及单位	单价/总价/币制	原产国（地区）	最终目的国（地区）	境内货源地	征免
1	26090000	锡矿砂	50 000 千克 50 吨	1 800.0000 90 000.0000 美元	中国 （CHN）	美国 （USD）	广州 （5100）	照章征税
2								
3								
4								
5								

特殊关系确认：　　**价格影响确认：**　　**支付特许权使用费确认：**　　**自报自缴：**

报关人员　**报关人员证号** 53119426　**电话**　**兹申明以上内容承担如实申报、依法纳税之法律责任** **申报单位**（91440105781210861W）广州优鲜贸易有限公司　**申报单位（签章）**	**海关批注及签章**

模块四　行李和邮递物品进口税的计算

微课：行李和邮递物品进口税的计算

PPT：行李和邮递物品进口税的计算

行李和邮递物品进口税（以下简称“行邮税”）是海关对入境旅客物品和个人邮递物品征收的进口税。行邮税包括了进口环节关税、增值税和消费税，因而也是对个人非贸易性入境物品征收的关税和进口工商税收的总称。课税对象包括入境旅客、运输工具、服务人员携带的应税行李物品、个人邮递物品、馈赠物品以及以其他方式入境的个人物品等项物品，简称“进口物品”。

办理行邮税从价计征。因此，办理行邮税业务首先要确定进境物品的税率和完税价格，其次计算行邮税税款，最后完成行邮税的纳税申报。

一、确定进境物品税率

2019 年 4 月 9 日起，我国现行的《中华人民共和国进境物品归类表》中，对不同行邮物品规定了 3 档税率，具体税率如表 4 –4 所示。

表 4 –4　　中华人民共和国进境物品进口税税率表

税目序号	税率	物品类别
1	13%	食品、饮料和药品，金、银及其制品，电话机等信息技术产品，家具，视频摄录一体机、数字照相机、数码存储卡等信息技术产品，耳机及耳塞机、磁盘、磁带、半导体媒体以及其他影音类信息技术产品，计算机及其外围设备，书报、刊物及其他各类印刷品，教育专用影视资料，玩具、游戏品、节日或其他娱乐用品
		抗癌药和罕见病药减按 3% 征收进口环节增值税
2	20%	纺织品及其制成品，皮革服装及配饰，箱包及鞋靴，小家电，空调及其配件、附件，电冰箱及其配件、附件，洗衣设备及其配件、附件，电视机及其配件、附件，表、钟及其配件、附件（高档手表除外），钻石及钻石首饰，洗护用品，家用医疗、保健及美容器材，厨卫用具，摄影（像）设备及其配件、附件（除视频摄录一体机、数字照相机、存储卡等信息技术产品外），影音设备及其配件、附件，文具用品，邮票、艺术品、收藏品，乐器，除高尔夫球及球具以外各种运动用品、钓鱼用品，自行车，税目 1、2 中未包含的其他商品
3	50%	酒，烟，高档手表，贵重首饰及珠宝玉石（不含钻石），化妆品，高尔夫球及球具

二、计算进境物品完税价格

进境物品完税价格的确定，主要依据《中华人民共和国进境物品完税价格表》（以下简称《完税价格表》）并参照以下三项原则：

1. 在《完税价格表》中已列明完税价格的物品，按照《完税价格表》确定。

2. 在《完税价格表》中未列明完税价格的物品，按照相同物品相同来源地最近时间的主要市场零售价格确定其完税价格。

3. 实际购买价格是《完税价格表》列明完税价格2倍以上，或是《完税价格表》列明完税价格的1/2及以下的物品，进境物品所有人应向海关提供销售方依法开具的真实交易的购物发票或收据，并承担相关责任。

三、计算进境物品行邮税税款

进口税的计算公式为：

进口税税额＝完税价格×进口税税率

业务4－1

张丽2019年5月22日从香港回广州，在莲花山港海关通关，张丽在香港购买的物品有：尼康D7200单反相机1台，含机身和1个18～200mm配套镜头，价值8 000元。请问过关前是否需要缴行邮税，如果缴，缴多少？

视频：行邮税下调促进扩大进口和消费

【工作步骤】

第一步：确定税率。尼康D7200单反相机，属于照相机设备，可拆卸式数字照相机机身适用行邮税税率13%，可拆卸式数码照相机镜头适用行邮税税率20%。

第二步：计算完税价格，可拆卸式数字照相机机身在《完税价格表》列明完税价格为5 000元，可拆卸式数码照相机镜头完税价格为2 000元。

第三步：计算应纳行邮税税款＝5 000×13%＋2 000×20%＝1 050（元）

业务4－2

2019年5月26日，徐芳委托美国一朋友在某知名品牌店代购折扣商品如下：一件T恤、一条裤子和一件外套，T恤折合人民币90元，裤子折合人民币80元，外套折合人民币140元，并附上购物小票和发票。衣服以邮寄方式寄到广州南沙港，请问该邮递物品进境是否需要缴行邮税，如果缴，缴多少？

【工作步骤】

第一步：确定税率。徐芳购买的物品属于纺织品及其制成品，适用行邮税税率20%。

第二步：计算完税价格，T恤、裤子和外套在《完税价格表》列明完税价格分别为200元、200元和300元。由于实际购买价格是《完税价格表》列明完税价格1/2及以下的物品，徐芳海关提供购物小票和发票，最终确定完税价格＝90＋80＋140＝310元。

第三步：计算应纳行邮税税款＝310×20%＝62（元）

附：船舶吨税

船舶吨税是对从我国境外港口进入境内港口的船舶由海关负责征收的一种税。这一税种为世界多数国家开征，其征税根据是因为外籍船舶使用了本国港口及助航设备，是一种属于使用性质的税。凡征收了船舶吨税的船舶不再征收车船税，反之亦然。在有些国家该税被称为“灯塔税”。

一、船舶吨税的计税依据和税率

船舶吨税的计税依据是注册净吨位。净吨位是指由船籍国（地区）政府授权签发的船舶吨位证明书上标明的净吨位。

船舶吨税按船舶的净吨位，以吨为单位确定定额税率，吨位越大，定额税率越高。船舶吨税定额税率分为优惠税率和普通税率两种。中华人民共和国国籍的应税船舶、与中华人民共和国签订互惠协议的国家或地区适用船舶吨税优惠税率，其他应税船舶适用船舶吨税普通税率。

中华人民共和国船舶吨税税目税率表

税　目（按船舶净吨位划分）	税　率（元/净吨）					
	普通税率（按执照期限划分）			优惠税率（按执照期限划分）		
	1年	90日	30日	1年	90日	30日
不超过2 000净吨	12.6	4. 2	2. 1	9. 0	3. 0	1. 5
超过2 000净吨，但不超过10 000净吨	24.0	8. 0	4. 0	17.4	5. 8	2. 9
超过10 000净吨，但不超过50 000净吨	27.6	9. 2	4. 6	19.8	6. 6	3. 3
超过50 000净吨	31.8	10.6	5. 3	22.8	7. 6	3. 8

注：1. 拖船按照发动机功率每千瓦折合净吨位0.67吨。

2. 无法提供净吨位证明文件的游艇，按照发动机功率每千瓦折合净吨位0.05吨。

3. 拖船和非机动驳船分别按相同净吨位船舶税率的50%计征税款。

二、船舶吨税应纳税额的计算

船舶吨税计税公式为：

应纳税额 = 净吨位 × 船舶吨税税率（元/净吨）

业务4－3

一艘俄罗斯籍船舶停靠在黄埔港，纳税人选择30天期限缴纳船舶吨税。该轮船总吨位为10 000吨，注册净吨位为5 000吨。计算应缴纳的船舶吨税。

【工作步骤】

第一步：确定吨位。我国船舶吨税按注册净吨位计算，因此应按5 000吨计算。

第二步：确定税率。俄罗斯与我国签订了互惠协议，故适用优惠税率，净吨位5 000吨的船舶30天期限的优惠税率为2.9元/吨。

第三步：计算吨税。应纳船舶吨税 = 5 000 × 2.9 = 14 500（元）

练习题：关税纳税实务

项目五
资源税纳税实务

知识点

资源税征税范围　资源税纳税人　资源税税率　资源税的税收优惠　资源税纳税时间和地点

技能点

资源税应纳税额计算　资源税纳税申报

知识导图

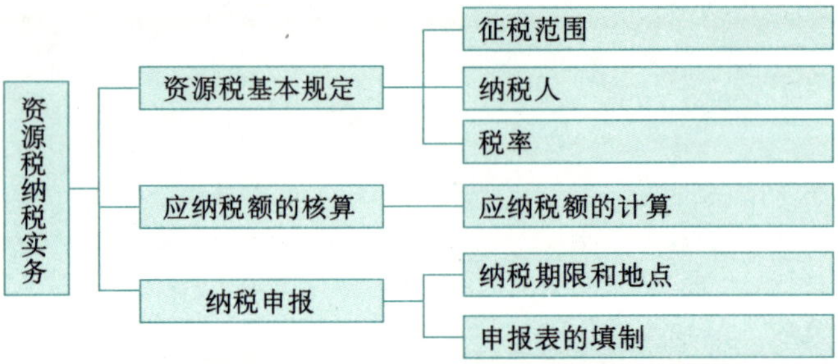

引　例

韶能公司的资源税纳税申报

韶能有限责任公司（以下简称"韶能公司"）下设多个煤矿和天然气矿，公司注册地址和生产经营地址为广东省韶关市天矿路168号，其统一社会信用代码为910104558613125638，开户银行：工商银行韶关市浈江支行，账号：3213323521266218，法定代表人为张雄，会计主管为张清。2019年6月，公司发生的各项业务如下：

（1）专门开采天然气4 500万立方米，销售天然气3 700万立方米，取得不含税销售额7 400万元。

（2）开采原煤35万吨，销售20万吨，取得不含税销售额9 800万元。

（3）以开采的原煤直接加工洗煤12万吨，全部对外销售，取得不含税销售额7 200万元。

（4）企业职工食堂领用原煤2 500吨，同类产品不含税平均售价为122.5万元。

（5）开采铁矿石1 000吨，本月对外销售原矿800吨，每吨不含税价格0.07万元。铁矿石以精矿为征税对象，换算比为2。

（已知：原煤税率5%，天然气税率6%，铁矿石精矿税率5%，洗煤与原煤的折算率为60%）。

根据以上资料，张清需要办理韶能公司2019年6月资源税申报工作。

【引例分析5-1】

我国现行资源税的实施主要是依据《中华人民共和国资源税暂行条例》《中华人民共和国资源税暂行条例实施细则》（自2011年11月1日起实施）《关于调整岩金矿石等品目资源税税额标准的通知》（自2014年1月1日起实施）《关于调整原油、天然气资源税有关政策的通知》（自2014年12月1日起实施）《关于实施煤炭资源税改革的通知》（自2014年12月1日起实施）《关于实施稀土、钨、钼资源税从价计征改革的通知》（自2015年5月1日起实施）《关于全面推进资源税改革的通知》（自2016年7月1日起实施）及《扩大水资源税改革试点实施办法》（自2016年12月1日起实施）《资源税征收管理规程》（自2018年7月1日起实施）。在实际工作中，应首先确定资源税的征税范围、纳税人及对应的税率，然后对所有相关业务进行应纳税额的计算，并将填写好的资源税纳税申报表提交给主管税务机关。

征收资源税的主要作用是促进企业之间开展平等竞争、促进对自然资源的合理开发利用及为国家筹集财政资金。2010年6月起，国家分步骤开始了原油、天然气、煤炭资源税由从量计征改为从价计征的改革；2016年7月1日起全面推进资源税改革，资源税的计税依据为应税产品的销售额或销售量，但对经营分散、多为现金交易且难以控管的粘土、砂石，按照便利征管原则，仍实行从量定额计征。

模块一　熟悉资源税的征税范围、纳税人和税率

要做好资源税的纳税申报工作，必须明确产品和业务是否属于资源税的征税范围，只有在确定了征税范围以后，才能计算并申报资源税。因此，我

们首先需要熟悉《中华人民共和国资源税暂行条例》中对征税范围的规定后，再根据具体业务去判断资源税的税率。

微课：资源税的征税范围、纳税人和税率

PPT：资源税的征税范围、纳税人和税率

一、资源税的征税范围

资源税是对自然资源，向在我国境内从事自然资源开发和利用的单位和个人征收的一种税。我国现行资源税的征税范围主要包括矿产品和盐，其中矿产品指原矿和选矿产品。资源税只针对原矿、原油、天然气等初始产品征收，所有加工或人造产品均不需缴纳资源税。

资源税税目包括原油、天然气、煤炭、金属矿、其他非金属矿 5 大类，在 5 个税目下面又设有若干子目。具体规定如下：

（1）原油，指专门开采的天然原油，不包括人造石油。

（2）天然气，指专门开采或与原油同时开采的天然气。

（3）煤炭，指原煤和以未税原煤（自采原煤）加工的洗选煤，不包括洗煤、选煤及其他煤炭制品。

（4）金属矿，是包含铁矿、金矿、铜矿、铝土矿、铅锌矿、镍矿、锡矿、钨、钼、未列举名称的其他金属矿产品原矿或精矿。

（5）其他非金属矿，包含石墨、硅藻土、高岭土、萤石、石灰石、硫铁矿、磷矿、氯化钾、硫酸钾、井矿盐、湖盐、提取地下卤水晒制的盐、煤层（成）气、海盐、稀土、未列举名称的其他非金属矿产品。

纳税人在开采主矿产品过程中伴采的其他应税矿产品，凡未单独规定适用税额的（注意限定条件），一律按主矿产品或视同主矿产品征收资源税。未列举名称且未确定具体适用税率的其他非金属矿原矿、精矿和金属矿原矿、精矿，由省、自治区、直辖市人民政府根据实际情况确定，报财政部和国家税务总局备案。

未列举名称且未确定具体适用税率的其他非金属矿原矿、精矿和金属矿原矿、精矿，由省、自治区、直辖市人民政府根据实际情况确定，报财政部和国家税务总局备案。

我国正在进行水资源改革试点工作，自 2016 年 7 月 1 日起，水资源税改革先在河北省试点，自 2017 年 12 月 1 日起，扩大至北京、天津、山西、内蒙古、河南、山东、四川、陕西、宁夏 9 个省区市。除水资源外，以后还要逐步将其他自然资源纳入征收范围。

案例：水资源税改谁将最收益？

知识窗

水资源税改革试点

自 2016 年 7 月 1 日起水资源税改革试点开始，改革要点如下：

(1) 纳税人：利用取水工程或者设施直接从江河、湖泊（含水库）和地下取用地表水、地下水的单位和个人。

（2）征税对象：地表水和地下水。

（3）计税方式：从量计征。应纳税额计算公式：

应纳税额＝取水口所在地税额标准×实际取用水量

（4）税率：按地表水和地下水分类确定水资源税适用税额标准。

对水力发电和火力发电贯流式以外的取用水设置最低税额标准，地表水平均不低于每立方米0.4元，地下水平均不低于每立方米1.5元。水力发电和火力发电贯流式取用水的税额标准为每千瓦小时0.005元。具体取用水分类及适用税额标准由试点地区省人民政府提出建议，报财政部会同有关部门确定核准。

（5）纳税义务发生时间：纳税人取用水资源的当日。

（6）纳税期限：水资源税按季或者按月征收，由主管税务机关根据实际情况确定。不能按固定期限计算纳税的，可以按次申报纳税。纳税人应当自纳税期满或者纳税义务发生之日起15日内申报纳税。

（7）其他规定：对取用地下水、特种行业取用水、超计划或者超定额取用水从高制定税额标准；对超过规定限额的农业生产取用水，以及主要供农村人口生活用水的集中式饮水工程取用水、企业回收利用的采矿排水（疏干排水）和地温空调回用水从低制定税额标准；对规定限额内的农业生产取用水、对取用污水处理回用水、抽水蓄能发电取用水、采油排水经分离净化后在封闭管道回注的，免征水资源税。

（8）财政部、国家税务总局规定的其他免征或者减征水资源税的情形。

视频：资源税的征收管理

【引例分析5－2】

韶能公司2019年6月的业务中，业务1的天然气、业务2的原煤、业务3中以开采的原煤直接加工洗煤、业务4的自产自用原煤、业务5的铁矿石，均属于资源税的征税范围。

二、确定资源税的纳税人

资源税的纳税人是在中华人民共和国境内开采应税资源的矿产品或者生产盐的单位和个人。这里的单位和个人包括外商投资企业、外国企业和外籍人员。纳税人以应税产品投资、分配、抵债、赠与、以物易物等，视同销售，应按规定缴纳资源税。

独立矿山、联合企业收购未税矿产品的，按本单位应税产品税额、税率标准，依据收购的数量代扣代缴资源税。其他收购单位收购未税矿产品，按税务机关核定的应税产品税额、税率标准，依据收购的数量代扣代缴资源税。

三、确定资源税的适用税率

资源税采取从价定率或者从量定额的办法计征，实施“级差调节”的原则。运用资源税对因资源贮存状况、开采条件、资源优劣、地理位置等客观存在的差别而产生的资源级差收入，通过实施差别税率或差别税额标准进行调节，具体税率如表 5－1 所示。

表 5－1 资源税税目税率表

序号	税目		征税对象	税率幅度
1	一、原油			6%～10%
2	二、天然气			6%～10%
3	三、煤炭			2%～10%
4	四、金属矿	稀土矿	轻稀土精矿	按地区执行不同的适用税率，其中内蒙古为 11.5%、四川为 9.5%、山东为 7.5%
5			中重稀土精矿	27%
6		钨矿	精矿	6.5%
7		钼矿	精矿	11%
8		铁矿	精矿	1%～6%
9		金矿	金锭	1%～4%
10		铜矿	精矿	2%～8%
11		铝土矿	原矿	3%～9%
12		铅锌矿、镍矿、锡矿	精矿	2%～6%
13		未列举名称的其他金属矿产品	原矿或精矿	税率不超过 20%
14	五、其他非金属矿	石墨	精矿	3%～10%
15		硅藻土、萤石、硫铁矿	精矿	1%～6%
16		高岭土、石灰石	原矿	1%～6%
17		磷矿	原矿	3%～8%
18		氯化钾	精矿	3%～8%
19		硫酸钾	精矿	6%～12%
20		井矿盐	氯化钠初级产品	1%～6%
21		湖盐	氯化钠初级产品	1%～6%
22		海盐	氯化钠初级产品	1%～5%
23		提取地下卤水晒制的盐	氯化钠初级产品	3%～15%
24		煤层（成）气	原矿	1%～2%
25		黏土、砂石	原矿	每吨或立方米 0.1～5 元
26		未列举名称的其他非金属矿产品	原矿或精矿	从量税率每吨或立方米不超过 30 元；从价税率不超过 20%

为促进共伴生矿的综合利用，纳税人开采销售共伴生矿，共伴生矿与主矿产品销售额分开核算的，对共伴生矿暂不计征资源税；没有分开核算的，共伴生矿按主矿产品的税目和适用税率计征资源税。

对资源税征税范围所列举的资源，由省级人民政府在规定的税率幅度内提出具体适用税率建议，报财政部、国家税务总局确定核准；对未列举名称的其他金属和非金属矿产品，由省级人民政府根据实际情况确定具体税目和适用税率，报财政部、国家税务总局备案。

纳税人应当分别核算不同税目应税产品的销售额或者销售数量；未分别核算或者不能准确提供不同税目应税产品的销售额或者销售数量的，从高适用税率。

【引例分析 5－3】

韶能公司 2019 年 6 月的业务中，业务 1 的天然气属于资源税征税范围，税率为 6%；业务 2 的原煤属于资源税征税范围，税率为 5%；业务 3 中以开采的原煤直接加工洗煤属于资源税征税范围，应折算为原煤，按原煤 5% 的税率征税；业务 4 的自产自用原煤属于资源税征税范围，税率为 5%，；业务 5 的铁矿石属于资源税的征税范围，按精矿的税率 5% 征税。

模块二　资源税应纳税额的计算

资源税实行从价定率为主、从量定额为辅的计税办法。计税依据为应税产品的销售额或销售量。具体如下：

（1）纳税人销售原矿的，按照原矿的销售额或销售数量确定；

（2）纳税人销售选矿产品的，按照选矿产品的销售额或销售数量确定；

（3）纳税人销售盐的，按照盐的销售额或销售数量确定。

微课：资源税的计算与申报

PPT：资源税的计算与申报

一、从价定率

按从价定率计税的公式如下：

应纳税额＝销售额×适用税率

销售额为纳税人销售应税产品向购买方收取的全部价款和价外费用，但不包括收取的增值税销项税额。

对同时符合以下条件的运杂费用，纳税人在计算应税产品计税销售额时，可予以扣减：

（1）包含在应税产品销售收入中；

（2）属于纳税人销售应税产品环节发生的运杂费用，具体是指运送应税产品从坑口或者洗选（加工）地到车站、码头或者购买方指定地点的运杂费用；

（3）取得相关运杂费用发票或者其他合法有效凭据；

（4）将运杂费用与计税销售额分别进行核算。

凡未取得相应凭据或不能与销售额分别核算的，应当一并计征资源税。

纳税人扣减的运杂费用明显偏高导致应税产品价格偏低且无正当理由的，主管税务机关可以合理调整计税价格。

纳税人以人民币以外的货币结算销售额的，应当折合成人民币计算。其销售额的人民币折合率可以选择销售额发生的当天或者当月 1 日的人民币汇率中间价。纳税人应在事先确定采用何种折合率计算方法，确定后 1 年内不得变更。

视频：资源税“盐来已久”

为公平原矿与精矿之间的税负，对同一种应税产品，征税对象为精矿的，纳税人销售原矿时，应将原矿销售额换算为精矿销售额缴纳资源税；征税对象为原矿的，纳税人销售自采原矿加工的精矿，应将精矿销售额折算为原矿销售额缴纳资源税。换算比或折算率原则上应通过原矿售价、精矿售价和选矿比计算，也可通过原矿销售额、加工环节平均成本和利润计算。计算公式如下：

精矿销售额 = 原矿销售额 + 原矿加工为精矿的成本（1 + 成本利润率）

或 = 原矿销售额 × 换算比

其中：换算比 = 同类精矿单位价格 ÷（原矿单位价格 × 选矿比）

选矿比 = 加工精矿耗用的原矿数量 ÷ 精矿数量

金矿以标准金锭为征税对象，纳税人销售金原矿、金精矿的，应比照上述规定将其销售额换算为金锭销售额缴纳资源税。

换算比或折算率应按简便可行、公平合理的原则，由省级财税部门确定，并报财政部、国家税务总局备案。

纳税人将其开采的原煤加工为洗选煤的，以洗选煤销售额乘以折算率作为应税煤炭销售额。

洗选煤应纳税额 = 洗选煤销售额 × 折算率 × 适用税率

洗选煤折算率可通过洗选煤销售额扣除洗选环节成本、利润计算，也可通过洗选煤市场价格与其所用同类原煤市场价格及综合回收率计算。

洗选煤折算率计算公式如下：

$$\text{洗选煤折算率} = \frac{\text{洗选煤平均销售额} - \text{洗选环节平均成本} - \text{洗选环节平均利润}}{\text{洗选煤平均销售额}} \times 100\%$$

洗选煤平均销售额、洗选环节平均成本、洗选环节平均利润可按照上年当地行业平均水平测算确定。

洗选煤折算率 = 原煤平均销售额 ÷（洗选煤平均销售额 × 综合回收率）× 100%

原煤平均销售额、洗选煤平均销售额可按照上年当地行业平均水平测算确定。

综合回收率 = 洗选煤数量 ÷ 入洗前原煤数量 × 100%

纳税人以自采未税产品和外购已税产品混合销售或者混合加工为应税产品销售的，在计算应税产品计税销售额时，准予扣减已单独核算的已税产品购进金额；未单独核算的，一并计算缴纳资源税。已税产品购进金额当期不足扣减的可结转下期扣减。

外购原矿或者精矿形态的已税产品与本产品征税对象不同的，在计算应税产品计税销售额时，应对混合销售额或者外购已税产品的购进金额进行换算或者折算。

【引例分析5-4】

韶能公司2019年6月的业务中，业务1、业务2和业务4可以直接计算资源税；业务3中公司将其开采的原煤加工为洗选煤销售，应以洗选煤销售额乘以折算率作为应税煤炭销售额计算缴纳资源税；业务5需要将原矿销售额乘以换算比换算为精矿销售额计算缴纳资源税。

应缴纳天然气的资源税 = 7 400 × 6% = 444（万元）

销售原煤应纳资源税 = 9 800 × 5% = 490（万元）

加工洗煤原煤应纳资源税 = 7 200 × 60% × 5% = 216（万元）

自产自用原煤应纳资源税 = 122.5 × 5% = 6.125（万元）

应缴纳铁矿石的资源税 = 800 × 0.07 × 2 × 5% = 5.6（万元）

二、从量定额

按从量定额计税的公式如下：

应纳税额 = 课税数量 × 单位税额

代扣代缴应纳税额 = 收购未税矿产品的数量 × 单位税额

课税数量确定的几种情况如表5-2所示。

表5-2 资源税课税数量表

具体情况	课税数量的确定
各种应税产品，凡直接对外销售的	以实际销售数量为课税数量
各种应税产品，凡自产自用的（包括用于非生产项目和生产非应税产品）	以视同销售的自用数量为课税数量
纳税人不能准确提供应税产品销售数量或移送使用数量的	以应税产品的产量或主管税务机关确定的折算比换算成的数量为课税数量

知识窗

资源税的税收优惠政策

（1）开采原油过程中用于加热、修井的原油，免税。

（2）油田范围内运输稠油过程中用于加热的原油、天然气，免征资源税。

（3）稠油、高凝油和高含硫天然气资源税减征40%。

（4）三次采油资源税减征30%。

（5）对低丰度油气田资源税暂减征20%。

（6）对水深超过300米（不含）的深水油气田资源税减征30%。

（7）对地面抽采煤矿瓦斯暂不征收资源税。

（8）对实际开采年限在15年以上的衰竭期矿山开采的矿产资源，资源税减征30%。

（9）对依法在建筑物下、铁路下、水体下通过充填开采方式采出的矿产资源，资源税减征50%。

（10）2018年4月1日至2021年3月31日，对页岩气资源税减征30%。

模块三　资源税的纳税申报

PPT：水资源税改革

确认了全部业务应缴纳的资源税税额，接下来就要开始进行纳税申报工作。按照《中华人民共和国资源税暂行条例》，资源税纳税人需要掌握纳税时间和地点的相关规定，同时需要填写“资源税纳税申报表”并向主管税务机关申报纳税。

一、确定纳税时间和地点

（一）纳税义务发生时间

（1）纳税人销售应税产品，其纳税义务发生时间分为以下3种情况：

①采取分期收款结算方式，为销售合同规定的收款日期的当天；

②采取预收货款结算方式的，为发出应税产品的当天；

③采取其他结算方式的，为收讫销售款或取得索取销售款凭据的当天。

（2）纳税人自产自用应税产品的纳税义务发生时间，为移送使用应税产品的当天。

（3）扣缴义务人代扣代缴税款的纳税义务发生时间，为支付首笔货款或首次开具支付货款凭据的当天。

（二）纳税期限

（1）纳税人的纳税期限为 1 日、3 日、5 日、10 日、15 日或者 1 个月，由主管税务机关根据实际情况具体核定。不能按固定期限计算纳税的，可以按次计算纳税。

（2）纳税人以 1 个月为一期纳税的，自期满之日起 10 日内申报纳税；以 1 日、3 日、5 日、10 日或者 15 日为一期纳税的，自期满之日起 5 日内预缴税款，于次月 1 日起 10 日内申报纳税并结清上月税款。

扣缴义务人的解缴税款期限，比照上述规定执行。

（三）纳税环节和纳税地点

1. 纳税环节

资源税的纳税环节如表 5－3 所示。

表 5－3　资源税纳税环节表

纳税人行为	纳税环节
开采应税资源销售或自用	在应税产品的销售或自用环节计算缴纳
以自采原矿加工精矿产品	在原矿移送使用时不缴纳资源税，在精矿销售或自用时缴纳资源税
以自采原矿加工金锭	在金锭销售或自用时缴纳资源税
销售自采原矿或者自采原矿加工的金精矿、粗金	在原矿或者金精矿、粗金销售时缴纳资源税，在移送使用时不缴纳资源税
以应税产品投资、分配、抵债、赠与、以物易物等	视同销售，依照上述有关规定计算缴纳资源税

2. 纳税地点

纳税人应当向矿产品的开采地或盐的生产地缴纳资源税。纳税人在本省、自治区、直辖市范围开采或者生产应税产品，其纳税地点需要调整的，由省级地方税务机关决定。

纳税人跨省开采应税资源，其下属生产单位与核算单位不在同一省、自治区、直辖市的，对其开采或者生产的应税产品，一律在开采地或者生产地纳税。实行从量计征的应税产品，其应纳税款一律由独立核算的单位按照每个开采地或者生产地的销售量及适用税率计算划拨；实行从价计征的应税产品，其应纳税款一律由独立核算的单位按照每个开采地或者生产地的销售量、单位销售价格及适用税率计算划拨。

收购未税矿产品的扣缴义务人代扣代缴的资源税，也应向收购地主管税务机关缴纳。

二、填列纳税申报表

资源税纳税申报需填写“资源税纳税申报表”及附表 2 份。具体填写内容如表 5－4 至表 5－6 所示。

表 5－4

资源税纳税申报表

根据国家税收法律法规及资源税有关规定制定本表。纳税人不论有无销售额，均应按照税务机关核定的纳税期限填写本表，并向当地税务机关申报。

税款所属时间：自 2019 年 6 月 1 日至 2019 年 6 月 30 日　　填表日期：2019 年 7 月 5 日　　金额单位：元至角分

纳税人识别号 | 9 | 1 | 0 | 1 | 0 | 4 | 5 | 5 | 8 | 6 | 1 | 3 | 1 | 2 | 5 | 6 | 3 | 8 | | |

纳税人名称	广东韶能有限责任公司（公章）		法定代表人姓名	张雄	注册地址	广东省韶关市天矿路 168 号		生产经营地址	广东省韶关市天矿路 168 号	
开户银行及账号	工商银行韶关市浈江支行 账号：3213323521266218			登记注册类型		有限责任公司		电话号码	0751－8602368	
税目	子目	折算率或换算比	计量单位	计税销售量	计税销售额	适用税率	本期应纳税额	本期减免税额	本期已缴税额	本期应补（退）税额
1	2	3	4	5	6	7	8①＝6×7 8②＝5×7	9	10	11＝8－9－10
天然气			立方米	37 000 000	74 000 000	6%	4 440 000			4 440 000
煤炭			吨	202 500	99 225 000	5%	4 961 250			4 961 250
煤炭	洗煤	60%	吨	120 000	43 200 000	5%	216 0 000			2 160 000
铁矿	精矿	2	吨	800	1 120 000	5%	56 000			56 000
合　计		—	—			—	11 617 250			11 617 250
授权声明	如果你已委托代理人申报，请填写下列资料： 为代理一切税务事宜，现授权　　　　（地址） 为本纳税人的代理申报人，任何与本申报表有关的往来文件，都可寄予此人。 授权人签字：						申报人声明	本纳税申报表是根据国家税收法律法规及相关规定填写的，我确定它是真实的、可靠的、完整的。 声明人签字：黎涛		

主管税务机关：　　　　接收人：　　　　接收日期：　　年　　月　　日

本表一式两份，一份纳税人留存，一份税务机关留存。

表 5－5

资源税纳税申报表附表（一）
（原矿类税目适用）

纳税人识别号 9 1 0 1 0 4 5 5 8 6 1 3 1 2 5 6 3 8

纳税人名称：　　　　　　（公章）

税款所属时间：自 2019 年 6 月 1 日至 2019 年 6 月 30 日　　　填表日期：2019 年 7 月 5 日　　　金额单位：元至角分

序号	税目	子目	原矿销售额	精矿销售额	折算率	精矿折算为原矿的销售额	允许扣减的运杂费	允许扣减的外购矿购进金额	计税销售额	计量单位	原矿销售量	精矿销售量	平均选矿比	精矿换算为原矿的销售量	计税销售量
	1	2	3	4	5	6 = 4 × 5	7	8	9 = 3 + 6 − 7 − 8	10	11	12	13	14 = 12 × 13	15 = 11 + 14
1	天然气		74 000 000						74 000 000	立方米	37 000 000				37 000 000
2	煤炭		99 225 000						99 225 000	吨	202 500				202 500
3	煤炭		72 000 000		60%				43 200 000	吨	120 000				120 000
4															
5															
6															
7															
8															
合计			245 225 000						216 425 000						

表 5－6

资源税纳税申报表附表（二）
（精矿类税目适用）

纳税人识别号 | 9 | 1 | 0 | 1 | 0 | 4 | 5 | 5 | 8 | 6 | 1 | 3 | 1 | 2 | 5 | 6 | 3 | 8 | | |

纳税人名称：（公章）

税款所属时间：自 2019 年 6 月 1 日至 2019 年 6 月 30 日　　填表日期：2019 年 7 月 5 日　　金额单位：元至角分

序号	税目	子目	原矿销售额	精矿销售额	换算比	原矿换算为精矿的销售额	允许扣减的运杂费	允许扣减的外购矿购进金额	计税销售额	计量单位	原矿销售量	精矿销售量	平均选矿比	原矿换算为精矿的销售量	计税销售量
	1	2	3	4	5	6＝3×5	7	8	9＝4＋6－7－8	10	11	12	13	14＝11÷13	15＝12＋14
1	铁矿	精矿	560 000		2	1 120 000			1 120 000	吨					800
2															
3															
4															
5															
6															
7															
8															
合计			560 000			1 120 000			1 120 000						800

三、报送纳税申报表

按照规定的格式填列的“资源税纳税申报表”及其附表应在规定的时间内报送主管税务机关。资源税申报表的报送可以采取直接报送和网上申报。直接报送是将纳税申报表直接送达主管税务局的办税服务大厅，由税务工作人员签收；网上申报是通过电子税务局进行申报。

练习题：资源税纳税实务

项目六

城镇土地使用税纳税实务

知识点

城镇土地使用税征税范围　城镇土地使用税纳税人　城镇土地使用税税率
城镇土地使用税计税依据　耕地占用税　城镇土地使用税纳税时间和地点

技能点

城镇土地使用税税额计算　城镇土地使用税纳税申报

知识导图

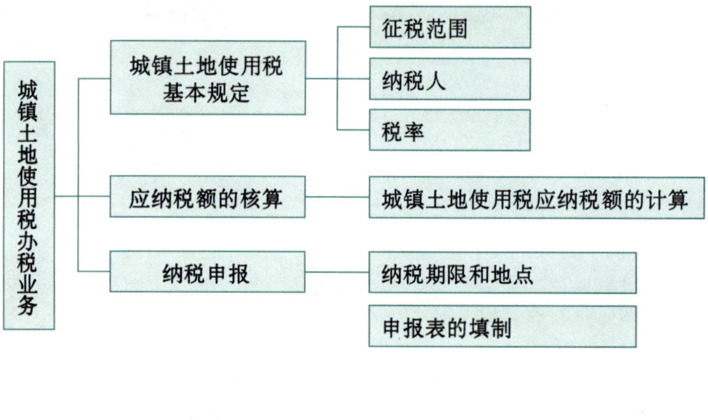

引　例

百川实业有限责任公司城镇土地使用税的纳税申报

李栋为百川实业有限责任公司的会计。该公司为查账征收一般纳税人，位于深圳市福田区华强北上步工业区，其纳税人识别号为32787654356821369002，该公司的开户银行为工商银行深圳宝华支行（账号为347879087709572588），其单位负责人为李东升。2019年该公司土地使用证书上记载位于深圳市福田区滨河大道48号一商铺占用土地的面积为460平方米，该商铺所在写字楼的容积率为2。土地使用证号为国用（2009）字第10号，经确定属一级地段；该公司另设一个统一核算的分店坐落在深圳市南山区沙河街78号，土地使用证号为国用（2011）字第90号，经确定为三级地段，共占地2 800平方米；该公司有一座仓库位于市郊深圳市宝安区沙井街46号，土地使用证号为国用（2009）字第30号，属五级地段，占地面积为1 200平方米。另外，该公司在龙岗区布吉街246号还自办了一家幼儿园，占地面积为2 300平方米，土地使用证号为国用（2009）字第30号，属五级地段，该幼儿园用地能与企业其他用地明确区分。2019年9月3日，李栋找出公司的相关土地使用证书，计算公司2019年应纳城镇土地使用税税额。

【引例分析6-1】

目前我国城镇土地使用税的核算与申报依据的是《中华人民共和国城镇土地使用税暂行条例》。在实际工作中，应首先确定城镇土地使用税的征税范围、纳税人以及对应的税率，然后根据《中华人民共和国城镇土地使用税暂行条例》中规定的核算方式对所有相关业务进行城镇土地使用税的核算，并将填写好的“城镇土地使用税纳税申报表”提交给主管税务机关。

模块一　熟悉城镇土地使用税的征税对象、纳税人和税率

要准确地进行城镇土地使用税的纳税申报，必须明确哪些土地属于城镇土地使用税的征税范围，确定纳税人、适用税率、计税依据、应纳税额。只有在确定了以上因素以后，才能核算、申报城镇土地使用税。因此，首先要熟悉《中华人民共和国城镇土地使用税暂行条例》中对征税范围、纳税人、适用税率的规定。

微课：城镇土地使用税的应纳税额计算与申报

PPT：城镇土地使用税的应纳税额计算与申报

一、确定城镇土地使用税的征税对象

城镇土地使用税是指国家在城市、县城、建制镇、工矿区范围内，对使用土地的单位和个人，以其实际占用的土地面积为计税依据，按照规定的税额计算征收的一种税。

城镇土地使用税的征税范围包括城市、县城、建制镇、工矿区以及外商投资企业、外国企业和在华机构的用地。具体的规定如下：

（1）“城市”是指经国务院批准设立的城市，城市的征税范围为市区和

郊区。

（2）“县城”是指县人民政府所在地，县城的征税范围为县人民政府所在的城镇。

（3）“建制镇”是指经省、自治区、直辖市人民政府批准设立的建制镇，建制镇的征税范围为镇人民政府所在地。

（4）“工矿区”是指工商业比较发达，人口比较集中，符合国务院规定的建制镇标准，但尚未设立建制镇的大中型工矿企业所在地。

视频：带你了解“城镇土地使用税”

知识窗

城镇土地使用税的税收优惠政策

1. 一些用于特殊用途的土地可以免征城镇土地使用税，包括：

（1）国家机关、人民团体、军队自用的土地。但如果是对外出租、经营用则须上缴土地使用税。

（2）由国家财政部门拨付事业经费的单位自用的土地。

（3）宗教寺庙、公园、名胜古迹自用的土地。经营用地则不免。

（4）市政街道、广场、绿化地带等公共用地。

（5）直接用于农、林、牧、渔业的生产用地。

（6）经批准开山填海整治的土地和改造的废弃土地，从使用的月份起免缴城镇土地使用税5～10年。

（7）由财政部另行规定免税的能源、交通、水利设施用地和其他用地。

2. 对非营利性医疗机构、疾病控制机构和妇幼保健机构等卫生机构自用的土地，免征城镇土地使用税。

3. 企业办的学校、医院、托儿所、幼儿园，其用地能与企业其他用地明确区分的，免征城镇土地使用税。

4. 对行使国家行政管理职能的中国人民银行总行（含国家外汇管理局）所属分支机构自用的土地，免征城镇土地使用税。

5. 自2019年1月1日至2021年12月31日，对农产品批发市场、农贸市场（包括自有和承租）专门用于经营农产品的房产、土地，暂免征收房产税和城镇土地使用税。

6. 对公共租赁住房建设期间用地及公共租赁住房建成后占地免征城镇土地使用税。

7. 纳税人缴纳土地使用税确有困难需要定期减免的，由县以上税务机关批准。

【引例分析 6－2】

百川实业有限责任公司在市区、郊区均拥有土地，按规定属于城镇土地使用税的征税对象。具体如下：

（1）坐落于福田区滨河大道 48 号的商铺，属于征税范围。

（2）坐落于南山区沙河街 78 号的统一核算的分店，属于征税范围。

（3）坐落于市郊宝安区沙井街 46 号的仓库，属于征税范围。

（4）位于龙岗区布吉街 246 号的该公司自办的幼儿园，由于其用地能与企业其他用地明确区分，免征城镇土地使用税。

二、确定城镇土地使用税的纳税人

（1）城镇土地使用税由拥有土地使用权的单位或个人缴纳。

（2）拥有土地使用权的纳税人不在土地所在地的，由代管人或实际使用人纳税。

（3）土地使用权未确定或权属纠纷未解决的，由实际使用人纳税。

（4）土地使用权共有的，由共有各方分别纳税。

（5）纳税单位无偿使用免税单位的土地，由纳税单位照章纳税。

所称"单位"，包括国有企业、集体企业、私营企业、股份制企业、外商投资企业、外国企业以及其他企业和事业单位、社会团体、国家机关、军队以及其他单位；所称"个人"，包括个体工商户以及其他个人。

案例：由一个真实案例引出的关于城镇土地使用税的知识小结

【引例分析 6－3】

由于百川实业有限责任公司拥有城镇土地使用权，因此是城镇土地使用税的纳税人。

三、确定城镇土地使用税的适用税率

城镇土地使用税采用有差别的幅度定额税率，按大、中、小城市和县城、建制镇、工矿区分别规定每平方米土地年应纳税额。《中华人民共和国城镇土地使用税暂行条例》规定定额幅度，但具体的实施办法由省、自治区、直辖市人民政府制定。城镇土地使用税税率如表 6－1 所示。

表 6－1　城镇土地使用税税率

级别	人口（人）	每年每平方米税额（元）
大城市	50 万以上	1.5～30
中等城市	20 万～50 万	1.2～24
小城市	20 万以下	0.9～18
县城、建制镇、工矿区		0.6～12

知识窗

城镇土地使用税税率的差异

在同一个城镇，不同地段土地的“价值”也是相去甚远的，市中心商业街的土地显然与市郊的工业用地有很大差别。因此，各地方政府在确定城镇土地使用税的单位税额时，要充分考虑这一因素，根据土地不同的级别制定不同的单位税额。以广州市为例，从2018年1月1日起，广州行政区域内的城镇土地使用税适用税额标准和土地分级范围调整，由原来的3~27元/平方米下调至3~15元/平方米。各等级的标准税额为（每平方米）：一级15元、二级12元、三级9元、四级6元、五级3元。另外，从2018年1月1日起，广州市工业用地税率由六级调整为五级，对应的税额分别为8元、6元、5元、3元、1元。

【引例分析6-4】

百川实业有限责任公司在不同的地方拥有城镇土地使用权，按当地的标准，它不同的办公地方适用不同的标准税额：

（1）商铺占地适用税率为每年15元/米^2。

（2）分店占地适用税率为每年9元/米^2。

（3）仓库占地适用税率为每年3元/米^2。

模块二　城镇土地使用税应纳税额的计算

城镇土地使用税是以纳税人实际占用的土地面积为计税依据，按照规定的适用税额计算征收的。其计算公式为：

年应纳税额=实际占用的应税土地面积×适用税额

知识窗

地下建筑征税方法

对在城镇土地使用税征税范围内单独建造的地下建筑用地，按规定征收城镇土地使用税。其中，已取得地下土地使用权证的，按土地使用权证确认的土地面积计算应征税款；未取得地下土地使用权证或地下土地使用权证上未标明土地面积的，按地下建筑垂直投影面积计算应征税款。上述地下建筑用地暂按应征税款的50%征收城镇土地使用税。

多层建筑土地使用税计算方法

国家税务总局《关于土地使用税若干具体问题的补充规定》第二条规定，纳税单位与免税单位共同使用共有使用权土地上的多层建筑，对纳税单位可按其占用的建筑面积占建筑总面积的比例计征土地使用税。

不同单位共用一个高层建筑的土地证，应按拥有建筑面积占总建筑面积比例计算应缴纳的土地使用税。即

年应纳税额 =（应税土地面积 × 该级次土地单位税额）× 某纳税人使用建筑面积 ÷ 该楼总建筑面积

如果知道该多层建筑的容积率，也可以利用容积率来计算税款。所谓容积率，是指一个小区的总建筑面积与用地面积的比率。计算公式：

容积率 = 总建筑面积 ÷ 总用地面积

纳税人应纳土地使用税的年税额 = 某纳税人使用建筑面积 ÷ 容积率 × 该级次土地单位税额

【引例分析 6－5】

百川实业有限责任公司拥有繁华地段、市区及市郊的土地使用权，因此每年均应按规定计缴城镇土地使用税。其 2019 年应纳税额的计算过程如下：

（1）商铺占地应纳税额 = 460 ÷ 2 × 15 = 3 450（元）

（2）分店占地应纳税额 = 2 800 × 9 = 25 200（元）

（3）仓库占地应纳税额 = 1 200 × 3 = 3 600（元）

（4）该公司自办幼儿园免税。

（5）该公司 2019 年应纳税额 = 3 450 + 25 200 + 3 600 = 32 250（元）

模块三　城镇土地使用税的纳税申报

确认了城镇土地使用税的应纳税额，接下来就要开始进行纳税申报工作。按照《中华人民共和国城镇土地使用税暂行条例》，城镇土地使用税按年计算，一次缴纳。

一、确定纳税时间和地点

（一）纳税期限

城镇土地使用税实行按年计算、分期缴纳的征收方法，具体纳税期限由省、自治区、直辖市人民政府确定。一般分别确定按月、季或半年等不同的期限缴纳。

（二）纳税义务发生时间

（1）纳税人购置新建商品房，自房屋交付使用之次月起，缴纳城镇土地使用税。

（2）纳税人购置存量房，自办理房屋权属转移、变更登记手续，房地产权属登记机关签发房屋权属证书之次月起，缴纳城镇土地使用税。

（3）纳税人出租、出借房产，自交付出租、出借房产之次月起，缴纳城镇土地使用税。

（4）以出让或转让方式有偿取得土地使用权的，应由受让方从合同约定交付土地时间的次月起缴纳城镇土地税；合同未约定交付土地时间的，由受让方从合同签订的次月起缴纳城镇土地使用税。

（5）纳税人新征用的耕地，自批准征用之日起满一年时开始缴纳城镇土地使用税。

（6）纳税人新征用的非耕地，自批准征用次月起缴纳城镇土地使用税。

（7）纳税人因房产、土地的实物或权利状态发生变化而依法终止城镇土地使用税纳税义务的，其应纳税款的计算应截止到房产、土地的实物或权利状态发生变化的当月月末。

（三）纳税地点

城镇土地使用税在土地所在地缴纳。拥有多处土地的纳税人应分别向土地所在地辖区的地税机关办理纳税申报和税款缴纳。纳税人使用的土地不属于同一省、自治区、直辖市管辖的，由纳税人分别向土地所在地的税务机关缴纳城镇土地使用税；在同一省、自治区、直辖市管辖范围内，纳税人跨地区使用的土地，其纳税地点由各省、自治区、直辖市地方税务局确定。

拓展阅读：城镇土地使用税房产税税源明细表

二、填列纳税申报表

申报城镇土地使用税应填制“城镇土地使用税纳税申报表”。详细内容如表6－2、表6－3所示。

三、报送纳税申报表

按照规定的格式填列的“城镇土地使用税纳税申报表”应在规定的时间内报送主管税务局，目前主要的报送方式是直接报送和网上申报。直接报送是将纳税申报表直接送达主管税务局的办税服务大厅，网上报送基本操作程序同土地增值税。

表 6－2

城镇土地使用税　房产税纳税申报表

税款所属期：自 2019 年 1 月 1 日至 2019 年 12 月 31 日

纳税人识别号（统一社会信用代码）：32 787 654 356 821 369 002

纳税人名称：深圳市百川实业有限责任公司

金额单位：人民币元（列至角分）；面积单位：平方米

一、城镇土地使用税													
本期是否适用增值税小规模纳税人减征政策（减免性质代码 10 049 901）				□是□否	本期适用增值税小规模纳税人减征政策起始时间			年　月		减征比例（%）			
					本期适用增值税小规模纳税人减征政策终止时间			年　月					
序号	土地编号	宗地号	土地等级	税额标准	土地总面积	所属期起	所属期止	本期应纳税额	本期减免税额	本期增值税小规模纳税人减征额	本期已缴税额	本期应补（退）税额	
1	*		一级土地	15	230	2 019. 01	2 019. 12	3 450					
2	*		三级土地	9	2 800	2 019. 01	2 019. 12	25 200					
3	*		五级土地	3	1 200	2 019. 01	2 019. 12	3 600					
4			五级土地	3	2 300	2 019. 01	2 019. 12	6 900	6 900				
合计	*	*	*	*		*	*	39 150	6 900				
二、房产税													
本期是否适用增值税小规模纳税人减征政策（减免性质代码 08049901）				□是☑否	本期适用增值税小规模纳税人减征政策起始时间			年　月		减征比例（%）			
					本期适用增值税小规模纳税人减征政策终止时间			年　月					
（一）从价计征房产税													
序号	房产编号	房产原值	其中：出租房产原值	计税比例	税率	所属期起	所属期止	本期应纳税额	本期减免税额	本期增值税小规模纳税人减征额	本期已缴税额	本期应补（退）税额	
1	*												
2	*												
3	*												
合计	*	*	*	*	*	*	*						

续表

(二) 从租计征房产税							
序号	本期申报租金收入	税率	本期应纳税额	本期减免税额	本期增值税小规模纳税人减征额	本期已缴税额	本期应补(退)税额
1							
2							
3							
合计	*	*					

声明：此表是根据国家税收法律法规及相关规定填写的，本人（单位）对填报内容（及附带资料）的真实性、可靠性、完整性负责。

纳税人（签章）：　　年　月　日

经办人：李栋 经办人身份证号：324234199002223478 代理机构签章： 代理机构统一社会信用代码：	受理人： 受理税务机关（章）： 受理日期：　年　月　日

表 6－3

城镇土地使用税　房产税减免税明细申报表

税款所属期：自 2019 年 1 月 1 日至 2019 年 12 月 31 日

纳税人识别号（统一社会信用代码）：32787654356821369002

纳税人名称：深圳市百川实业有限责任公司

金额单位：人民币元（列至角分）；面积单位：平方米

一、城镇土地使用税减免信息									
序号	土地编号	所属期起	所属期止	土地等级	税额标准	减免税面积	减免性质代码	减免项目名称	本期减免税额
1	*	2019.01	2019.12	五级土地	3	2 300	10101401	幼儿园自用土地免税	6 900
2	*								
3	*								
合计		*	*	*	*		*	*	

附：耕地占用税

2018年12月29日第十三届全国人民代表大会常务委员会第七次会议通《中华人民共和国耕地占用税法》，制定本法的目的在于合理利用土地资源，加强土地管理，保护耕地。

一、耕地占用税纳税人、征税范围的确定

（一）耕地占用税纳税人的确定

耕地占用税的纳税人，指占用耕地建设建筑物、构筑物或者从事非农业建设的单位和个人。

单位包括国有企业、集体企业、私营企业、股份制企业、外商投资企业、外国企业以及其他企业、事业单位、社会团体、国家机关、军队以及其他单位；个人包括个体商户以及其他个人。

“耕地”是指：种植农业作物的土地，包括菜地、园地。其中，园地包括花圃、苗圃、茶园、果园、桑园和其他种植经济林木的土地。

（二）耕地占用税征税范围的确定

耕地占用税的征税范围包括纳税人为建房或从事其他非农业建设而占用的国家所有和集体所有的耕地。

因建设项目施工或者地质勘查临时占用耕地，应当依照规定缴纳耕地占用税。占用园地、林地、草地、农田水利用地、养殖水面、渔业水域滩涂以及其他农用地建设建筑物、构筑物或者从事非农业建设的，应依照规定缴纳耕地占用税。

二、耕地占用税的计算

（一）耕地占用税计税依据的确定

耕地占用税以纳税人实际占用耕地的面积为计税依据。以每平方米为计量单位。

（二）耕地占用税税率的判定

耕地占用税实行地区差别定额税率，以县为单位，按人均占有耕地面积分设4档定额。

耕地占用税税率

级数	县人均耕地面积	每平方米税额（元）
1	1亩以下（含1亩）	10～50
2	1～2亩（含2亩）	8～40

续表

级数	县人均耕地面积	每平方米税额（元）
3	2～3 亩（含 3 亩）	6～30
4	3 亩以上	5～25

（三）耕地占用税应纳税额的计算

耕地占用税以纳税人实际占用的耕地面积为计税依据，以每平方米为计税单位，按照适用的定额税率计算。其计算公式为：

应纳税额 = 实际占用耕地面积（平方米）×适用定额税率

练习题：城镇土地使用税纳税实务

项目七

土地增值税纳税实务

知识点

土地增值税征税范围　土地增值税纳税人　土地增值税税率　土地增值税的计税依据　土地增值税预征　土地增值税清算　土地增值税纳税时间和地点

技能点

土地增值税应纳税额计算　土地增值税纳税申报

知识导图

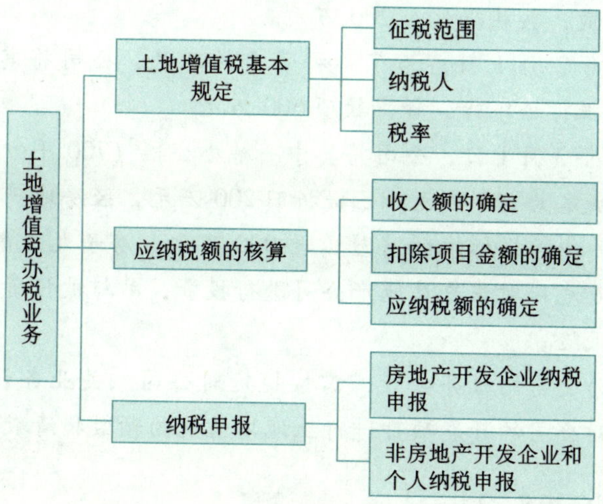

引 例

衡天房地产有限责任公司的土地增值税纳税申报

衡天房地产有限责任公司于2002年成立，韦晓彤为该公司的税务会计。该公司地处广州市天河北路38号，其统一社会信用代码为440104618613682588，计算机编码为4431040000011，开户银行为中国银行广州分行，账号为4201323521265631，联系电话为85356461，其会计主管为刘大伟，法人代表为陈明。2019年该公司有关房地产的相关信息如下：

（1）公司有自建自用办公楼等房产2 000平方米，自建出租房产300平方米（每月租金收入为6 000元）。

（2）公司自2018年2月起在广州市区内开发玉山普通住宅（土地使用证号码为玉国用（2018第486号，项目代码为8008000，项目地址为广州市龙口东路），建成后于2018年8月1日开始销售，至2019年4月25日全部完成销售，取得销售收入8亿元，其中2019年3月取得销售收入2亿元。2019年3月前因销售已预缴了土地增值税共计1 350万元。该公司为取得该项目的土地使用权共支付了2.2亿元。普通住宅的开发成本为1.9亿元：土地征用及拆迁补偿费1.65亿元，前期工程费1 400万元，建筑安装工程费4 000万元，基础设施费1 000万元，公共配套设施费500万元，开发间接费用600万元。为建普通住宅发生的房地产开发费用2 200万元，其中借款利息支出600万元，但不能提供金融机构贷款证明。该公司共计缴了增值税2 000万元，并按税法规定分别缴纳了城市维护建设税、教育费附加及地方教育附加，广州市天河区税务分局按项目每月收入的2%对该公司预征土地增值税。

（3）2018年4月起，公司接受客户天胜公司代建办公楼的业务，至2019年3月25日建成，共获得收入200万元。

（4）2019年2月1日，为了弥补资金的不足，公司将其中一栋办公楼（300平方米）抵押给银行，贷得款项500万元。

（5）2019年3月1日，公司将其中一栋办公楼（700平方米）作价1 000万元（原建造成本为600万元，已提折旧200万元，经房地产评估部门评定，现在建造同样面积同样标准的房屋需要900万元，房子九成新，评估时共发生评估费用2万元）对华友房地产公司进行投资，参与被投资方的利润分配，共同承担投资风险。

韦晓彤作为公司的税务会计，需按规定对公司相关业务计算申报缴纳土地增值税，并对公司的开发项目进行土地增值税的预缴和清缴。

【引例分析7-1】

目前我国土地增值税的核算与申报依据的是《中华人民共和国土地增值税暂行条例》。在实际工作中，应首先确定土地增值税的征税范围、纳税人以及对应的税率，然后根据《中华人民共和国土地增值税暂行条例》中规定的核算方式对所有相关业务进行应纳土地增值税的核算，并将填写好的“土地增值税纳税申报表”提交给主管税务机关。

模块一　熟悉土地增值税的征税范围、纳税人和税率

要准确地进行土地增值税的纳税申报，必须明确企业经营的哪些项目、发生的哪些行为属于土地增值税的征税范围，只有在确定了征税范围以后，才能针对相关业务去核算、申报土地增值税。

土地增值税是对转让国有土地使用权、地上建筑物及其附着物并取得增值性收入的单位和个人所征收的一种税。土地增值税是对有偿转让房地产的行为征税，即转让房地产，并且有一定比例的增值额才征税。

微课：土地增值税的征税范围、纳税人与税率

PPT：土地增值税的征税范围、纳税人与税率

一、确定土地增值税征税范围

土地增值税的课税对象是有偿转让国有土地使用权及地上建筑物和其他附着物产权所取得的增值额。根据《中华人民共和国土地增值税暂行条例》及其《实施细则》的规定，土地增值税的征税范围包括两类：一是转让国有土地使用权并取得收入的行为；二是转让地上建筑物及其附着物并取得收入的行为。

在实际工作中，我们一般通过三个标准来判定土地增值税的征税范围：

（一）纳税人转让的土地，其使用权是否为国家所拥有

土地增值税只对转让属于国有的土地使用权征税。我国城市的土地属于国家所有。农村和城市郊区的土地除由法律规定属于国有的以外，属于集体所有。对属于集体所有的土地，按现行规定只有先由国家征用后才能转让，依法被征用后的土地属于国家所有，再将其纳入土地增值税的征税范围。

（二）国有土地使用权、房产的产权是否发生了转移

土地增值税的征税范围不包括未转让土地使用权、房产产权的行为，凡是土地使用权、房产产权未转让的，不征土地增值税。具体包括：房地产的出租；房地产的抵押、抵债；合作建房；房地产的代建房行为；房地产的重新评估等情形。

（三）房地产的转让是否取得了收入

土地增值税的征税范围不包括房地产的权属虽转让但未取得收入的行为；如果权属转让，双方虽未取得货币性收入，但有实物收入，亦应作为土地增值税的征税范围。具体包括：房地产的继承与赠与；房地产的交换；以房地产进行投资、联营；企业兼并转让房地产；以开发商品用于职工福利等情形。

知识窗

“出让”与“转让”

土地增值税的征税范围不包括国有土地使用权出让所取得的收入。“出让”与“转让”不是一个概念。

国有土地使用权出让，是指国家以土地所有者的身份，将土地使用权在一定年限内让与土地使用者，由土地使用者向国家支付土地出让金的行为。土地使用权的出让方是国家，出让的目的是实行国有土地使用权的有偿让渡，因此土地使用权的出让不属于土地增值税的征税范围。土地使用权转让是指土地使用者将土地使用权再转移的行为，包括出售、交换、赠与、继承等。出让是指土地所有权的部分权能（占有、使用、收益）与所有权相分离而作为独立的财产权；转让则是作为独立财产权的土地使用权在公民或法人之间的转移。

视频：什么是土地增值税

【引例分析 7－2】

衡天房地产有限责任公司的相关业务中，征税与不征税的内容如下：

（1）自建自用的房产，没有转让，因此不需要征收土地增值税。

（2）自建出租的房产，虽然有收入，但是房产产权未发生转让，也不属于土地增值税的征税范围。

（3）玉山普通住宅开发项目，建成后进行出售，转让了国有土地使用权，也取得了增值收入，因此是土地增值税的征税范围。

（4）为客户天胜公司代建办公楼，虽然取得收入，但是没有发生房地产权属的转移，此收入属于劳务收入的性质，不属于土地增值税的征税范围。

（5）将办公楼抵押给银行的行为，因没有发生房地产权属的转让行为，不属于土地增值税的征税范围。

（6）将办公楼作价 1 000 万元对华友房地产公司进行投资的行为，由于投资、联营的华友房地产公司也是从事房地产开发的，属于土地增值税的征税范围。

案例：土地增值税清算案例

二、确定土地增值税的纳税人

土地增值税的纳税人为转让国有土地使用权、地上建筑物及其附着物并取得收入的单位和个人。单位包括各类企业、事业单位、国家机关和社会团体及其他组织，个人包括个体经营者。不论法人与自然人，不论内资与外资企业，不论经济性质，也不论是什么部门，只要有偿转让房地产，都是土地增值税的纳税人。

三、确定土地增值税的适用税率

由于土地增值税征税的主要目的是抑制房地产的投机、炒卖活动，因此确定税率的基本原则为：增值多的多征，增值少的少征，无增值的不征。

土地增值税实行的是四级超率累进税率，即以纳税对象数额的相对率为累进依据，按超率方式计算应纳税额的税率。采用超率累进税率，需要确定几项因素：一是纳税对象数额的相对率，土地增值税的增值额与扣除项目金额的比即为相对率；二是把纳税对象的相对率从低到高划分为若干个级次。土地增值税按增值额与扣除项目金额的比率从低到高划分为四个级次，如表7－1所示。

表7－1　土地增值税四级超率累进税率

级数	增值额与扣除项目金额的比率	适用税率	速算扣除系数
1	不超过扣除项目金额50%（含）的部分	30%	0
2	超过扣除项目金额50%，未超过扣除项目金额100%（含）的部分	40%	5%
3	超过扣除项目金额100%，未超过扣除项目金额额100%（含）的部分	50%	15%
4	超过扣除项目金额200%的部分	60%	35%

【引例分析7－3】

对衡天房地产有限责任公司的各项征税项目，应根据其增值额与扣除项目金额的比确定土地增值税适用税率。但是，要确定其适用税率，还需要继续学习出售土地使用权取得的增值额的确定方法。

模块二　土地增值税计税收入的确定

在确定了土地增值税税率以后，接下来就要确定应缴纳多少土地增值税了。按照《中华人民共和国土地增值税暂行条例》的规定，土地增值税税额的计算需要确定转让收入额和扣除项目金额，计算出增值额后才能计算确定应纳税额。

微课：土地增值税的应纳税额计算与申报

PPT：土地增值税的应纳税额计算与申报

一、直接销售收入的确定

纳税人转让房地产所取得的收入，是指包括货币收入、实物收入和其他收入在内的全部价款及有关的经济收益。但所指“收入”为不含增值税收入。

在会计核算中，房地产开发企业开发新房出售的收入额反映在“主营业务收入”账户的贷方，而旧房出售取得的收入额反映在“固定资产清理”账户的贷方。在进行土地增值税清算时，已全额开具商品房销售发票的，按照发票所载金额确认收入；未开具发票或未全额开具发票的，以交易双方签订的销售合同所载的售房金额及其他收益确认收入。销售合同所载商品房面积与有关部门实际测量面积不一致，在清算前已发生补、退房款的，应在计算土地增值税时予以调整。

视频：土地增值税去哪了

二、非直接销售的收入确定

房地产开发企业将开发产品用于职工福利、奖励、对外投资、分配给股东或投资人、抵偿债务、换取其他单位和个人的非货币性资产等，发生所有权转移时应视同销售房地产。其收入按下列方法和顺序确认：

（1）按本企业在同一地区、同一年度销售的同类房地产的平均价格确定。

（2）由主管税务机关参照当地当年、同类房地产的市场价格或评估价值确定。

三、自用房地产的收入确定

房地产开发企业将开发的部分房地产转为企业自用或用于出租等商业用途时，如果产权未发生转移，不征收土地增值税，在税款清算时不列收入，不扣除相应的成本和费用。

【引例分析 7-4】

衡天房地产有限责任公司的各项征税项目所取得的收入如下：

（1）玉山普通住宅开发项目，建成后进行出售，取得全部销售收入8亿元；

（2）将办公楼对华友房地产公司进行投资，双方确认价为1 000万元。

模块三 土地增值税扣除项目的确定

在确定收入金额后，便需要确定有哪些项目的金额可与收入相抵扣，只有收入金额减去扣除项目金额后，才能确定增值额，进而确定增值率，计算应纳税额。

一、开发新房扣除项目金额的确定

允许从房地产转让收入总额中扣除的项目及其金额，具体分为以下几项：

（一）取得土地使用权所支付的金额

这是指纳税人为取得土地使用权所支付的地价款和按国家统一规定缴纳

的有关费用。

（二）开发成本

这是指纳税人房地产开发项目实际发生的成本，包括土地征用及拆迁补偿费、前期工程费、建筑安装工程费、基础设施费、公共配套设施费、开发间接费用等。

（三）房地产开发费用

这是指与房地产开发项目有关的销售费用、管理费用、财务费用。房地产开发费用的扣除限额可按照两种不同情形分别计算：

（1）财务费用中的利息支出，凡能够按转让房地产项目计算分摊并提供金融机构证明的，允许据实扣除，但最高不能超过按商业银行同类同期贷款利率计算的金额。其他房地产开发费用，在按照“取得土地使用权所支付的金额”与“房地产开发成本”金额之和的5%以内计算扣除。用公式表示为：

开发费用 = 利息 +（取得土地使用权所支付的金额 + 房地产开发成本）×5% 以内

（2）利息支出凡不能按转让房地产项目计算分摊利息支出或不能提供金融机构证明的，房地产开发费用在按“取得土地使用权所支付的金额”与“房地产开发成本”金额之和的10%以内计算扣除。全部使用自有资金，没有利息支出的，亦适用此方法计算扣除金额。用公式表示为：

开发费用 =（取得土地使用权所支付的金额 + 房地产开发成本）×10% 以内

（四）与转让房地产有关的税金

这是指在转让房地产时缴纳的城市维护建设税、印花税。因转让房地产缴纳的教育费附加和地方教育费附加也可视同税金予以扣除。土地增值税扣除项目涉及的增值税进项税额，允许在销项税额中计算抵扣的，不计入扣除项目；不允许在销项税额中计算抵扣的，可以计入扣除项目。

知识窗

房地产开发企业关于印花税的抵扣问题

《财政部、国家税务总局关于土地增值税一些具体问题规定的通知》第九条规定，关于计算增值额时扣除已缴纳印花税的问题，“细则中规定允许扣除的印花税，是在转让房地产时缴纳的印花税。房地产开发企业按照《施工、房地产开发企业财务制度》的有关规定，其缴纳的印花税列入管理费用，已相应予以扣除，故不允许再单独扣除。其他的土地增值税纳税义务人缴纳的印花税（按产权转移书据所载金额的万分之五贴花）允许单独扣除。

（五）财政部确定的其他扣除项目

为了抑制炒买、炒卖房地产的投机行为，保护正常开发投资者的积极性，目前规定对从事房地产开发的纳税人，允许按取得土地使用权时所支付的金额和房地产开发成本之和的20%加计扣除。

计算扣除项目金额时，其实际发生的支出应当取得但未取得合法凭据的不得扣除，且扣除项目金额中所归集的各项成本和费用，必须是实际发生的。

二、出售旧房及建筑物扣除项目金额的确定

出售旧房及建筑物准予扣除的项目如下：

（1）纳税人转让旧房的，应按旧房及建筑物的评估价格、取得土地使用权所支付的地价款和按国家统一规定缴纳的有关费用及在转让环节缴纳的税金作为扣除项目计征土地增值税。

（2）旧房及建筑物的评估价格是指在转让已使用的房屋及建筑物时，由政府批准设立的房地产评估机构评定的重置成本价乘以成新度折扣率后的价格。重置成本价是指对旧房及建筑物按照转让时的建材价格和人工成本重新计算建造同等规格的房屋所需要花费的成本费用。

（3）转让旧房不能提供评估价格但能提供购房发票的，可以扣除项目的金额包括三项：一是购房发票所载金额；二是加计扣除金额（加计扣除金额 = 购房发票所载金额 ×5% ×购买年度起至转让年度止的年数）；三是与转让房地产有关的税金（包括转让旧房时缴纳的城市维护建设税、印花税、契税以及教育费附加）。

（4）转让旧房既没有评估价格又不能提供购房发票的，地方税务机关可以根据《中华人民共和国税收征收管理法》的规定，实行核定征收。

【引例分析 7－5】

衡天房地产公司的各项征税项目中扣除项目及金额计算如下：

1. 玉山普通住宅开发项目中各扣除项目金额

（1）取得土地使用权支付的金额为 22 000 万元。

（2）房地产开发成本为 19 000 万元。

（3）房地产开发费用 =（取得土地使用权支付的金额 + 开发成本 ×10%
= （22 000 + 19 000 ×10% = 4 100（万元）

（4）与转让房地产相关的税金 = 城建税 + 教育费附加 + 地方教育费附加
= 2 000 ×7% + 2 000 ×3% + 2 000 ×2%
= 140 + 60 + 40 = 240（万元）

（5）从事房地产开发企业的加计扣除数 =（取得土地使用权所支付的金额 + 开发成本 ×20% =（22 000 + 19 000）×20% = 8 200（万元）

扣除项目金额合计 = 22 000 + 19 000 + 4 100 + 240 + 8 200 = 53 540（万元）

2. 对华友房地产公司进行投资的房产的扣除金额由于转让的是旧房，此处能扣除的项目金额为：

（1）评估价格 =900×90% =810（万元）

（2）支付的评估费用2万元。

（3）产权转移书据立据应缴纳的印花税税额 =1 000×0.5% =0.5（万元）

扣除项目金额合计 =810+2+0.5 =812.5（万元）

模块四　土地增值税应纳税额的计算

土地增值税按照纳税人转让房地产所取得的增值额和相应税率计算征收。因此，要计算土地增值税税额，应首先确定增值额。

土地增值税的具体计算步骤如下：

第一步：计算增值额。

增值额 = 房地产转让收入 − 扣除项目金额

第二步：计算增值额占扣除项目金额的比率。

增值额占扣除项目金额的比率 = 增值税 ÷ 扣除项目金额 ×100%

第三步：计算应纳税额。

计算土地增值税应纳税额，一般采取速算扣除法计算。即按增值额乘以适用的税率减去扣除项目金额乘以速算扣除系数计算。具体公式如下：

（1）增值额占扣除项目金额的比率≤50%，则：

土地增值税税额 = 增值额 ×30%

（2）50% < 增值额占扣除项目金额的比率≤100%，则：

土地增值税税额 = 增值额 ×40% − 扣除项目金额 ×5%

（3）100% < 增值额占扣除项目金额的比率≤200%，则：

土地增值税税额 = 增值额 ×50% − 扣除项目金额 ×15%

（4）增值额占扣除项目金额的比率 >200%，则：

土地增值税税额 = 增值额 ×60% − 扣除项目金额 ×35%

知识窗

土地增值税的税收优惠

（1）纳税人建造普通标准住宅出售，增值额未超过扣除项目金额20%的，免征土地增值税。如果超过20%的，应就其全部增值额按规定计税（“普通标准住宅”是指按所在地一般民用住宅标准建造的居住用住宅）。

（2）因国家建设需要依法征用、收回的房地产、因城市实施规划而搬迁由纳税人自行转让原房地产的，免征土地增值税。

（3）从2008年11月1日起，个人销售住房暂免征土地增值税。

【引例分析 7-6】

衡天房地产公司的各项征税项目应纳土地增值税税额计算如下：

1. 玉山普通住房开发项目

（1）增值额 = 80 000 - 53 540 = 26 460（万元）

（2）增值额与扣除项目的比率 = 26 460 ÷ 53 540 × 100% ≈ 49.4%

（3）土地增值税税额 = 26 460 × 30% = 7 938（万元）

土地增值税预缴：

3 月份预缴土地增值税税额 = 20 000 × 2% = 400（万元）

预缴时需填列“土地增值税纳税申报表（一）（从事房地产开发的纳税人预征适用）”，如表 7-2 所示。

土地增值税清算：

清算时应补土地增值税税额 = 7 938 - 1 350 - 400 = 6 188（万元）

清算时需填列“土地增值税纳税申报表（二）（从事房地产开发的纳税人清算适用）”，如表 7-3 所示。

2. 对华友房地产公司的投资

（1）增值额 = 1 000 - 812.5 = 187.5（万元）

（2）增值额与扣除项目的比率 = 187.5 ÷ 812.5 × 100% ≈ 23.08%

（3）土地增值税税额 = 187.5 × 30% = 56.25（万元）

模块五　土地增值税的纳税申报

计算确认了应纳土地增值税税额，接下来就要开始纳税申报工作。按照《中华人民共和国土地增值税暂行条例》，土地增值税纳税人在申报纳税时，应区分是房地产开发纳税人的纳税申报还是非房地产开发纳税人的纳税申报。因此，企业还要了解不同类型的土地增值税纳税人在进行纳税申报时有何规定，在准确计算土地增值税的税金后，根据会计核算资料准确填写纳税申报表及各种附表，并且以网络或纸质的方式在规定的时间提交税务部门。

纳税人在转让房地产合同签订后的 7 日内，到房地产所在地主管税务机关办理纳税申报、并向税务机关提交房屋及建筑物产权、土地使用权证书，土地转让、房产买卖合同，房地产评估报告及其他与转让房地产有关的资料。纳税人因经常发生房地产转让而难以在每次转让后申报的，经税务机关审核同意后，可以定期进行纳税申报，具体期限由税务机关根据情况确定。

表 7－2

土地增值税纳税申报表（一）

（从事房地产开发的纳税人预征适用）

税款所属时间：2019 年 3 月 1 日至 2019 年 3 月 31 日　　填表日期：2019 年 4 月 20 日

项目名称：玉山普通住宅　　项目编号：8008000　　金额单位：元至角分；面积单位：平方米

纳税人识别号：4 4 0 1 0 4 6 1 8 6 1 3 6 8 2 5 8 8

房产类型	房产类型子目	收入				预征率（%）	应纳税额	税款缴纳	
		应税收入	货币收入	实物收入及其他收入	视同销售收入			本期已缴税额	本期应缴税额计算
	1	2＝3＋4＋5	3	4	5	6	7＝2×6	8	9＝7－8
普通住宅		200 000 000	200 000 000			2	4 000 000		4 000 000
非普通住宅									
其他类型房地产									
合　计	—	200 000 000	200 000 000			—	4 000 000		4 000 000
以下由纳税人填写：									
纳税人声明	此纳税申报表是根据《中华人民共和国土地增值税暂行条例》及其实施细则和国家有关税收规定填报的，是真实的、可靠的、完整的。								
纳税人签章		代理人签章		代理人身份证号					
以下由税务机关填写：									
受理人		受理日期	年　月　日	受理税务机关签章					

本表一式两份，一份纳税人留存，一份税务机关留存。

表 7－3

土地增值税纳税申报表（二）

（从事房地产开发的纳税人清算适用）

税款所属时间：2018 年 8 月 1 日至 2019 年 4 月 25 日　　填表日期：2019 年 4 月 25 日　　金额单位：元至角分　　面积单位：平方米

纳税人识别号　4 4 0 1 0 4 6 1 8 6 1 3 6 8 2 5 8 8

纳税人名称	广州市衡天房地产有限责任公司	项目名称	玉山普通住宅	项目编号	8008000	项目地址	广州市龙口东路
所属行业	建筑开发	登记注册类型	私营	纳税人地址	广州市天河北路 38 号	邮政编码	520612
开户银行	中国银行广州分行	银行账号	4201323521265631	主管部门	广州市天河区税务分局	电　话	85356461
总可售面积				自用和出租面积			
已售面积	25 000	其中：普通住宅已售面积	25 000	其中：非普通住宅已售面积		其中：其他类型房地产已售面积	

项目		行次	金额：普通住宅	金额：非普通住宅	金额：其他类型房地产	金额：合计
一、转让房地产收入总额　1 = 2 + 3 + 4		1	800 000 000			
其中	货币收入	2	800 000 000			
	实物收入及其他收入	3				
	视同销售收入	4				
二、扣除项目金额合计　5 = 6 + 7 + 14 + 17 + 21 + 22		5	535 400 000			
1. 取得土地使用权所支付的金额		6	220 000 000			
2. 房地产开发成本　7 = 8 + 9 + 10 + 11 + 12 + 13		7	190 000 000			
其中	土地征用及拆迁补偿费	8	165 000 000			
	前期工程费	9	14 000 000			
	建筑安装工程费	10	40 000 000			
	基础设施费	11	10 000 000			
	公共配套设施费	12	5 000 000			
	开发间接费用	13	6 000 000			
3. 房地产开发费用　14 = 15 + 16		14	41 000 000			
其中	利息支出	15				
	其他房地产开发费用	16	41 000 000			

续表

4. 与转让房地产有关的税金等　17 = 18 + 19 + 20			17				
其中	营业税*		18				
	城市维护建设税		19	1 400 000			
	教育费附加		20	1 000 000			
5. 财政部规定的其他扣除项目			21	82 000 000			
6. 代收费用			22				
三、增值额　23 = 1 − 5			23	26 460 000			
四、增值额与扣除项目金额之比（%）24 = 23 ÷ 5			24	49.4			
五、适用税率（%）			25	30			
六、速算扣除系数（%）			26	0			
七、应缴土地增值税税额　27 = 23 × 25 − 5 × 26			27	7 938 000			
八、减免税额　28 = 30 + 32 + 34			28	0			
其中	减免税（1）	减免性质代码（1）	29				
		减免税额（1）	30				
	减免税（2）	减免性质代码（2）	31				
		减免税额（2）	32				
	减免税（3）	减免性质代码（3）	33				
		减免税额（3）	34				
九、已缴土地增值税税额			35	1 750 000			
十、应补（退）土地增值税税额　36 = 27 − 28 − 35			36	6 188 000			

以下由纳税人填写：					
纳税人声明	此纳税申报表是根据《中华人民共和国土地增值税暂行条例》及其实施细则和国家有关税收规定填报的，是真实的、可靠的、完整的。				
纳税人签章		代理人签章		代理人身份证号	
以下由税务机关填写：					
受理人		受理日期	年　月　日	受理税务机关签章	

本表一式两份，一份纳税人留存，一份税务机关留存。

* 目前税务及该提供的纳税申报表中仍有“营业税”一项，故本书也未作删除，下同。

一、填列纳税申报表

（一）房地产开发企业土地增值税清算申报表的填列

房地产开发企业每月在其开发项目全部竣工结算前转让房地产取得的收入，应在次月10日前向主管税务机关申报预缴土地增值税。房地产项目竣工、完成销售后按实际面积清算，按清算后的实际应缴纳土地增值税进行多退少补。土地增值税清算，是指纳税人在符合土地增值税清算条件后，依照税收法律、法规及土地增值税有关政策规定，计算房地产开发项目应缴纳的土地增值税税额，并填写土地增值税申报表，向主管税务机关提供有关资料，办理土地增值税清算手续，结清该房地产项目应缴纳土地增值税税款的行为。

土地增值税的预缴应填写“土地增值税纳税申报表（一）”（见表7－2）；房地产开发企业办理土地增值税清算时需填报“土地增值税纳税申报表（二）”（见表7－3）以及相关附表（略）。

【引例分析7－7】

韦晓彤计算衡天房地产公司玉山普通住宅2019年3月份的土地增值税预缴税额后填写“土地增值税纳税申报表（一）”（见表7－2），2019年4月25日全部销售完后，进行土地增值税清算，清算后填写“土地增值税纳税申报表（二）”（见表7－3）。

（二）非从事房地产开发的纳税人纳税申报表的填列

企业转让已使用一定时间或达到一定磨损程度的房产，属于转让旧房的行为，按规定应缴纳土地增值税，在签订转让房地产合同、契约后的7日内办理纳税申报，填写“土地增值税纳税申报表（三）”，纳税人如果同时转让两个或两个以上房地产的，应分别填报申报表。衡天房地产公司对华友房地产公司的投资，韦晓彤应按规定填写“土地增值税纳税申报表（三）”（见表7－4）。从事非房地产开发的纳税人应以转让房地产项目作为填报对象。

表7－4　　土地增值税纳税申报表（三）

（非从事房地产开发的纳税人适用）

税款所属时间：2019年3月1日至2019年3月1日　　　　填表日期：2019年3月8日

金额单位：元至角分　　　　面积单位：平方米

纳税人识别号	4	4	0	1	0	4	6	1	8	6	1	3	6	8	2	5	8	8

纳税人名称			项目名称		项目地址		
所属行业	建筑开发	登记注册类型	私营	纳税人地址	广州市天河北路38号	邮政编码	520612
开户银行	中国银行广州分行	银行账号	4201323521265631	主管部门	广州市天河区税务分局	电　话	85356461

续表

项　　目			行次	金　　额
一、转让房地产收入总额　1 = 2 + 3 + 4			1	10 000 000
其中	货币收入		2	10 000 000
	实物收入		3	
	其他收入		4	
二、扣除项目金额合计 （1）5 = 6 + 7 + 10 + 15 （2）5 = 11 + 12 + 14 + 15			5	8 125 000
（1）提供评估价格	1. 取得土地使用权所支付的金额		6	
	2. 旧房及建筑物的评估价格 7 = 8 × 9		7	8 100 000
	其中	旧房及建筑物的重置成本价	8	9 000 000
		成新度折扣率	9	90%
	3. 评估费用		10	20 000
（2）提供购房发票	1. 购房发票金额		11	
	2. 发票加计扣除金额 12 = 11 × 5% × 13		12	
	其中：房产实际持有年数		13	
	3. 购房契税		14	
4. 与转让房地产有关的税金等 15 = 16 + 17 + 18 + 19			15	5 000
其中	营业税		16	
	城市维护建设税		17	
	印花税		18	5 000
	教育费附加		19	
三、增值额 20 = 1 − 5			20	1 875 000
四、增值额与扣除项目金额之比（%）21 = 20 ÷ 5			21	23.08
五、适用税率（%）			22	30
六、速算扣除系数（%）			23	0
七、应缴土地增值税税额 24 = 20 × 22 − 5 × 23			24	562 500
八、减免税额（减免性质代码：________）			25	
九、已缴土地增值税税额			26	
十、应补（退）土地增值税税额　27 = 24 − 25 − 26			27	

以下由纳税人填写：					
纳税人声明	此纳税申报表是根据《中华人民共和国土地增值税暂行条例》及其实施细则和国家有关税收规定填报的，是真实的、可靠的、完整的。				
纳税人签章		代理人签章		代理人身份证号	
以下由税务机关填写：					
受理人		受理日期	年　月　日	受理税务机关签章	

本表一式两份，一份纳税人留存，一份税务机关留存。

知识窗

土地增值税的核定征收

在土地增值税清算过程中，主管税务机关发现纳税人符合核定征收条件的，应按核定征收方式对房地产项目进行清算。在土地增值税清算中符合以下条件之一的，可实行核定征收：

（1）依照法律、行政法规的规定应当设置但未设置账簿的。

（2）擅自销毁账簿或者拒不提供纳税资料的。

（3）虽设置账簿，但账目混乱或者成本资料、收入凭证、费用凭证残缺不全，难以确定转让收入或扣除项目金额的。

（4）符合土地增值税清算条件，企业未按照规定的期限办理清算手续，经税务机关责令限期清算，逾期仍不清算的。

（5）申报的计税依据明显偏低，又无正当理由的。

符合上述核定征收条件之一的，由主管税务机关发出核定征收的税务事项告知书后，税务人员对房地产项目开展土地增值税核定征收核查，经主管税务机关审核合议，通知纳税人申报缴纳应补缴税款或办理退税。

对于分期开发的房地产项目，各期清算的方式应保持一致。各地可根据相关法规文件制定当地的核定征收方法。

二、确定纳税时间和地点

（一）纳税期限

纳税人应在转让房地产合同签订之日起 7 日内向所在地税务机关办理纳税申报，并在税务机关核定的期限内缴纳土地增值税。纳税人因经常发生房地产转让而难以在每次转让后申报的，经税务机关同意，可以定期纳税。具体期限由税务机关分两种情况确定：

（1）对于转让房地产是一次性交割、付清价款的，在办理纳税申报后，并在办理过户、登记手续前，一次性缴纳全部土地增值税。

（2）对于以分期收款方式转让房地产的，可根据合同规定的收款日期确定纳税期限。

（二）纳税地点

土地增值税由房地产所在地的税务机关负责征收。“房地产所在地”指房地产坐落地。纳税人转让的房地产坐落在两个或两个以上地区的，按房地产所在地分别申报纳税。

三、报送纳税申报表

按照规定的格式填列的土地增值税纳税申报表应在规定的时间内报送主管税务局，目前主要的报送方式是直接报送和网上申报。直接报送是将填写好的纳税申报表送达主管税务局的办税服务大厅，由税务工作人员签收。房地产开发企业的土地增值税清算采取直接报送申报表的方式，土地增值税预征则可采用网上申报。

练习题：土地增值税纳税实务

项目八

房产税纳税实务

知识点

房产税征税范围　房产税纳税人　房产税税率　房产税应纳税额计算
房产税纳税时间和地点

技能点

房产税的计税依据确定　房产税纳税申报

知识导图

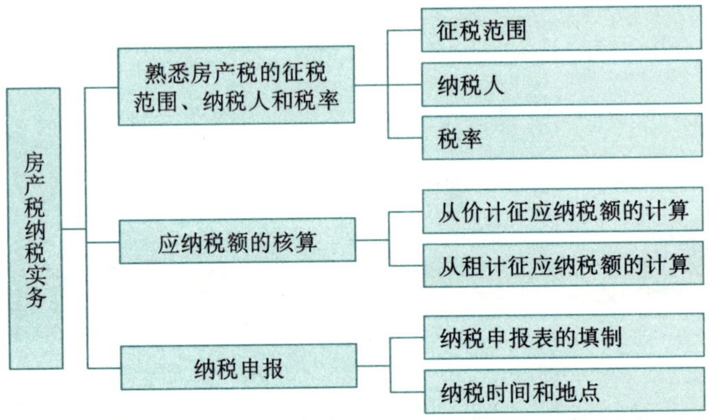

引　例

胜利集团公司房产税的申报缴纳

小刘是胜利集团公司的一名会计。该公司为查账征收一般纳税人，基本资料如下：

企业地址及电话：广州市番禺区中华大路36号（511442）83245879

纳税人识别号：440103406871358210（广州地方税务局番禺分局）

计算机编码：0725760

开户银行及账号：中国银行番禺沙湾支行4234679910562378

该公司主要经营物流货运。2019年度公司共有房产原值1 800万元（5 000平方米货运仓库，1 000平方米办公用房），7月1日，该企业对外出租一间仓库，原值700万元，月租金收入5万元（不含增值税），该地区规定的扣除比例为30%。

根据以上资料，小刘需要办理胜利集团公司2019年度房产税申报业务。

【引例分析8－1】

胜利集团核算与申报房产税的主要依据是《中华人民共和国房产税暂行条例》，在实际工作中应首先确定房产税的征税范围、纳税人和对应的税率，依据《中华人民共和国房产税暂行条例》计算出该公司需要缴纳的房产税税额，填写纳税申报表，然后报送给有关税务部门，并依此按时缴纳税款。

模块一　熟悉房产税的征税范围、纳税人和税率

要准确核算房产税，必须明确房产税的征税范围，只有在确定了征税对象以后，才能针对相关业务核算房产税。因此，首先要熟悉《中华人民共和国房产税暂行条例》中的相关规定。

微课：房产税的征税范围、纳税人和税率

一、确定房产税的征税范围

房产税是以房产为征税对象，按照房产价值或房产租金收入向房产所有人或经营人征收的一种税。根据《中华人民共和国房产税暂行条例》的规定，房产是指由屋面和围护结构（有墙或两边有柱），能够遮风避雨，可供人们在其中生产、学习、工作、娱乐、居住或储藏物资的场所，包括房屋和与房屋不可分割的配套设施和附属设备。但独立于房屋之外的建筑物，如围墙、水塔、烟囱、室外游泳池等，不属于房产。

PPT：房产税的征税范围、纳税人和税率

房产税的征税范围为城市、县城、建制镇和工矿区。具体规定如下：

（1）城市是指经国务院批准设立的城市；

（2）县城是指县人民政府所在地；

（3）建制镇是指经省、自治区、直辖市人民政府批准设立的建制镇；

（4）工矿区是指工商业比较发达，人口比较集中，符合国务院规定的建制镇标准，但尚未设立建制镇的大中型工矿企业所在地。

房产税征税范围不包括农村，目的是为了减轻农民的负担，因为农村的房屋，除农副业生产用房外，大部分是农民居住用房。另外，房地产开发企业建造的商品房，在出售前不征收房产税；但对出售前房地产开发企业已使用或出租、出借的商品房应按规定征收房产税。

知识窗

房产税的税收优惠政策

（1）国家机关、人民团体、军队自用的房产免征房产税。但对出租房产以及非自身业务使用的生产、营业用房，不属于免税范围。

（2）由国家财政部门拨付事业经费的单位（全额或差额预算管理的事业单位），本身业务范围内使用的房产免征房产税。对于其所属的附属工厂、商店、招待所等不属单位公务、业务的用房，应照章纳税。

（3）宗教寺庙、公园、名胜古迹自用的房产免征房产税。但宗教寺庙、公园、名胜古迹中附设的营业单位，如影剧院、饮食部、茶社、照相馆等所使用的房产及出租的房产，不属于免税范围，应照章纳税。

（4）个人所有非营业用的房产免征房产税。对个人拥有的营业用房或者出租的房产，不属于免税房产，应照章纳税。

（5）央行（含外管局）所属分支机构自用的房产。

（6）对长江上游、黄河中上游地区，东北、内蒙古等国有林区天然林二期工程实施企业和单位专门用于天然林保护工程的房产、土地免征房产税、城镇土地使用税。对上述企业用于其他生产经营活动的房产、土地按规定征收房产税、城镇土地使用税。

视频：房产税是如何作用于房价的？

【引例分析 8－2】

根据《中华人民共和国房产税暂行条例》的规定，胜利集团公司自用的房产和出租的房产均属于房产税征税对象，都应缴纳房产税。

二、确定房产税的纳税人

《中华人民共和国房产税暂行条例》中规定，在我国城市、县城、建制镇和工矿区拥有房屋产权的单位和个人，为房产税的纳税人，具体包括产权所有人、经营管理单位、承典人、房产代管人或使用人。

（1）产权属于国家所有的，由经营管理单位纳税。

（2）产权属集体和个人所有的，集体单位和个人为纳税人。

（3）产权出典的，由承典人依照房产余值缴纳房产税。

（4）产权所有人、承典人不在房产所在地的，或者产权未确定及租典纠纷未解决的，由房产代管人或者使用人缴纳。

（5）纳税单位和个人无租使用房产管理部门、免税单位及纳税单位的房产，应由使用人依照房产余值代缴纳房产税。

（6）融资租赁的房产，由承租人缴纳房产税。

以人民币以外的货币为记账本位币的外资企业及外籍个人在缴纳房产税时，均应将其根据记账本位币计算的税款按照缴款上月最后一日的人民币汇率中间价折合成人民币。

三、确定房产税的适用税率

我国现行房产税采用比例税率，依据房产的用途是自用还是出租，分为从价计征和从租计征，设置不同的税率。

（1）从价计征的，税率为1.2%。

（2）从租计征的，税率为12%。

对个人按市场价格出租的居民住房，不区分用途，可暂减按4%的税率征收房产税。对企事业单位、社会团体以及其他组织按市场价格向个人出租用于居住的住房，减按4%的税率征收房产税。

【引例分析8-3】

胜利集团自用的房产按从价计征方式，适用的税率为1.2%，出租的仓库实行从租计征，适用的税率为12%。

模块二　房产税应纳税额的计算

房产税的计税办法分为从价计征（按房产余值计税）和从租计征（按不含增值税的租金收入计税）两种。

微课：房产税的计算与申报

一、从价计征

根据《中华人民共和国房产税暂行条例》第三条的规定：“房产税依照房产原值一次减除10%~30%后的余值计算缴纳。具体减除幅度，由省、自治区、直辖市人民政府规定。没有房产原值作为依据的，由房产所在地税务机关参考同类房产核定。”

其中，房产原值应包括与房屋不可分割的各种附属设备或一般不单独计算价值的配套设施，如果纳税人对原有房屋进行改建、扩建的，要相应增加房屋的原值。

PPT：房产税的计算与申报

具体计算公式为：

$$应纳房产税税额 = 房产原值 \times (1 - 扣除比例) \times 1.2\%$$

二、从租计征

从租计征是对纳税人出租房产的计征办法，按照房产出租的不含增值税的租金收入计算，税率为12%。房产租金收入包括货币收入和实物收入。具体计算公式为：

应纳房产税税额 = 租金收入 × 12%

对于投资联营的房产，如果共担风险、参与利润分红的，按房产余值计税；不承担风险，取得固定收入的，按出租计税。

【引例分析8－4】

胜利集团实行从价计征的房产适用1.2%的税率，按房产原值减除30%后的余额作为计税依据，实行从租计征的房产适用12%的税率，计税依据为不含增值税的租金5万元。所以该公司要缴纳的房产税为：

应纳房产税 = 1 800 × (1 − 30%) × 1.2% × 6 ÷ 12 + (1 800 − 700) × (1 − 30%) × 1.2% × 6 ÷ 12 + 5 × 6 × 12% = 15.78（万元）

视频：上海开始征收房产税，能成为调控房价的利器吗？

知识窗

房产税改革试点

2011年上海、重庆两地实施了房产税的改革试点工作，主要针对居民住房，改革要点如下：

上海试点：

（1）本地户籍：新购家庭第二套以上住房；外地户籍：新购住房。

（2）计税价格：交易价格70%，以后按评估价计算。

（3）税率：0.6%，低于平均价格2倍的为0.4%。

（4）免税额：人均60平方米（含）。

重庆试点：

（1）别墅：存、增量征收；高档住房（高于平均价2倍）：增量征收。

（2）三无（无户口，无工作，无投资）：不管是否高档，第二套开始征收。

（3）税率：平均价格3倍以下的为0.5%，3～4倍的为1%，4倍以上的为1.2%。

（4）计税价格：交易价格，以后按评估价。

模块三　房产税的纳税申报

一、填写纳税申报表

纳税义务人应根据税法要求，填写纳税申报表。将房屋的坐落地点、面积、原值、出租收入等情况，据实向当地税务机关办理纳税申报，并按规定纳税。如果纳税人住址发生变更、产权发生转移，以及出现新建、改建、扩建、拆除房屋等情况，而引起房产原值发生变化或者租金收入变化的，都要按规定及时向税务机关办理变更登记。

【引例分析 8－5】

小刘已经计算出来了胜利集团公司需要缴纳的房产税税额，可以根据相关规定填列该公司房产税的纳税申报表（见表 8－1）。

二、确定纳税时间和地点

（一）纳税义务发生时间

（1）将原有房产用于生产经营，从生产经营之日起，计征房产税。

（2）自建的房屋用于生产经营的，自建成之日的次月起，计征房产税。

（3）委托施工企业建设的房屋，从办理验收手续之日的次月起，计征房产税。对于在办理验收手续前已使用或出租、出借的新建房屋，应从使用或出租、出借的当月起按规定计征房产税。

（4）购置新建商品房，自房屋交付使用之次月起计征房产税；购置存量房，自办理房屋权属转移、变更登记手续，房地产权属登记机关签发房屋权属证书之次月起计征房产税。

（5）出租、出借房产，自交付出租、出借之次月起计征房产税。

（6）房地产开发企业自用、出租、出借本企业建造的商品房，自房屋使用或交付之次月起计征房产税。

（7）纳税人因房产、土地的实物或权利状态发生变化而依法终止房产税纳税义务的，其应纳税款的计算应截止到房产、土地的实物或权利状态发生变化的当月末。

（二）缴纳期限

房产税按年征收、分期缴纳，具体纳税期限由省、自治区、直辖市人民政府确定。可分季缴纳，也可分上下半年两次缴纳。

（三）纳税地点

房产税在房产所在地缴纳。房产不在同一地方的纳税人，应按房产的坐

表 8－1

城镇土地使用税　房产税纳税申报表

税款所属期：自 2019 年 1 月 1 日至 2019 年 12 月 31 日

纳税人识别号（统一社会信用代码）：4 4 0 1 0 3 4 0 6 8 7 1 3 5 8 2 1 0

纳税人名称：广州番禺胜利集团公司

金额单位：人民币元（列至角分）；面积单位：平方米

一、城镇土地使用税												
本期是否适用增值税小规模纳税人减征政策（减免性质代码 10 049 901）				□是□否	本期适用增值税小规模纳税人减征政策起始时间			年　月		减征比例（%）		
					本期适用增值税小规模纳税人减征政策终止时间			年　月				
序号	土地编号	宗地号	土地等级	税额标准	土地总面积	所属期起	所属期止	本期应纳税额	本期减免税额	本期增值税小规模纳税人减征额	本期已缴税额	本期应补（退）税额
1	*											
2	*											
合计	*	*	*	*		*	*					
二、房产税												
本期是否适用增值税小规模纳税人减征政策（减免性质代码 08 049 901）				□是☑否	本期适用增值税小规模纳税人减征政策起始时间			年　月		减征比例（%）		
					本期适用增值税小规模纳税人减征政策终止时间			年　月				
（一）从价计征房产税												
序号	房产编号	房产原值	其中：出租房产原值	计税比例	税率	所属期起	所属期止	本期应纳税额	本期减免税额	本期增值税小规模纳税人减征额	本期已缴税额	本期应补（退）税额
1	*	18 000 000		70%	1.2%	2019.1.1	2019.6.30	75 600	0	0	0	75 600
2	*	18 000 000	700	70%	1.2%	2019.7.1	2019.12.31	46 200	0	0	0	46 200
合计	*	*	*	*	*	*	*	121 800				121 800

续表

（二）从租计征房产税							
序号	本期申报租金收入	税率	本期应纳税额	本期减免税额	本期增值税小规模纳税人减征额	本期已缴税额	本期应补（退）税额
1	30 000	12%	3 600	0	0	0	3 600
2							
合计	*	*	3 600	0	0	0	3 600

声明：此表是根据国家税收法律法规及相关规定填写的，本人（单位）对填报内容（及附带资料）的真实性、可靠性、完整性负责。

纳税人（签章）：　　年　月　日

经办人： 经办人身份证号： 代理机构签章： 代理机构统一社会信用代码：	受理人： 受理税务机关（章）： 受理日期：　年　月　日

本表一式两份，一份纳税人留存，一份税务机关留存。

落地点分别向房产所在地的税务机关纳税。

三、报送纳税申报表

案例：房产税稽查案例分析

按照规定格式填列的“城镇土地使用税房产税纳税申报表”应在规定的时间内报送主管税务局，目前主要的报送方式是直接报送和网上申报。直接报送是将“城镇土地使用税　房产税纳税申报表”直接送达主管税务局的办税服务大厅，由税务工作人员签收。网上申报是目前广泛采用的经济、快捷的报送方式。房产税网上申报参照土地增值税网上申报流程办理。

练习题：房产税纳税实务

项目九

契税纳税实务

知识点

契税征税范围　契税纳税人　契税税率　契税应纳税额计算　契税纳税时间和地点

技能点

契税的计税依据确定　契税纳税申报

知识导图

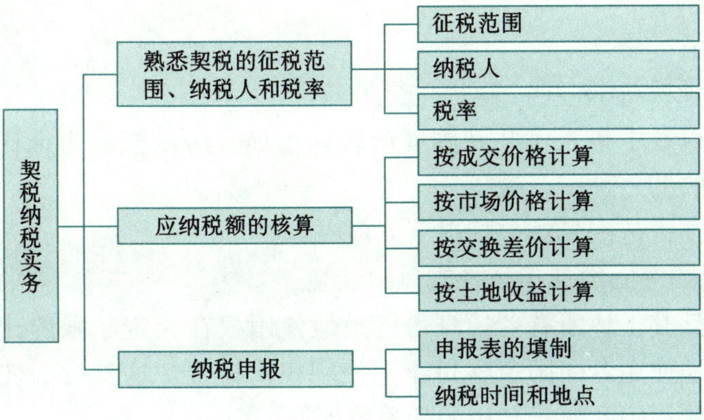

引　例

居民张华应交的契税

居民张华（身份证440153197602134023，电话13580605302）2019年有三套住房，主要情况如下：

第一套价值80万元的公寓（××市中山大道俊田大厦2001）出租给李明（420106196504254036），月租金6 000元。

第二套住房（××市中山路俊田大厦2002）在2019年1月6日与胡奇（440160196802034036）一套住房（××市中山三路景田花园三街四座1205）交换，并取得胡奇另付的差价款20万元。

第三套是2019年2月8日以45万元（不含增值税）价格从宜兴房地产开发公司（纳税人识别号440104618723568，地址：××市广路42号）购入的90平方米普通住房现房（××市广路金城花园一街二座1602）。

当地契税税率为3%，首次购买90平方米以下普通住房，契税税率为1%。居民张华2019年应怎样申报缴纳契税？

【引例分析9－1】

根据《中华人民共和国契税暂行条例》的相关规定，要申报缴纳契税，需要了解契税的征税范围、纳税人和适用税率，按照规定计算应缴纳的契税税额，填写纳税申报表，并提交给相应税务机关。

模块一　熟悉契税的征税范围、纳税人和税率

微课：契税的征税范围、纳税人、税率及应纳税额的计算

PPT：契税的征税范围、纳税人、税率及应纳税额的计算

要准确进行契税的纳税申报，纳税人必须明确自己的哪些房地产是需要缴纳契税的，只有在确定了征税范围、明确的征税对象以后，才能核算、申报契税。

一、契税的征税范围

契税是以在中华人民共和国境内转移土地、房屋权属为征税对象，向产权承受人征收的一种财产税。

契税的征税范围具体包括以下五项内容：

1. 承受国有土地使用权并支付出让金

国家可凭其土地所有者的身份将土地使用权在一定年限内让与土地使用者，并由土地使用者向国家支付土地使用权出让金。这种行为使得土地使用权发生了转移，因此属于契税的征税范围。

2. 土地使用权转让

土地使用权转让是指土地使用者以出售、赠与、交换或者其他方式将土地使用权转移给其他单位和个人的行为。土地使用权的转让不包括农村集体土地承包经营权的转移。

3. 房屋买卖

房屋买卖指买方为取得房产所有权向卖方支付一定金额货币或实物的交

易行为，包括以预购方式或者预付集资建房款方式承受房屋所有权。以房产抵债、以房产作价投资或作股权转让、买房拆料或翻建新房等行为均视同房屋买卖。

4. 房屋赠与

房屋赠与是指房屋产权所有人将房屋无偿转让给他人所有。单位、个人因突出贡献或者参加社会活动（如抽奖等）而获得奖励的土地、房屋，属于无偿转移，视同土地使用权或房屋赠与征收契税。非法定继承人根据遗嘱承受死者生前的土地、房屋权属，属于赠与行为，应缴纳契税。

5. 房屋交换

房屋交换是指房屋所有者之间相互交换房屋的行为。如果交换的房屋价值不等，一方需支付差价，则支付差价方需按差价缴纳契税；当房屋价值相等，差额为零，交换双方均免契税。

视频：房屋契税减免

【引例分析 9－2】

依据《中华人民共和国契税暂行条例》的相应规定，张华的三套住房，第一套价值 80 万元的公寓只是对外出租，没有涉及房屋权属的变更不属于契税征税范围，不用缴纳契税；第二套房子属于房屋交换，由支付差价的一方缴税，胡奇支付给张华差价 20 万元，所以胡奇是契税的纳税人，要缴纳契税；第三套为张华购买的普通住房，张华为房屋产权承受方需要缴纳契税。

知识窗

契税的税收优惠

（1）国家机关、事业单位、社会团体、军事单位承受土地、房屋用于办公、教学、医疗、科研和军事设施的，免征契税。

（2）城镇职工经县以上人民政府批准，在国家规定标准面积以内第一次购买的公有住房，免征契税。自 2016 年 2 月 22 日起对个人购买家庭唯一住房，面积为 90 平方米及以下的，减按 1% 的税率征收契税，面积为 90 平方米以上的，减按 1.5% 的税率征收契税；除北京、上海、广州、深圳外，对个人购买家庭第二套改善性住房，面积为 90 平方米及以下的，减按 1% 的税率征收契税；面积为 90 平方米以上的，减按 2% 的税率征收契税。

（3）因不可抗力灭失住房而重新购买住房的，酌情准予减征或者免征。

（4）土地、房屋被县级以上人民政府征用、占用后，重新承受土地、房屋权属的，是否减征或者免征契税，由省级人民政府确定。

（5）纳税人承受荒山、荒沟、荒丘、荒滩土地使用权，用于农、林、牧、渔业生产的，免征契税。

（6）外国驻华使馆、领事馆、联合国驻华机构及其外交代表、领事官员和其他外交人员承受土地、房屋权属的，经外交部确认，可以免征契税。

案例：契税十个典型问题解答及相关案例

二、确定契税的纳税人和税率

根据《中华人民共和国契税暂行条例》的规定，契税的纳税义务人是在中华人民共和国境内转移土地、房屋权属，承受的单位和个人。即契税的纳税人应是土地使用权和房屋所有权的受让方、购买方、受赠方等。这里的“单位”是指企业单位、事业单位、国家机关、军事单位和社会团体以及其他组织；“个人”是指个体经营者及其他个人，包括中国公民和外籍人员。

契税采取幅度比例税率，税率幅度为3%~5%。各省、自治区、直辖市人民政府可以在3%~5%的幅度税率规定范围内，按照本地区的实际情况决定。同时，城镇职工按规定第一次购买公有住房（含按政策经批准的集资房、房改房），免征契税；个人购买家庭唯一住房（家庭成员范围包括购房人、配偶以及未成年子女，下同），面积为90平方米及以下的，减按1%税率征收契税；个人购买家庭唯一住房，面积为90平方米以上的，减按1.5%税率征收契税；个人购买家庭第二套改善性住房，面积为90平方米及以下的（不含北京、上海、广州、深圳的住房），减按1%税率征收契税；个人购买家庭第二套改善性住房，面积为90平方米以上的（不含北京、上海、广州、深圳的住房），减按2%的税率征收契税。

【引例分析9-3】

居民张华的第三套房产需要缴纳契税，由于不是首套住房，所以不能享受契税的优惠政策，适用的契税税率为3%。

模块二　契税应纳税额的计算

在确定了契税税率以后，接下来就要计算这些业务应纳多少契税。按照《中华人民共和国契税暂行条例》的规定，不同的成交方式，按照不同的计税价格来计算契税。

一、确定契税的计税依据

契税的计税依据为不动产价格，计征契税的成交价格不含增值税。由于土地、房屋权属转移方式不同，定价方法也不同，契税的具体计税依据也不同，主要有以下几种：

1. 按成交价格计算

成交价格经双方协商，形成合同，税务机关以此为据直接计税。这种方式主要适用于国有土地使用权出让、土地使用权出售、房屋买卖。

2. 按市场价格计算

这种方式主要适用于土地使用权赠送、房屋赠送，征税机关参照土地使用权出售、房屋买卖的市场价格核定。

3. 按土地、房屋交换差价定税

这种方式主要适用于土地使用权交换、房屋交换。价差是指土地使用权交换、房屋交换的价格差额。当交换价格相等时，免征契税；交换价格不等时，由多交付货币、实物、无形资产或者其他经济利益的一方缴纳契税。

4. 按土地收益定价

对于以划拨方式取得的土地使用权，经批准转让房地产时，由房地产转让者补缴契税。计税依据为补缴的土地使用权出让费或土地收益。假设某年国家以划拨方式将甲单位土地使用权给了乙单位，4 年后，经许可，乙单位将该土地转让，那乙单位就需要补缴契税，纳税依据就是土地收益，即乙单位出让所得。

5. 房屋附属设施征收契税的依据

（1）采取分期付款方式购买房屋附属设施土地使用权、房屋所有权的，应按合同规定的总价款计征契税。

（2）承受的房屋附属设施权属如为单独计价的，按照当时确定的适用税率征收契税；如与房屋统一计价的，适用与房屋相同的契税税率。

二、契税应纳税额的计算

契税采用比例税率。当计税依据确定以后，应纳税额的计算就比较简单了。契税应纳税额的计算公式为：

应纳税额 = 契税计税依据 × 适用税率

【引例分析 9 - 4】

前面我们分析了张华的第三套房子需要缴纳契税，适用契税税率为 3%。根据相关规定，第三套房子的计税依据为房屋不含增值税的买价 45 万元，应缴的契税为：

应缴契税 = 450 000 × 3% = 13 500（元）

模块三　契税的纳税申报

一、契税纳税申报表的填报

契税纳税人在纳税申报时应填写全国统一的“契税纳税申报表”。

居民张华填报的“契税纳税申报表”如表 9 - 1 所示。

表 9－1

契税纳税申报表

填表日期：2019 年 2 月 28 日　　　　金额单位：元；面积单位：平方米

纳税人识别号：4 4 0 1 5 3 1 9 7 6 0 2 1 3 4 0 2 3 3

承受方信息	名　称	张华		□单位　☑个人		
	登记注册类型			所属行业		
	身份证件类型	身份证☑　护照□　其他□		身份证件号码	440153197602134023	
	联系人	张华		联系方式	13580605302	
转让方信息	名　称	宜兴房地产开发公司		☑单位　□个人		
	纳税人识别号	440104618723568	登记注册类型		所属行业	
	身份证件类型		身份证件号码		联系方式	
土地房屋权属转移信息	合同签订日期	2019. 2. 8	土地房屋坐落地址	××市广路金城花园一街二座 1602	权属转移对象	
	权属转移方式	房屋买卖	用途	居住	家庭唯一普通住房	□90 平方米以上 ☑90 平方米及以下
	权属转移面积	90 平方米	成交价格	450 000	成交单价	5 000
税款征收信息	评估价格		计税价格	450 000	税率	3%
	计征税额	13 500	减免性质代码	减免税额	应纳税额	13 500
以下由纳税人填写：						
纳税人声明	此纳税申报表是根据《中华人民共和国契税暂行条例》和国家有关税收规定填报的，是真实的、可靠的、完整的。					
纳税人签章		代理人签章		代理人身份证号		
以下由税务机关填写：						
受理人		受理日期	年　月　日	受理税务机关签章		

本表一式两份，一份纳税人留存，一份税务机关留存。

二、确定纳税时间和地点

契税的纳税义务发生时间，为纳税人签订土地、房屋权属转移合同的当天，或者纳税人取得其他具有土地、房屋权属转移合同性质凭证的当天。纳税人因改变土地、房屋用途应补缴已减免契税的，以改变土地、房屋用途的当天为纳税义务的发生时间。

纳税人应自纳税义务发生之日起10日内，向土地、房屋所在地的契税征收机关办理纳税申报，并在征收机关核定的期限内缴纳税款。纳税人缴纳税款后，持契税完税凭证和其他规定的文件材料，向土地管理部门、房产管理部门办理有关土地、房屋的权属变更、登记手续；如未出具契税完税凭证，则不予办理。

三、契税税额的缴纳

契税税额的缴纳一般采取银行柜台缴纳方式。纳税人缴纳税款后，可凭经银行盖章的缴款书到契税征收机关开具契税完税证明。纳税人可持契税完税证明和其他规定的文件材料，向土地管理部门、房屋管理部门办理有关土地、房屋权属变更登记手续。

练习题：契税纳税实务

项目十

车船税纳税实务

知识点

车船税征税范围　车船税纳税人　车船税税率　车船税纳税时间和地点　车船税的纳税申报

技能点

车船税税额计算　车船税纳税申报

知识导图

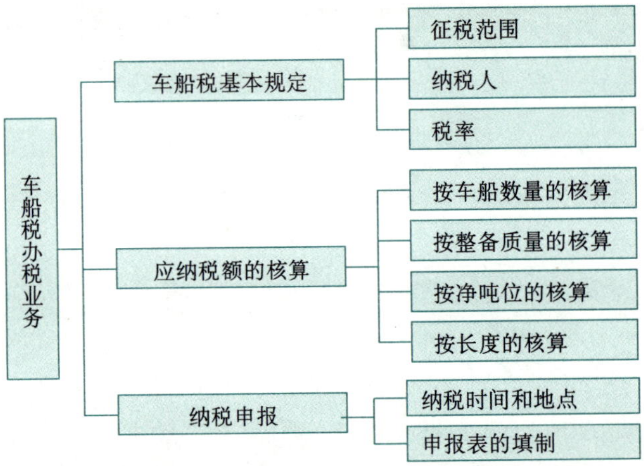

引　例

大众运输公司车船税的纳税申报

大众运输公司是一个大型货物运输公司，拥有客车、载货汽车、挂车以及载重机动船。张洁是大众运输公司的税务会计。公司2019年拥有的运输工具如下：

（1）拥有载人大型客车5辆（其中32座车3辆，28座车2辆）；中型客车2辆（均为11座车）。另外，公司购置了3辆12座的插电式纯电动客车专用于客户的接送。

（2）拥有运输卡车7辆（货车载重净吨位全部为5吨，其中3辆货车报停）；载货8吨的机动车挂车3辆。

（3）拥有机动船舶3艘，每艘净吨位为150吨；拥有非机动船舶2艘，每艘净吨位为80吨。

根据上述信息，张洁需要对大众运输公司2019年车船税应纳税额进行申报。

【引例分析10－1】

《中华人民共和国车船税法》（以下简称《车船税法》）是国家制定的用以调整车船税征收与缴纳权力及义务关系的法律规范。征收车船税有利于地方政府筹集财政资金，有利于车船的管理和合理配置，也有利于调节财富差异。车船税自2012年1月1日起施行。

模块一　熟悉车船税的纳税人、征税范围和税率

要准确地进行车船税的纳税申报，必须明确哪些车船属于车船税的征税范围，只有在确定了征税范围以后，才能核算、申报车船税。

微课：车船税的征税对象、纳税人和税率

一、确定的车船税纳税人

车船税是指在中华人民共和国境内的车辆、船舶的所有人或管理人按照《车船税法》应缴纳的一种税。

车船税的纳税义务人，是指在中华人民共和国境内规定的车辆、船舶（以下简称“车船”）的所有人或者管理人。这里所称的“管理人”，是指对车船具有管理使用权，不具有所有权的单位。

PPT：车船税的征税对象、纳税人和税率

外商投资企业、外国企业、华侨、外籍人员和港澳台同胞，也属于车船税的纳税人。境内单位和个人租入外国籍船舶的，不征收车船税。境内单位和个人将船舶出租到境外的，应依法征收车船税。

从事机动车第三者责任强制保险业务的保险机构为机动车车船税的扣缴义务人，应当在收取保险费时依法代收车船税，并出具代收税款凭证。

知识窗

机动车交通事故责任强制保险

机动车交通事故责任强制保险（简称“交强险”）是我国首个由国家法律规定实行的强制保险制度。《机动车交通事故责任强制保险条例》规定：交强险是由保险公司对被保险机动车发生道路交通事故造成受害人（不包括本车人员和被保险人）的人身伤亡、财产损失，在责任限额内予以赔偿的强制性责任保险。

二、车船税征税范围的确定

车船税的征税范围是指依法应当在车船登记管理部门登记的机动车辆和船舶以及依法不需要在车船登记管理部门登记的在单位内部场所行驶或者作业的机动车辆和船舶。主要包括：

（1）乘用车，是指在设计和技术特性上主要用于载运乘客及随身行李，核定载客人数包括驾驶员在内不超过 9 人的汽车。

视频：阿福阿禧购车记

（2）商用车，是指除乘用车外，在设计和技术特性上用于载运乘客、货物的汽车，划分为客车和货车。其中，半挂牵引车，是指装备有特殊装置用于牵引半挂车的商用车；三轮汽车，是指最高设计车速不超过每小时 50 千米，具有三个车轮的货车；低速载货汽车，是指以柴油机为动力，最高设计车速不超过每小时 70 千米，具有四个车轮的货车。

（3）挂车，是指就其设计和技术特性需由汽车或者拖拉机牵引才能正常使用的一种无动力的道路车辆。

（4）摩托车，是指无论采用何种驱动方式，最高设计车速大于每小时 50 千米，或者使用内燃机，其排量大于 50 毫升的两轮或者三轮车辆。

（5）专用作业车，是指在其设计和技术特性上用于特殊工作的车辆。

（6）轮式专用机械车，是指有特殊结构和专门功能，装有橡胶车轮可以自行行驶，最高设计车速大于每小时 20 千米的轮式工程机械车。

（7）游艇是指具备内置机械推进动力装置，长度在 90 米以下，主要用于游览观光、休闲娱乐、水上体育运动等活动，并应当具有船舶检验证书和适航证书的船舶。

（8）船舶，是指各类机动、非机动船舶以及其他水上移动装置，但是船舶上装备的救生艇筏和长度小于 5 米的艇筏除外。其中，机动船舶是指用机器推进的船舶；拖船是指专门用于拖（推）动运输船舶的专业作业船舶；非机动驳船，是指在船舶登记管理部门登记为驳船的非机动船舶。

【引例分析 10－2】

大众运输公司拥有的运输工具中，载货汽车、挂车、载人客车以及机动船都应当征收车船税。纯电动客车不需要征收车船税。

三、车船税税率的确定

车船税实行有幅度的定额税率，即对各类车船分别规定一个最低到最高限度的年税额，同时授权国务院财政部门、税务主管部门根据实际情况，在法定的税目范围和税额幅度内，划分子税目，并明确车辆的子税目税额幅度和船舶的具体适用税额（见表 10－1）。车辆的具体适用税额由省、自治区、直辖市人民政府在规定的子税目税额幅度内确定。如广东省规定：1.0 升（含）以下排量的乘用车，每年需缴纳车船税为 180 元，挂车车船税每吨 48 元。

案例：车购税、车船税、船舶吨税“三胞胎”，你分得清吗？

表 10－1　车船税税目税额表

税目		计税标准	每年税额	税目注释
乘用车	1.0 升（含）以下	每辆	60～360 元	核定载客人数 9 人（含）以下
	1.0 升以上至 1.6 升（含）		300～540 元	
	1.6 升以上至 2.0 升（含）		360～660 元	
	2.0 升以上至 2.5 升（含）		660～1 200 元	
	2.5 升以上至 3.0 升（含）		1 200～2 400 元	
	3.0 升以上至 4.0 升（含）		2 400～3 600 元	
	4.0 升以上		3 600～5 400 元	
商用车	核定载客人数 9 人以上		480～1 440 元	包括电车
货车		整备质量每吨	16～120 元	包括半挂牵引车和三轮汽车以及低速载货汽车汽车
挂车		整备质量每吨	货车税额的 50%	
摩托车		每辆	36～180 元	
专用作业车		整备质量每吨	16～120 元	不包括拖拉机
轮式专用机械车			16～120 元	
游艇		每米	600～2 000 元	按艇身长度
机动船舶	净吨位小于或者等于 200 吨的	净吨位每吨	3 元	拖船和非机动驳船分别按船舶税额的 50% 计算
	净吨位 201～2 000 吨的		4 元	
	净吨位 2 001～10 000 吨的		5 元	
	净吨位 10 001 吨及其以上的		6 元	

（1）税法所涉及的排气量、整备质量、核定载客人数、净吨位、千瓦、艇身长度，以车船登记管理部门核发的车船登记证书或者行驶证所载数据为准。

（2）依法不需要办理登记的车船和依法应当登记而未办理登记或者不能提供车船登记证书、行驶证的车船，以车船出厂合格证明或者进口凭证标注的技术参数、数据为准；不能提供车船出厂合格证明或者进口凭证的，由主管税务机关参照国家相关标准核定，没有国家相关标准的参照同类车船核定。

（3）《车船税法》及其《实施条例》涉及的整备质量、净吨位、船身长度等计税单位，有尾数的一律按照含尾数的计税单位据实计算车船税应纳税额。计算得出的应纳税额小数点后超过两位的可四舍五入保留两位小数。拖船按照发动机功率每1千瓦折合净吨位0.67吨计算征收车船税。

【引例分析10－3】

按照《车船税法》和当地规定，大众运输公司各种运输工具应纳车船税适用税率如下：

（1）载人客车核定载客大于20人的每辆每年600元。

（2）11座的客车每辆每年480元。

（3）插电式纯电动客车免税。

（4）载货汽车为每吨96元。

（5）挂车为每吨48元。

（6）机动船净吨位为150吨的适用每吨3元。

（7）非机动船净吨位为80吨的适用每吨1.5元。

模块二　车船税应纳税额的计算

微课：车船税的计算及纳税申报

PPT：车船税的计算及纳税申报

在确定了车船税税率以后，接下来就要计算这些应税车、船应纳多少车船税。按照《车船税法》的规定，车船税的计算根据各地车船税税目、税额表从量计算。具体的计算公式为：

（1）载客汽车、摩托车、轮式专用机械车：

应纳税额＝应税车辆数量×单位年税额

（2）货车、挂车、专用作业车和船舶：

应纳税额＝车船的整备质量或净吨位×单位年税额

（3）游艇：

应纳税额＝艇身长度×单位年税额

【引例分析 10－4】

大众运输公司各种运输工具应纳车船税税额计算如下：

(1) 客车应纳税额的计算：

客车应纳税额 $=5\times600+2\times480=3\,960$（元）

(2) 载货汽车、挂车应纳税额的计算：

载货汽车应纳税额 $=(7-3)\times5\times96=1\,920$（元）

挂车应纳税额 $=8\times3\times48=1\,152$（元）

(3) 机动船应纳税额的计算：

机动船应纳税额 $=3\times150\times3=1\,350$（元）

非机动船应纳税额 $=2\times80\times3\times50\%=240$（元）

该公司应纳车船税共计 $=3\,960+1\,920+1\,152+1\,350+240=8\,622$（元）

视频：自产动力车

模块三　车船税的纳税申报

计算了应缴的车船税税金，下一步的任务则是纳税申报。车船税实行按年征收，一次缴纳，纳税期限为每年1月1日至12月31日。车船税纳税人应准确填写纳税申报表及各种附表，并且以纸质或网络的方式在规定的时间提交税务部门。

一、确定纳税时间和地点

车船税纳税义务发生时间为取得车船所有权或者管理权的当月。“当月”是以购买车船的发票或者其他证明文件所载日期的当月为准。购置的新车船，购置当年的应纳税额自纳税义务发生的当月起按月计算。应纳税额为年应纳税额除以12再乘以应纳税月份数。

车船税按年申报缴纳。纳税年度自公历1月1日起至12月31日止。具体申报纳税期限由省、自治区、直辖市人民政府确定。

车船税的纳税地点为车船的登记地或者车船税扣缴义务人所在地。依法不需要办理登记的车船，车船税的纳税地点为车船的所有人或者管理人所在地。

二、填列纳税申报表

申报车船税应使用“车船税纳税申报表”。纳税人需携带机动车行驶证原件或复印件和填写好的纳税申报表到主管税务机关申报纳税。

【引例分析 10－5】

大众运输公司填列的纳税申报表如表10－2所示。

表 10－2 车船税纳税申报表

税款所属期限：自 2019 年 1 月 1 日至 2019 年 12 月 31 日　　填表日期：2020 年 3 月 9 日金额单位：元至角分

纳税人识别号 5 1 4 4 0 4 3 7 8 5 4 3 2 4 5 6 6 7 7 8 8

纳税人名称	大众运输公司	纳税人身份证照类型	组织机构代码证
纳税人身份证照号码	8543245667788	居住（单位）地址	广东省广州市越秀区花园路 215 号
联系人	张洁	联系方式	020－87256346

序号	（车辆）号牌号码/（船舶）登记号码	车船识别代码（车架号/船舶识别号）	征收品目	计税单位	计税单位的数量	单位税额	年应缴税额	本年减免税额	减免性质代码	减免税证明号	当年应缴税额	本年已缴税额	本期年应补（退）税额
	1	2	3	4	5	6	7＝5×6	8	9	10	11＝7－8	12	13＝11－12
1	粤 A835Q2	LKD255634689056	核定载客人数 20 人（含）以上的大型客车	辆	1	600	600	0			600	0	600
2	粤 A2E561	LKD255634689012	核定载客人数 20 人（含）以上的大型客车	辆	1	600	600	0			600	0	600
3	粤 A468D5	LKD255634689073	核定载客人数 20 人（含）以上的大型客车	辆	1	600	600	0			600	0	600
4	粤 A6Y4R7	LKD255634689031	核定载客人数 20 人（含）以上的大型客车	辆	1	600	600	0			600	0	600
5	粤 A7980T	LKD255634689095	核定载客人数 20 人（含）以上的大型客车	辆	1	600	600	0			600	0	600
6	粤 A43P76	LKD255634688562	核定载客人数 9 人以上 20 人以下的中型客车	辆	1	480	480	0			480	0	480
7	粤 A689U2	LKD255634687349	核定载客人数 9 人以上 20 人以下的中型客车	辆	1	480	480	0			480	0	480
8	粤 A35Q91	LJ25R7CE975434567	货车	吨	5	96	480	0			480	0	480
9	粤 A6T478	LJ25R7CE975434586	货车	吨	5	96	480	0			480	0	480
10	粤 A2157W	LJ25R7CE975434554	货车	吨	5	96	480	0			480	0	480

续表

序号	（车辆）号牌号码/（船舶）登记号码	车船识别代码（车架号/船舶识别号）	征收品目	计税单位	计税单位的数量	单位税额	年应缴税额	本年减免税额	减免性质代码	减免税证明号	当年应缴税额	本年已缴税额	本期年应补（退）税额
	1	2	3	4	5	6	7 = 5 × 6	8	9	10	11 = 7 − 8	12	13 = 11 − 12
11	粤 A59E63	LJ25R7CE975434553	货车	吨	5	96	480	0			480	0	480
12	粤 A784T1	LA793VRT745DFCSC345	挂车	吨	8	48	384	0			384	0	384
13	粤 A3E9P2	LA793VRT745DFCSC349	挂车	吨	8	48	384	0			384	0	384
14	粤 A8R558	LA793VRT745DFCSC346	挂车	吨	8	48	384	0			384	0	384
15	602070000001	51462478901	净吨位小于或者等于 200 吨	吨	150	3	450	0			450		450
16	602070000002	51462478217	净吨位小于或者等于 200 吨	吨	150	3	450	0			450		450
17	602070000003	51462478694	净吨位小于或者等于 200 吨	吨	150	3	450	0			450		450
18	503060000001	84163598705	净吨位小于或者等于 200 吨	吨	80	1. 5	120	0			120		120
19	503060000002	84163595639	净吨位小于或者等于 200 吨	吨	80	1. 5	120	0			120		120
合计	—	—	—	—	—	—	8 622		—	—	8 622		8 622
申报车辆总数（辆）			14		申报船舶总数（艘）		5						
以下由申报人填写：													
纳税人声明	此纳税申报表是根据《中华人民共和国车船税法》和国家有关税收规定填报的，是真实的、可靠的、完整的。												
纳税人签章		代理人签章					代理人身份证号						
以下由税务机关填写：													
受理人		受理日期					受理税务机关（签章）						

附：车辆购置税

车辆购置税是对在境内购置规定车辆的单位和个人征收的一种税，它由车辆购置附加费演变而来。现行车辆购置税法的基本规范，是从 2001 年 1 月 1 日起实施的《中华人民共和国车辆购置税暂行条例》。

一、车辆购置税纳税人、征税范围的确定

车辆购置税的纳税人为我国境内购置（包括购买、进口、自产、受赠、获奖或以其他方式取得并自用）应税车辆的单位和个人。

车辆购置税征税范围为汽车、摩托车、电车、挂车、农用运输车。具体规定如下：

1. 汽车：包括各类汽车。

2. 摩托车

（1）轻便摩托车：是指最高设计时速不大于 50 千米/小时，发动机汽缸总排量不大于 50 毫升的两轮或三轮机动车；

（2）两轮摩托车：是指最高设计时速大于 50 千米/小时，发动机汽缸总排量大于 50 毫升的两轮机动车；

（3）三轮摩托车：是指最高设计时速大于 50 千米/小时，发动机汽缸总排量大于 50 毫升的三轮机动车。

3. 电车

（1）无轨电车：是指以电能为动力，用专用输电电缆线供电的轮式公共车辆；

（2）有轨电车：是指以电能为动力，在轨道上行驶的公共车辆。

4. 挂车

（1）全挂车：无动力设备，独立承载，由牵引车辆牵引行驶的车辆；

（2）半挂车：无动力设备，与牵引车辆共同承载，由牵引车辆牵引行驶的车辆。

5. 农用运输车

（1）三轮农用运输车：是指柴油发动机，功率不大于 7.4 千瓦，载重量不大于 500 千克，最高车速不大于 40 千米/小时的三轮机动车；

（2）四轮农用运输车：是指柴油发动机，功率不大于 28 千瓦，载重量不大于 1 500 千克，最高车速不大于 50 千米/小时的四轮机动车。

为了体现税法的统一性、固定性、强制性和法律的严肃性特征，车辆购置税征收范围的调整，由国务院决定，其他任何部门、单位和个人无权擅自扩大或缩小车辆购置税的征税范围。

二、车辆购置税的计算

汽车购置税是指购买汽车时所要缴纳的税，购置税额是征收汽车售价（不含税价）的10%，车辆购置税的纳税人为购置（包括购买、进口、自产、受赠、获奖或以其他方式取得并自用）应税车辆的单位和个人，税率为10%，除汽车外，摩托车、电车、挂车、农用运输车也要缴纳车辆购置税。

（1）纳税人购买自用的应税车辆的计税价格，为纳税人购买应税车辆而支付给销售者的全部价款和价外费用，不包括增值税税款。

计税价格 = 含增值税的销售价格 ÷（1 + 增值税税率或征收率）

（2）纳税人进口自用的应税车辆的计税价格的计算公式为：

计税价格 = 关税完税价格 + 关税 + 消费税

= （关税完税价格 + 关税）÷（1 − 消费税税率）

（3）纳税人自产、受赠、获奖或者以其他方式取得并自用的应税车辆的计税价格，由主管税务机关参照应税车辆市场平均交易价格，规定不同类型应税车辆的最低计税价格。

（4）其他自用应税车辆，按购置该型号车辆的价格确认。如果不能准确提供车辆价格，则由主管税务机关参照国家税务总局核定相同类型应税车辆的最低计税价格确定。

三、报送纳税申报表

按照规定格式填列的车船税纳税申报表，应在规定的时间内报送主管税务局。目前主要的报送方式是直接报送和网上申报。直接申报是将纳税申报表直接送达主管税务局的办税服务大厅，由税务工作人员签收。网上申报是目前广泛采用的经济、快捷的报送方式。车船税网上申报参照土地增值税网上申报办理。

练习题：车船税纳税实务

项目十一

印花税纳税实务

知识点

印花税征税范围　印花税纳税人　印花税税率　印花税应纳税额计算　印花税纳税时间和地点

技能点

印花税应纳税额计算　印花税纳税申报

知识导图

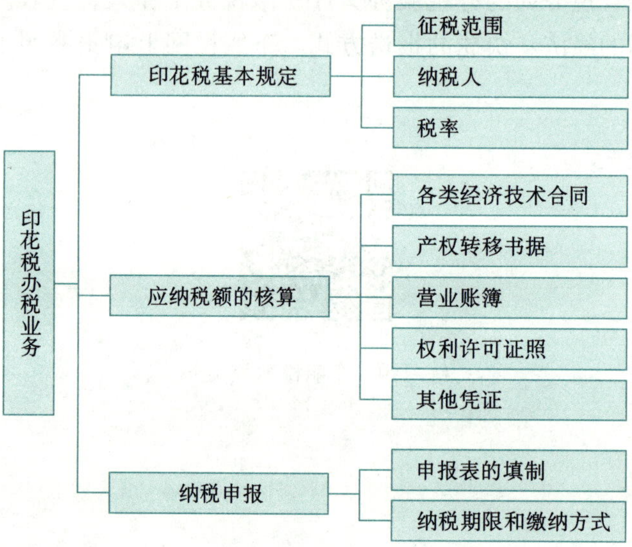

引　例

华威风电设备制造股份有限公司的印花税

华威风电设备制造股份有限公司（以下简称“华威股份”）于2015年成立，何伟是该公司的会计。2019年该公司发生应税业务如下：

（1）年初新启用其他营业账簿8本。本年5月，资金账簿中登记本年增加实收资本500万元、资本公积100万元。

（2）与甲企业签订一份加工承揽合同，受托为其加工一批产品，双方约定由华威股份提供所需的原材料200万元、辅助材料10万元，另收取加工费20万元，各项金额均在加工承揽合同中分别记载。

（3）与乙企业签订一份建筑工程承包合同，记载金额2 000万元，将其中的500万元转包给另一工程公司。

（4）与丙企业签订仓储合同一份，货物金额为500万元，仓储保管费为10万元。

（5）与丁企业签订一份运输保管合同，记载金额共计500万元，其中货物价值400万元、运输费50万元、装卸费30万元、仓储保管费20万元。以上计税价格为不含增值税价格。

何伟应如何为华威股份核算2019年应缴纳的印花税？

【引例分析11－1】

目前我国印花税的核算与申报依据的是《中华人民共和国印花税暂行条例》。在实际工作中，应首先确定印花税的征税范围、纳税人以及对应的税率，然后根据《印花税暂行条例》中规定的核算方式对所有相关业务进行印花税的核算，并将填写好的“印花税纳税申报表”提交给主管税务机关。

模块一　熟悉印花税的征税对象、纳税人和税率

微课：印花税的应纳税额计算与申报

PPT：印花税的应纳税额计算与申报

要准确地进行印花税的纳税申报，必须明确哪些业务属于印花税的征税范围、确定纳税人、适用税率、计税依据、应纳税额。只有在确定了以上因素以后，才能核算、申报印花税。

一、确定印花税的征税对象

印花税的征税对象是应纳税凭证，包括纳税人以电子形式签订的各类应税凭证。列入应纳税凭证的具体范围有五大类：

（一）各类经济技术合同

经济技术合同包括购销合同、加工承揽合同、建设工程勘察设计合同、建筑安装工程承包合同、财产租赁合同、货物运输合同、仓储保管合同、借款合同、财产保险合同、技术合同等及具有合同性质的凭证（包括具有合同效力的协议、契约、合约、单据、确认书及其他各种名称的凭证）。

视频：印花税是什么税？

对于企业集团内具有平等法律地位的主体之间自愿订立、明确双方购销关系、据以供货和结算、具有合同性质的凭证，应按规定征收印花税。对于企业集团内部执行计划使用的、不具有合同性质的凭证，不征收印花税。

【引例分析 11－2】

（1）华威股份与甲企业签订的加工承揽合同，由受托方提供主要材料的，应当按购销合同计缴印花税；收取加工费应按照加工承揽合同缴纳印花税。

（2）签订建筑工程承包合同和转包合同应分别缴纳印花税。

（3）签订的仓储合同，应按保管费计缴印花税。

（4）签订的运输保管合同，应按所记载的运费金额计缴运输合同印花税；对仓储保管费应当按仓储保管合同计税。

（二）产权转移书据

产权转移书据是指单位和个人产权的买卖、继承、赠与、交换、分割等所立的书据，包括财产所有权和版权、商标专用权、专利权、专有技术使用权等转移书据。

对土地使用权出让合同、土地使用权转让合同，按产权转移书据征收印花税。对商品房销售合同，按照产权转移书据征收印花税。

（三）营业账簿

营业账簿是指单位和个人从事生产经营活动所设立的财务会计核算账簿。包括单位和个人从事生产经济活动所设立的各种账册、生产经营用账册、记载资金的账簿等。自 2018 年 5 月 1 日起，按件的其他账簿免征印花税，资金账簿减半征收印花税。

【引例分析 11－3】

华威股份 2019 年新启用其他营业账簿免征印花税。资金账簿中增加实收资本和资本公积，需要减半征收印花税。

（四）权利、许可证照

此处的权利、许可证照包括政府部门发给的房屋产权证、工商营业执照、商标注册证、专利证、土地使用证。

（五）经财政部确定征税的其他凭证

为适应经济形势发展变化的需要，完善税制，目前，对纳税人以电子形式签订的各类应税凭证按规定征收印花税；对发电厂与电网之间、电网与电网之间（国家电网公司系统、南方电网公司系统内部各级电网互供电量除外）签订的购售电合同按购销合同征收印花税。电网与用户之间签订的供用电合同不属于印花税列举征税的凭证，不征收印花税。

知识窗

哪些凭证可以免征印花税？

（1）应税凭证的副本或者抄本，免征印花税；

（2）农民、农民专业合作社、农村集体经济组织、村民委员会购买农业生产资料或者销售自产农产品订立的买卖合同和农业保险合同，免征印花税；

（3）无息或者贴息借款合同、国际金融组织向我国提供优惠贷款订立的借款合同、金融机构与小型微型企业订立的借款合同，免征印花税；

（4）财产所有权人将财产赠与政府、学校、社会福利机构订立的产权转移书据，免征印花税；

（5）军队、武警部队订立、领受的应税凭证，免征印花税；

（6）转让、租赁住房订立的应税凭证，免征个人（不包括个体工商户）应当缴纳的印花税；

（7）自2018年5月1日起，对按0.5‰税率贴花的资金账簿减半征收印花税，对按件贴花5元的其他账簿免征印花税。

（8）国务院规定免征或者减征印花税的其他情形。

二、确定印花税的纳税人

在明确了哪些行为需要缴纳印花税以后，接下来就要判断每项应税业务按照什么税率来缴纳印花税。《印花税暂行条例》中规定了印花税的纳税人，也规定了不同的应税行为所对应的印花税税率。

在中国境内书立、领受、使用《印花税暂行条例》所列举凭证的单位和个人，都是印花税的纳税义务人，具体包括立合同人、立账簿人、立据人、领受人和使用人等。

上述单位和个人，是指国内各类企业、事业单位、国家机关、社会团体、部队以及中外合资经营企业、中外合作经营企业、外资企业、外国企业和其他经济组织及其在华机构等单位和个人。

如果一份合同或应税凭证，由两方或者两方以上当事人共同签订，应当由各方就其所持应税凭证全额贴花，这是印花税区别于其他税种的一个重要特点。也就是说，同一经济行为中，印花税的纳税人一定是两个或两个以上。

【引例分析 11-4】

由于华威股份与其他公司已签订了多份经济合同，也启用了其他营业账簿及在资金账簿中增加实收资本和资本公积，因此是印花税的纳税人。

三、确定印花税的适用税率

案例：藏在合同里的印花税风险

印花税共设置13个税目，并按应税凭证的类别，采用比例税率和定额税率两种形式。一般载有金额的凭证，如各类经济合同及合同性质的凭证，记载资金的账簿、产权转移书据等，采用比例税率；没有记载金额应税权利、许可证照的凭证，如权利许可证，采用定额税率。印花税税目税率表见表11－1。

表11－1 **印花税税目税率表**

税目	范围	税率	纳税人
1. 购销合同	包括供应、预购、采购、购销结合及协作、调剂、补偿、易货等合同	按购销金额0.3‰贴花	立合同人
2. 加工承揽合同	包括加工、定做、修缮、修理、印刷、广告、测绘、测试等合同	按加工或承揽收入0.5‰贴花	立合同人
3. 建设工程勘察设计合同	包括勘察、设计合同	按收取费用0.5‰贴花	立合同人
4. 建筑安装工程承包合同	包括建筑、安装工程承包合同	按承包金额0.3‰贴花	立合同人
5. 财产租赁合同	包括租赁房屋、船舶、飞机、机动车辆、机械、器具、设备等合同	按租赁金额1‰贴花，税额不足1元，按1元贴花	立合同人
6. 货物运输合同	包括民用航空运输、铁路运输、海上运输、内河运输、公路运输和联运合同	按运输费用0.5‰贴花	立合同人
7. 仓储保管合同	包括仓储、保管合同	按仓储保管费用1‰贴花	立合同人
8. 借款合同	银行及其他金融组织和借款人（不包括银行同业拆借）所签订的借款合同	按借款金额0.05‰贴花	立合同人
9. 财产保险合同	包括财产、责任、保证、信用等保险合同	按保险费收入1‰贴花	立合同人
10. 技术合同	包括技术开发、转让、咨询、服务等合同	按所载金额0.3‰贴花	立合同人
11. 产权转移书据	包括财产所有权和版权、商标专用权、专利权、专有技术使用权等转移书据、土地使用权出让合同、土地使用权转让合同、商品房销售合同	按所载金额0.5‰贴花	立据人
12. 营业账簿	生产、经营用账册	记载资金的账簿，按实收资本和资本公积的合计金额0.5‰减半贴花；其他账簿免征印花税	立账簿人
13. 权利、许可证照	包括政府部门发给的房屋产权证、工商营业执照、商标注册证、专利证、土地使用证	按件贴花5元	领受人

【引例分析11－5】

（1）在引例中，华威股份2019年新启用其他营业账簿免征收印花税；资金账簿中登记本年增加实收资本和资本公积，需按比例税率征收印花税，比例税率为0.5‰减半征收。

（2）签订的加工承揽合同，所记载的材料费应按照购销合同计缴印花税，税率为0.3‰；对加工费应当按加工承揽合同计税，税率为0.5‰。

（3）签订建筑工程承包合同和转包合同印花税税率为0.3‰。

（4）签订的仓储合同，应按保管费计缴印花税，税率为1‰。

（5）签订的运输保管合同，所记载的运费金额按运输合同贴花，税率为0.5‰；对仓储保管费应当按仓储保管合同计税，税率为1‰。

模块二　印花税应纳税额的计算

在确定了印花税税率以后，接下来就要计算这些业务应纳多少印花税。按照《印花税暂行条例》的规定，印花税实行从价定率和从量定额两种征收方式。

根据应税凭证种类，对计税依据分别规定如下：

（1）购销合同，计税依据为合同记载的购销金额。以物易物方式签订的购销合同，是包括购、销双重行为的合同，计税依据为合同所载的购、销金额合计数。

（2）加工承揽合同，计税依据为加工或承揽收入。由受托方提供原材料的，原材料金额与加工费在合同中分别列明的，原材料和辅料按购销合同计税，加工费按加工承揽合同计税，二者合计为应纳税额；原材料金额与加工费没有分别列明的，统一按加工承揽合同计税。由委托方提供原材料的，按加工费和辅料合计金额依加工承揽合同计税，原材料不缴纳印花税。

（3）建设工程勘察设计合同，计税依据为勘察、设计收取的费用。

（4）建筑安装工程承包合同，计税依据为承包金额，不得剔除任何费用。施工单位将自己承包的建设项目分包或转包给其他施工单位所签订的分包合同或转包合同，应以新的分包合同或转包合同所载金额为计税依据。

（5）财产租赁合同，计税依据为租赁金额。

（6）货物运输合同，计税依据为取得的运输费收入，不包括所运货物的金额、装卸费和保险费等。

（7）仓储保管合同，计税依据为仓储保管的费用。

（8）借款合同，计税依据为借款金额，即借款本金。特殊情况中应注意：①对银行及其他金融组织的融资租赁业务签订的融资租赁合同，应按合同所载租金总额，暂按借款合同计税。②抵押借款合同按借款合同贴花；在借款方无力偿还借款而将抵押财产转移给贷款方时，应再就双方书立的产权书据，按产权转移书据计税贴花。

（9）财产保险合同，计税依据为支付（收取）的保险费金额，不包括所保财产的金额。

（10）技术合同，计税依据为合同所载的价款、报酬或使用费。对技术开发合同，合同中所注明的研究开发经费可以从计税依据中扣除。

（11）产权转移书据，计税依据为书据中所载的金额。购买、继承、赠与所书立的股权转让书据，均以书立时证券市场当日实际成交价格为依据。

（12）记载资金的营业账簿，以“实收资本”和“资本公积”的两项合计金额为计税依据。凡资金账簿中的“实收资本”和“资本公积”在次年度未增加的，对其不再计算贴花。

（13）权利、许可证照，计税依据为应税凭证件数。许可证照应纳印花税 = 件数 × 5 元；其他营业账簿免征印花税。

【引例分析 11－6】

（1）华威股份资金账簿应纳的印花税比例税率税额为：

印花税 $= (5\ 000\ 000 + 1\ 000\ 000) \times 0.5‰/2 = 1\ 500$（元）

启用新账簿免征印花税。

（2）华威股份签订加工承揽合同应缴纳的印花税为：

印花税 $= (2\ 000\ 000 + 100\ 000) \times 0.3‰ + 200\ 000 \times 0.5‰ = 730$（元）

（3）华威股份签订建筑工程承包合同应缴纳的印花税为：

印花税 $= (20\ 000\ 000 + 5\ 000\ 000) \times 0.3‰ = 7\ 500$（元）

（4）华威股份签订仓储合同应缴纳的印花税为：

印花税 $= 100\ 000 \times 1‰ = 100$（元）

（5）华威股份签订运输保管合同应缴纳的印花税为：

印花税 $= 500\ 000 \times 0.5‰ + 200\ 000 \times 1‰ = 450$（元）

知识窗

印花税税额核算过程中需注意的问题

1. 应税凭证以金额、收入、费用作为计税依据的，应当全额计税，不得作任何扣除。

2. 载有两个或者两个以上适用不同税目、税率经济事项的同一凭证，如果分别记载金额的，应分别计算应纳税额，相加后按合计税额贴花；如果未分别记载金额的，按税率高的计税贴花。

3. 应税凭证所载金额为外国货币的，按凭证书立当日国家外汇管理局公布的外汇牌价折合人民币，计算应纳税额。

4. 签订时没有确定金额的合同，如按商品销售额一定比例确定转让收入的商标权转让合同，可在签订时按件贴花，结算收入时再按实际金额贴花。

5. 应税合同不论是否兑现或是否按期兑现，均应贴花。

6. 已贴花的凭证，修改后所载金额增加的，其增加部分应当补贴印花税票。

印花税采用有差别的幅度定额税率，按大、中、小城市和县城、建制镇、工矿区分别规定每平方米土地年应纳税额。《中华人民共和国印花税暂行条例》规定定额幅度，但具体的实施办法由省、自治区、直辖市人民政府制定。

模块三　印花税的纳税申报

按照《印花税暂行条例》，印花税纳税人在申报当月应纳印花税时，可以采用自行申报或汇缴的方式。

一、填列纳税申报表

【引例分析 11－7】

华威股份 2019 年需缴纳的印花税税额填写“印花税纳税申报表”，如表 11－2 所示。

二、确定纳税期限和缴纳方式

（一）纳税期限

印花税的纳税期限根据不同种类的凭证分别确定。经济合同和具有合同性质的凭证在合同正式签订时贴花；各种产权转移书据，在书据立具时贴花；各种营业账簿，在账簿正式启用时贴花；各种权利、许可证照，在证照领受时贴花。

（二）税款的缴纳方式

印花税按照应纳税额大小、纳税次数多少及税源控管的需要，分别采用自行贴花、汇贴或汇缴、委托代征三种纳税方法。

1. 自行贴花

在书立、领受应税凭证，发生纳税义务时，由纳税人按照凭证的性质、计税依据和适用税率自行计算出应纳税额，向税务机关购买印花税票，并将印花税票粘贴在应税凭证上，在每枚税票的骑缝处盖戳注销或者划销。即采用自行计算、自行购花、自行贴花、自行注销的“四自”纳税方法。这种方法适用于应税凭证较少或同一凭证缴纳次数较少的纳税人。

已经贴花的凭证，凡修改后所载金额有增加的，应补贴足印花税票。纳税人对已贴花的凭证，应按规定期限保管。

2. 汇贴或汇缴

对一份凭证应纳税数额较大（税额超过 500 元）时，纳税人应向税务机关申请，用填开完税证或缴款书的办法纳税，不再贴花。采用这种方法的纳

表 11－2

印花税纳税申报表

税款所属期限：自 2019 年 12 月 1 日—2019 年 12 月 31 日　　填表日期：2019 年 12 月 31 日

纳税人识别号：

金额单位：元至角分

纳税人信息	名称	华威风电设备制造股份有限公司				☑单位　□个人			
	登记注册类型	有限公司		所属行业		制造业			
	身份证件号码			联系方式					
应税凭证	计税金额或件数	核定征收		适用税率	本期应纳税额	本期已缴税额	本期减免税额		本期应补（退）税额
		核定依据	核定比例				减免性质代码	减免额	
	1	2	4	5	6＝1×5＋2×4×5	7	8	9	10＝6－7－9
购销合同	2 100 000.00			0.03%	630.00				
加工承揽合同	200 000.00			0.5‰	100.00				
建设工程勘察设计合同				0.5‰					
建筑安装工程承包合同	25 000 000.00			0.3‰	7 500.00				
财产租赁合同				1‰					
货物运输合同	500 000.00			0.5‰	250.00				
仓储保管合同	300 000.00			1‰	300.00				
借款合同				0.05‰					
财产保险合同				1‰					
技术合同				0.3‰					
产权转移书据				0.5‰					
营业账簿（记载资金的账簿）	6 000 000.00	—		0.5‰	3 000.00			1 500.00	1 500.00
权利、许可证照		—		5					
合计	—	—		—	11 780.00				10 280.00

以下由纳税人填写：					
纳税人声明	此纳税申报表是根据《中华人民共和国印花税暂行条例》和国家有关税收规定填报的，是真实的、可靠的、完整的。				
纳税人签章		代理人签章		代理人身份证号	
以下由税务机关填写：					
受理人		受理日期	年　月　日	受理税务机关签章	

税人，应将其中一联缴款书或完税证粘贴在凭证上，或者由税务机关在凭证上加注完税标记代替贴花。

同一类凭证需频繁贴花的，纳税人可以向税务机关提出申请，采取按期汇总纳税的办法。税务机关对核准汇总缴纳印花税的单位，发给汇总许可证，确定汇总期限。期限最长不得超过1个月。

3. 委托代征

凡通过国家有关部门发放、鉴证、公证或仲裁的应税凭证，可由税务机关委托这些部门代征印花税税款。

三、报送纳税申报（报告）表

按照规定的格式填列的“印花税纳税申报（报告）表”应在规定的时间内报送主管税务局，目前主要的报送方式是直接报送和网上申报。直接报送是将纳税申报表直接送达主管税务局的办税服务大厅，由税务工作人员签收。网上申报是目前广泛采用的经济、快捷的报送方式。印花税网上申报参照土地增值税网上申报流程办理。

练习题：印花税纳税实务

项目十二

城市维护建设税纳税实务

知识点

城市维护建设税征税范围　城市维护建设税纳税人　城市维护建设税税率　城市维护建设税税收优惠

技能点

城市维护建设税应纳税额的计算　城市维护建设的纳税申报

知识导图

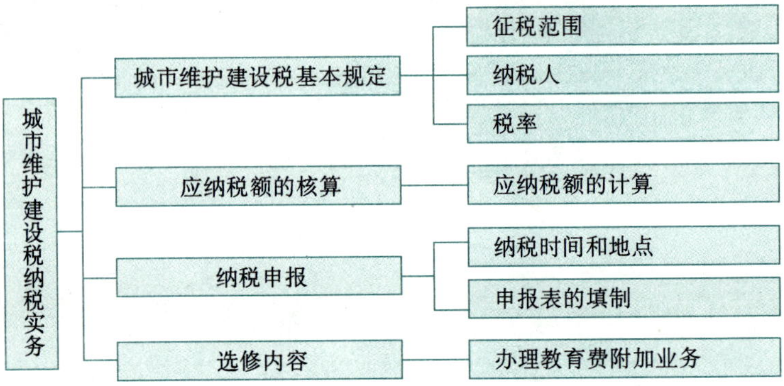

引　例

优鲜贸易公司城市维护建设税的纳税申报

优鲜贸易有限公司住所位于××市天河区珠江新城珠江西路5号国际金融中心38楼，是一般纳税人。该公司主要从事国内贸易、货物及技术进出口业务，统一社会信用代码91440105781210861W。刘明是优鲜贸易公司的税务会计，他将2019年6月公司发生的相关业务整理如下：

（1）缴纳进口关税60万元，进口环节增值税40万元，进口环节消费税45万元。

（2）实际缴纳增值税79万元，消费税107万元。

（3）出口货物增值税免抵税额36万元。

【引例分析12－1】

要准确地进行城建税的纳税申报，刘明必须明确自己公司哪些业务属于城建税的征税范围，因此，刘明首先要熟悉《中华人民共和国城市维护建设税暂行条例》中对征税范围、税率的规定，再依据规定的计算方式对相关业务进行城建税应纳税额的计算，填报“城市维护建设税的纳税申报表”交给税务局，最后缴纳城市维护建设税。

模块一　熟悉城市维护建设税征税范围、纳税人和税率

要做好城建税的纳税申报工作，必须明确企业所经营业务中属于城建税的征税范围，只有在确定了征税范围以后，才能核算、申报城建税。

微课：城市维护建设税的计算与申报

PPT：城市维护建设税的计算与申报

一、确定城市维护建设税的征税范围

城建税是国家对缴纳增值税、消费税（以下简称“两税”）的单位和个人以其实际缴纳的“两税”税额为计税依据而征收的一种税。它是以纳税人实际缴纳的“两税”税额为计税依据，附加于“两税”税额，本身没有独立的征税对象。征收城建税的目的是筹集城镇实施建设和维护资金。

二、确定城市维护建设税的纳税人

由于城建税是附加于“两税”税额而开征的一种税，因此，城建税的纳税义务人是指境内缴纳增值税、消费税的单位和个人，包括国有企业、集体企业、私营企业、外商投资企业、外国企业、股份制企业、其他企业和行政单位、事业单位、军事单位、社会团体、其他单位，以及个体工商户、其他个人（包括外籍个人）。

三、确定城市维护建设税的适用税率

城建税的税率，是指纳税人应缴纳的城建税税额与纳税人实际缴纳的“两税”税额的比率。城建税按纳税人所在地的不同，设置了三档地区差别比

例税率，即：

（1）纳税人所在地为市区的，税率为7%。

（2）纳税人所在地为县城、镇的，税率为5%。

（3）纳税人所在地不在市区、县城或者镇的，税率为1%；开采海洋石油资源的中外合作油（气）田所在地在海上，其城建税适用1%的税率。

纳税人所在地为工矿区的，应根据行政区划分别按照7%、5%、1%的税率计算纳税。

案例：期末留抵退税对城建税究竟有什么影响？

【引例分析12－2】

优鲜贸易是境内缴纳增值税、消费税的单位，因此是城建税的纳税人。所在地在市区，因此该公司的城建税税率为7%。

模块二　城市维护建设税应纳税额的计算

一、确定城市维护建设税的计税依据

城建税的计税依据为纳税人实际缴纳的增值税、消费税税额，以及出口货物、劳务或者跨境销售服务、无形资产增值税免抵税额。

对进口货物或者境外单位和个人向境内销售劳务、服务、无形资产缴纳的增值税、消费税税额，不征收城市维护建设税。

纳税人违反“两税”有关税法而加收的滞纳金和罚款，不作为城建税的计税依据。但纳税人在被查补“两税”和被处以罚款时，应同时对其偷漏的城建税进行补税，征收滞纳金和罚款。

二、计算城市维护建设税的应纳税额

由于纳税人的所在地决定了城建税的税率，因此，城建税的应纳税额是由纳税人实际缴纳的“两税”税额决定的。其计算公式为：

应纳税额＝（实纳增值税＋实纳消费税）×税率

三、城市维护建设税优惠政策

由于城建税是附加税，原则上不单独减免，当主税发生减免时，城建税相应发生税收减免。城建税的税收减免具体如下：

（1）城建税按减免后实际缴纳的“两税”税额计征，即随“两税”的减免而减免。

（2）因减免税而需进行“两税”退库的，城建税也可同时退库。

（3）对海关进口的产品征收的增值税、消费税，不征收城建税。

（4）对“两税”实行先征后返、先征后退、即征即退办法的，除另有规定外，对随“两税”附征的城建税和教育费附加，一律不予退（返）还。

（5）出口产品退还增值税、消费税时，不退还已经缴纳的城建税。

（6）对实行增值税期末留抵退税的纳税人，允许其从城建税、教育费附加和地方教育附加的计税（征）依据中扣除退还的增值税税额。

【引例分析 12－3】

经刘明计算，优鲜贸易应纳城建税税额为：

应纳税额＝(790 000＋1 070 000＋360 000)×7%＝155 400（元）

模块三　城市维护建设税的纳税申报

一、确定纳税期限和地点

（一）纳税期限

城建税的纳税期限分别与“两税”的纳税期限一致。

（二）纳税地点

（1）缴纳“两税”的地点就是纳税人缴纳城建税的地点。

（2）代征、代扣、代缴“两税”的企业单位，同时要代征、代扣、代缴城建税，其城建税的纳税地点在代扣代征地。

（3）对流动经营等无固定纳税地点的单位和个人，城市维护建设税应随同“两税”在经营地按适用税率缴纳。

（4）纳税人跨地区提供建筑服务、销售和出租不动产的，应在建筑服务发生地、不动产所在地预缴增值税时，以预缴增值税税额为计税依据，并按预缴增值税所在地的城建税适用税率和教育费附加征收率就地计算缴纳城建税和教育费附加。

预缴增值税的纳税人在其机构所在地申报缴纳增值税时，以其实际缴纳的增值税税额为计税依据，并按机构所在地的城建税适用税率和教育费附加征收率就地计算缴纳城建税和教育费附加。

二、填列纳税申报表

【引例分析 12－4】

刘明根据城建税的计算结果，填写优鲜贸易“城市维护建设税、教育费附加、地方教育附加申报表”，见表 12－1。

表 12－1

城市维护建设税　教育费附加　地方教育附加申报表

税款所属期限：自 2019 年 06 月 01 日至 2019 年 06 月 30 日

纳税人识别号（统一社会信用代码）：91440105781210861W

纳税人名称：优鲜贸易有限公司

金额单位：人民币元（列至角分）

本期是否适用增值税小规模纳税人减征政策 （减免性质代码_城市维护建设税：07049901，减免性质代码_教育费附加：61049901，减免性质代码_地方教育附加：99049901）	□是☑否	减征比例_城市维护建设税（%）	
		减征比例_教育费附加（%）	
		减征比例_地方教育附加（%）	

税（费）种	计税（费）依据					税率（征收率）	本期应纳税（费）额	本期减免税（费）额		本期增值税小规模纳税人减征额	本期已缴税（费）额	本期应补（退）税（费）额
	增值税		消费税	营业税	合计			减免性质代码	减免税（费）额			
	一般增值税	免抵税额										
	1	2	3	4	5＝1＋2＋3＋4	6	7＝5×6	8	9	10	11	12＝7－9－10－11
城建税	790 000	360 000	1 070 000		2 220 000	7%	155 400					155 400
教育费附加												
地方教育附加												
—												
合计	—					—	155 400					155 400

谨声明：本纳税申报表是根据国家税收法律法规及相关规定填报的，是真实的、可靠的、完整的。

纳税人（签章）：广州优鲜贸易有限公司　2019 年 07 月 05 日

经办人：刘明 经办人身份证号：440113199607015890 代理机构签章： 代理机构统一社会信用代码：	受理人： 受理税务机关（章）： 受理日期：　　年　月　日

附：教育费附加

凡缴纳增值税和消费税的单位和个人，除按照《国务院关于筹措农村学校办学经费的通知》的规定，缴纳农村教育事业费附加的单位外，都应当缴纳教育费附加和地方教育附加。

1. 教育费附加和地方教育附加的征收范围、计征依据和计征比率

教育费附加和地方教育附加是对缴纳增值税和消费税的单位和个人征收，以其实纳“两税”为计征依据，分别与“两税”同时缴纳。教育费附加实行单一比例征收，计征比率为3%；地方教育附加的计征比率为2%。

2. 教育费附加和地方教育附加的计算

应纳教育费附加（地方教育附加）=（实纳增值税 + 实纳消费税）×征收比率

练习题：城市维护建设税纳税实务

项目十三

环境保护税纳税实务

知识点

环境保护税征税范围　环境保护税纳税人　环境保护税税率　环境保护税的税收优惠　环境保护税纳税时间和地点

技能点

环境保护税应纳税额计算　环境保护税纳税申报

知识导图

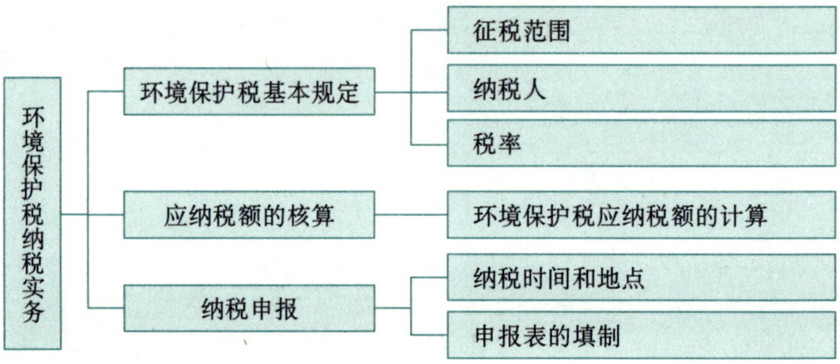

引　例

番顺化工有限公司环境保护税的纳税申报

番顺化工有限公司地址为××市番禺区天大路666号，统一社会信用代码为91440105733093 8168，法定代表人为张强，会计主管为李明。开户行：工商银行番禺大北路支行，账号：9558803602180839658，该公司2019年6月发生如下业务：

（1）向大气直接排放二氧化硫、氟化物各100千克，一氧化碳200千克、氯化氢80千克，假设当地大气污染物每污染当量税额1.2元。

（2）该公司直接向河流排放污水，已安装使用符合国家规定和监测规范的污染物自动监测设备。检测数据显示，该排放口共排放污水6万吨（折合6万立方米），应税污染物为六价铬，浓度为六价铬0.5mg/L（假定水污染物税率为1.4元/污染当量，六价铬的污染当量值为0.02）。

【引例分析13－1】

我国现行环境保护税的核算核申报依据是《中华人民共和国环境保护税法》和《中华人民共和国环境保护税实施条例》，环境保护税于2018年1月1日起正式实施，同时停征排污费。在实际纳税申报工作中，首先应确定环境保护税的征税范围、纳税人及对应的税率，然后根据《环境保护税实施条例》中规定的计算方式对所有相关业务进行应纳环境保护税的计算，并将填写好的“环境保护税纳税申报表”提交给主管税务机关。

模块一　熟悉环境保护税的征税范围、纳税人和适用税率

微课：环境保护税的征税范围、纳税人和税率

要做好资源税的纳税申报工作，必须明确企业经营业务中哪些属于环境保护税的征税范围，只有在确定了征税范围以后，才能计算并申报环境保护税。因此，首先需要熟悉《环境保护税实施条例》中对征税范围的规定，再根据本公司具体业务判断环境保护税的税率。

PPT：环境保护税的征税范围、纳税人和税率

一、确定环境保护税的征税范围

环境保护税是指对在我国领域以及管辖的其他海域直接向环境排放应税污染物的企事业单位和其他生产经营者征收的一种税。环境保护税是我国首个明确环境保护为目标的独立型环境税税种，主要目的是为了保护和改善环境，减少污染物排放，推进生态文明建设。征收环保税有利于解决排污费制度存在的执法刚性不足等问题，有利于提高纳税人环境保护意识和强化企业治污减排责任。

我国现行环境保护税的征税范围主要包括《环境保护税税目税额表》《应税污染物和当量值表》规定的大气污染物、水污染物、固体废物和噪声4大类。

有下列情形之一的，不属于直接向环境排放污染物，不缴纳相应污染物

的环境保护税：

（1）企业事业单位和其他生产经营者向依法设立的污水集中处理、生活垃圾集中处理场所排放应税污染物的；

视频：三分钟带你看懂环保税

（2）企业事业单位和其他生产经营者在符合国家和地方环境保护标准的设施、场所贮存或者处置固体废物的。

知识窗

环境保护税的税收优惠

下列情形，暂予免征环境保护税：

1. 农业生产（不包括规模化养殖）排放应税污染物的；

2. 机动车、铁路机车、非道路移动机械、船舶和航空器等流动污染源排放应税污染物的；

3. 依法设立的城乡污水集中处理、生活垃圾集中处理场所排放相应应税污染物，不超过国家和地方规定的排放标准的；

4. 纳税人综合利用的固体废物，符合国家和地方环境保护标准的；

5. 国务院批准免税的其他情形，由国务院报全国人民代表大会常务委员会备案。

纳税人排放应税大气污染物或者水污染物的浓度值低于国家和地方规定的污染物排放标准30%的，减按75%征收环境保护税。纳税人排放应税大气污染物或者水污染物的浓度值低于国家和地方规定的污染物排放标准50%的，减按50%征收环境保护税。

【引例分析 13－2】

番顺化工公司2019年6月向大气直接排放的二氧化硫、氟化物、一氧化碳、氯化氢和直接向河流排放的污水均属于环境保护税的征税范围。

案例：突发环境事件中环境保护税的征缴

二、确定环境保护税的纳税人

在中华人民共和国领域和中华人民共和国管辖的其他海域，直接向环境排放应税污染物的企业事业单位和其他生产经营者为环境保护税的纳税人，应当依法缴纳环境保护税。

企业事业单位和其他生产经营者向依法设立的污水集中处理、生活垃圾集中处理场所排放应税污染物的，不缴纳环境保护税；依法设立的城乡污水集中处理、生活垃圾集中处理场所超过国家和地方规定的排放标准向环境排放应税污染物的，应当缴纳环境保护税。

三、确定环境保护税的税率

环境保护税采用定额税率，计税单位为“每污染当量”“每吨”“超标分贝”，具体税率如表 13－1 所示。

表 13－1　　环境保护税税目税额表

税目		计税单位	税额
大气污染物		每污染当量	1.2 元
水污染物		每污染当量	1.4 元
固体废物	煤矸石	每吨	5 元
	尾矿	每吨	15 元
	危险废物	每吨	1 000 元
	冶炼渣、粉煤灰、炉渣、其他固体废物（含半固态、液态废物）	每吨	25 元
噪声污染	建筑施工噪声	建筑面积每平方米	3 元
	工业噪声	超标 1～3 分贝	每月 350 元
		超标 4～6 分贝	每月 700 元
		超标 7～9 分贝	每月 1 400 元
		超标 10～12 分贝	每月 2 800 元
		超标 13～15 分贝	每月 5 600 元
		超标 16 分贝以上	每月 11 200 元

噪声计税备注说明：

1. 一个单位边界上有多处噪声超标，根据最高一处超标声级计算应纳税额；当沿边界长度超过 100 米有两处以上噪声超标，按照两个单位计算应纳税额。
2. 一个单位有不同地点作业场所的，应当分别计算应纳税额，合并计征。
3. 昼、夜均超标的环境噪声，昼、夜分别计算应纳税额，累计计征。
4. 声源一个月内超标不足 15 天的，减半计算应纳税额。
5. 夜间频繁突发和夜间偶然突发厂界超标噪声，按等效声级和峰值噪声两种指标中超标分贝值高的一项计算应纳税额。

【引例分析 13－3】

番顺化工公司 2019 年 6 月的业务中，根据税率表可知，二氧化硫、氟化物、一氧化碳、氯化氢等大气污染物的税率均为 1.2 元/每污染当量，污水税率为 1.4 元/每污染当量。

模块二　环境保护税应纳税额的计算

根据《环境保护税实施条例》的规定，环境保护税应根据不同的征税对象计算应纳税额，应税大气污染物按照污染物排放量折合的污染当量数确定，应税水污染物按照污染物排放量折合的污染当量数确定，应税固体废物按照固体废物的排放量确定，应税噪声按照超过国家规定标准的分贝数确定。具体的计算方法如下：

（一）应税大气污染物

污染当量数 = 排放量/污染当量值

应纳税额 = 污染当量数 × 适用税额

污染当量，是指根据污染物或者污染排放活动对环境的有害程度以及处理的技术经济性，衡量不同污染物对环境污染的综合性指标或者计量单位。同一介质相同污染当量的不同污染物，其污染程度基本相当。

污染当量数的确定可以按照以下两种方式处理：

（1）应税大气污染物、水污染物的污染当量数，以该污染物的排放量除以该污染物的污染当量值计算；每种应税大气污染物、水污染物的具体污染当量值应参照“应税污染物和当量值表”（表 13 –2）。

（2）每一排放口或者没有排放口的应税大气污染物，按照污染当量数从大到小排序，对前三项污染物征收环境保护税；每一排放口的应税水污染物，按照“应税污染物和当量值表”，区分第一类水污染物和其他类水污染物，按照污染当量数从大到小排序，对第一类水污染物按照前五项征收环境保护税，对其他类水污染物按照前三项征收环境保护税。

【引例分析 13 –4】

番顺化工公司 2019 年 6 月向大气直接排放的二氧化硫、氟化物、一氧化碳、氯化氢，应计算大气污染物的环境保护税，计算步骤如下：

第一步：计算各污染物的污染当量数。

二氧化硫污染当量数 = 100 ÷ 0.95 = 105.26

氟化物污染当量数 = 100 ÷ 0.87 = 114.94

一氧化碳污染当量数 = 200 ÷ 16.7 = 11.98

氯化氢污染当量数 = 80 ÷ 10.75 = 7.44

第二步：按污染当量数给四项污染物排序，对大气污染物确定排序前三项的污染物：氟化物污染当量数（114.94）＞二氧化硫污染当量数（105.26）＞一氧化碳污染当量数（11.98）＞氯化氢污染当量数（7.44）。排序选取计税前三项污染物为：氟化物、二氧化硫、一氧化碳。

第三步：就排序的前三项污染物的污染当量数之和和规定的定额税率计算应纳税额。

应税大气污染物的应纳税额 = 污染当量数 × 适用税额

= (114.94 + 105.26 + 11.98) × 1.2

= 278.62（元）

（二）应税水污染物

1. 一般污水

污染当量数 = 污染物排放量（千克）/污染当量值

【引例分析 13 - 5】

番顺化工公司 2019 年 6 月直接向河流排放的污水，应计算水污染物的环境保护税，计算步骤如下：

第一步：计算污染当量数。根据环保税纳税申报要求，采用监测机构监测方法计算污染物排放量的：

污染物排放量 = 污水排放量 × 实测浓度值 ÷ 1 000（注：将污染物排放量换算成千克）

六价铬污染物的排放量 = 污水排放总量 × 浓度值 = 60 000 000 × 0.5 ÷ 1 000 000 = 30

六价铬污染当量数 = 污染物排放量 ÷ 当量值 = 30 ÷ 0.02 = 1 500

第二步：应纳税额 = 污染当量数 × 适用税额 = 1 500 × 1.4 = 2 100（元）

2. pH 值、大肠菌群数、余氯量

污染当量数 = 污水排放量（吨）÷ 该污染物的污染当量值（吨）

3. 色度

污染当量数 = 污水排放量（吨）× 色度超标倍数 ÷ 色度的污染当量值（吨·倍）

4. 禽畜养殖业的水污染物

污染当量数 = 禽畜养殖数量 ÷ 污染当量值

5. 小型企业和第三产业排放的水污染物

污染当量数 = 污水排放量（吨） ÷ 污染当量值（吨）

6. 医院排放的水污染物

（1）污染当量数 = 医院床位数 ÷ 污染当量值

（2）污染当量数 = 污水排放量 ÷ 污染当量值

（三）应税固体废物

固体废物排放量 = 当期固体废物的产生量 - 当期固体废物的综合利用量 - 当期固体废物的贮存量 - 当期固体废物的处置量

应纳税额 = 固体废物排放量 × 具体适用税额

固体废物的贮存量、处置量，是指在符合国家和地方环境保护标准的设施、场所贮存或者处置的固体废物数量；固体废物的综合利用量，是指按照国务院发展改革、工业和信息化主管部门关于资源综合利用要求以及国家和地方环境保护标准进行综合利用的固体废物数量。

纳税人有下列情形之一的，以其当期应税固体废物的产生量作为固体废物的排放量：

（1）非法倾倒应税固体废物。

（2）进行虚假纳税申报。

（四）应税噪声

应纳税额 = 超过国家规定标准的分贝数 × 具体适用税额

工业噪声按超过国家规定标准的分贝数确定每月税额，超过国家规定标准的分贝数是指实际产生的工业噪声与国家规定的工业噪声排放标准限值之间的差值。

应税大气污染物、水污染物、固体废物的排放量和噪声分贝数的确定方法：

（1）纳税人安装使用符合国家规定和监测规范的污染物自动监测设备的，按照污染物自动监测数据计算。

（2）纳税人未安装使用污染物自动监测设备的，按照监测机构出具的符合国家有关规定和监测规范的监测数据计算。

（3）因排放污染物种类多等原因不具备监测条件的，按照国务院环境保护主管部门规定的排污系数、物料衡算方法计算。

（4）不能按照上述（1）~（3）项规定的方法计算的，按照省、自治区、直辖市人民政府环境保护主管部门规定的抽样测算的方法核定计算。

表 13-2 **应税污染物和当量值表**

（一）大气污染物污染当量值

污染物	污染当量值（千克）
1. 二氧化硫	0.95
2. 氮氧化物	0.95
3. 一氧化碳	16.7
4. 氯气	0.34
5. 氯化氢	10.75
6. 氟化物	0.87
7. 氰化氢	0.005
8. 硫酸雾	0.6
9. 铬酸雾	0.0007
10. 汞及其化合物	0.0001
11. 一般性粉尘	4
12. 石棉尘	0.53
13. 玻璃棉尘	2.13
14. 碳黑尘	0.59
15. 铅及其化合物	0.02
16. 镉及其化合物	0.03
17. 铍及其化合物	0.0004
18. 镍及其化合物	0.13
19. 锡及其化合物	0.27
20. 烟尘	2.18
21. 苯	0.05
22. 甲苯	0.18
23. 二甲苯	0.27

续表

污染物	污染当量值（千克）
24. 苯并（a）芘	0.000002
25. 甲醛	0.09
26. 乙醛	0.45
27. 丙烯醛	0.06
28. 甲醇	0.67
29. 酚类	0.35
30. 沥青烟	0.19
31. 苯胺类	0.21
32. 氯苯类	0.72
33. 硝基苯	0.17
34. 丙烯腈	0.22
35. 氯乙烯	0.55
36. 光气	0.04
37. 硫化氢	0.29
38. 氨	9.09
39. 三甲胺	0.32
40. 甲硫醇	0.04
41. 甲硫醚	0.28
42. 二甲二硫	0.28
43. 苯乙烯	25
44. 二硫化碳	20

（二）第一类水污染物污染当量值

污染物	污染当量值（千克）
1. 总汞	0.0005
2. 总镉	0.005
3. 总铬	0.04
4. 六价铬	0.02
5. 总砷	0.02
6. 总铅	0.025
7. 总镍	0.025
8. 苯并（a）芘	0.0000003
9. 总铍	0.01
10. 总银	0.02

（三）第二类水污染物污染当量值

污染物	污染当量值（千克）
11. 悬浮物（SS）	4
12. 生化需氧量（BOD5）	0.5

续表

污染物	污染当量值（千克）
13. 化学需氧量（COD）	1
14. 总有机碳（TOC）	0.49
15. 石油类	0.1
16. 动植物油	0.16
17. 挥发酚	0.08
18. 总氰化物	0.05
19. 硫化物	0.125
20. 氨氮	0.8
21. 氟化物	0.5
22. 甲醛	0.125
23. 苯胺类	0.2
24. 硝基苯类	0.2
25. 阴离子表面活性剂（LAS）	0.2
26. 总铜	0.1
27. 总锌	0.2
28. 总锰	0.2
29. 彩色显影剂（CD－2）	0.2
30. 总磷	0.25
31. 元素磷（以P计）	0.05
32. 有机磷农药（以P计）	0.05
33. 乐果	0.05
34. 甲基对硫磷	0.05
35. 马拉硫磷	0.05
36. 对硫磷	0.05
37. 五氯酚及五氯酚钠（以五氯酚计）	0.25
38. 三氯甲烷	0.04
39. 可吸附有机卤化物（AOX）（以Cl计）	0.25
40. 四氯化碳	0.04
41. 三氯乙烯	0.04
42. 四氯乙烯	0.04
43. 苯	0.02
44. 甲苯	0.02
45. 乙苯	0.02
46. 邻－二甲苯	0.02
47. 对－二甲苯	0.02
48. 间－二甲苯	0.02
49. 氯苯	0.02
50. 邻二氯苯	0.02
51. 对二氯苯	0.02

续表

污染物	污染当量值（千克）
52. 对硝基氯苯	0.02
53. 2.4－二硝基氯苯	0.02
54. 苯酚	0.02
55. 间－甲酚	0.02
56. 2.4－二氯酚	0.02
57. 2.4.6－三氯酚	0.02
58. 邻苯二甲酸二丁脂	0.02
59. 邻苯二甲酸二辛脂	0.02

说明：1. 第一、二类污染物的分类依据为《污水综合排放标准》（GB8978—1996）。

2. 同一排放口中的化学需氧量（COD）、生化需氧量（BOD5）和总有机碳（TOC），只征收一项。

（四）pH 值、色度、大肠菌群数、余氯量污染当量值

污染物		污染当量值
1. pH 值	1. 0－1，13－14	0.06 吨污水
	2. 1－2，12－13	0.125 吨污水
	3. 2－3，11－12	0.25 吨污水
	4. 3－4，10－11	0.5 吨污水
	5. 4－5，9－10	1 吨污水
	6. 5－6	5 吨污水
2. 色度		5 吨水·倍
3. 大肠菌群数（超标）		3.3 吨污水
4. 余氯量（用氯消毒的医院废水）		3.3 吨污水

说明：1. 大肠菌群数和总余氯只征收一项。

2. pH5－6 指大于等于 5，小于 6；pH9－10 指大于 9，小于等于 10，其余类推。

（五）禽畜养殖业、小型企业和第三产业污染当量值

类型		污染当量值
禽畜养殖场	1. 牛	0.1 头
	2. 猪	1 头
	3. 鸡、鸭等家禽	30 羽
4. 小型企业		1.8 吨污水
5. 饮食娱乐服务业		0.5 吨污水
6. 医院	消毒	0.14 床
		2.8 吨污水
	不消毒	0.07 床
		1.4 吨污水

说明：1. 本表仅适用于计算无法进行实际监测或物料衡算的禽畜养殖业、小型企业和第三产业等小型排污者的污染当量数。

2. 仅对存栏规模大于 50 头牛、500 头猪、5 000 羽鸡、鸭等的禽畜养殖场征收。

3. 医院病床数大于 20 张的按本表计算污染当量。

模块三　环境保护税的纳税申报

按照《环境保护税实施条例》，环境保护税纳税人需要掌握纳税时间和地点的相关规定，同时需要填写“环境保护税税纳税申报表”并向主管税务机关申报纳税。

一、确定纳税时间和地点

（一）纳税义务发生时间

纳税义务发生时间为纳税人排放应税污染物的当日。纳税人应当向应税污染物排放地的税务机关申报缴纳环境保护税。

（二）纳税期限

环境保护税按月计算，按季申报缴纳。不能按固定期限计算缴纳的，可以按次申报缴纳。纳税人按季申报缴纳的，应当自季度终了之日起 15 日内，向税务机关办理纳税申报并缴纳税款。纳税人按次申报缴纳的，应当自纳税义务发生之日起 15 日内，向税务机关办理纳税申报并缴纳税款。

税务机关发现纳税人的纳税申报数据资料异常或者纳税人未按照规定期限办理纳税申报的，可以提请环境保护主管部门进行复核，环境保护主管部门应当自收到税务机关的数据资料之日起 15 日内向税务机关出具复核意见。税务机关应当按照环境保护主管部门复核的数据资料调整纳税人的应纳税额。

直接向环境排放应税污染物的企业事业单位和其他生产经营者，除依照环境保护税法规定缴纳环境保护税外，应当对所造成的损害依法承担责任，即纳税不能免除污染责任。

（三）纳税地点

纳税人应当向应税污染物排放地的税务机关提交相关资料申报缴纳环境保护税。应税污染物排放地是指应税大气污染物、水污染物排放口所在地；应税固体废物产生地；应税噪声产生地。

纳税人跨区域排放应税污染物，税务机关对税收征收管辖有争议的，由争议各方按照有利于征收管理的原则协商解决。

二、填列纳税申报表

申报环境保护税应填写“环境保护税申报表”。

【引例分析 13－6】

番顺化工公司需填写“环境保护税申报表”（A 类）及附表 2 份，具体填写内容如表 13－3 至表 13－5 所示。

表 13－3

环境保护税纳税申报表（A 类）

税款所属期：自 2019 年 6 月 1 日至 2019 年 6 月 30 日　　填表日期：2019 年 7 月 5 日　　金额单位：元至角分

<table>
<tr><td>＊纳税人名称</td><td colspan="4">番顺化工有限责任公司　（公章）</td><td colspan="2">＊统一社会信用代码
（纳税人识别号）</td><td colspan="3">91440105733093 8168</td></tr>
<tr><td>税源编号</td><td>＊排放口名称
或噪声源名称</td><td>＊税目</td><td>＊污染物名称</td><td>＊计税依据
或超标噪声
综合系数</td><td>＊单位税额</td><td>＊本期应纳
税额</td><td>本期
减免税额</td><td>＊本期已缴
税额</td><td>＊本期应补（退）
税额</td></tr>
<tr><td>（1）</td><td>（2）</td><td>（3）</td><td>（4）</td><td>（5）</td><td>（6）</td><td>（7）＝（5）×（6）</td><td>（8）</td><td>（9）</td><td>（10）＝（7）－（8）－（9）</td></tr>
<tr><td></td><td>废气排放口</td><td>大气
污染物</td><td>氟化物</td><td>114.94</td><td>1.2</td><td>137.928</td><td>0</td><td>0</td><td>137.928</td></tr>
<tr><td></td><td>废气排放口</td><td>大气
污染物</td><td>二氧化硫</td><td>105.26</td><td>1.2</td><td>126.312</td><td>0</td><td>0</td><td>.126.312</td></tr>
<tr><td></td><td>废气排放口</td><td>大气
污染物</td><td>一氧化碳</td><td>11.98</td><td>1.2</td><td>14.376</td><td>0</td><td>0</td><td>14.376</td></tr>
<tr><td></td><td>废水排放口</td><td>水污染物</td><td>六价铬</td><td>1 500</td><td>1.4</td><td>2 100</td><td>0</td><td>0</td><td>2 100</td></tr>
<tr><td></td><td></td><td></td><td></td><td></td><td></td><td></td><td></td><td></td><td></td></tr>
<tr><td>合计</td><td>—</td><td>—</td><td>—</td><td>—</td><td>—</td><td></td><td></td><td></td><td></td></tr>
<tr><td>授权声明</td><td colspan="4">如果你已委托代理人申报，请填写下列资料：
为代理一切税务事宜，现授权　　（地址）
（统一社会信用代码）　　为本纳税人的代理申报人，任何与本申报表有关的往来文件，都可寄予此人。
授权人签字：</td><td colspan="2">＊申报人声明</td><td colspan="3">本纳税申报表是根据国家税收法律法规及相关规定填写的，是真实的、可靠的、完整的。
声明人签字：</td></tr>
</table>

经办人：　　主管税务机关：　　受理人：　　受理日期：　　年　　月　　日

本表一式两份，一份纳税人留存，一份税务机关留存。

表 13－4

环境保护税按月计算报表

（大气污染物适用）

税款所属期：自 2019 年 6 月 1 日至 2019 年 6 月 30 日

纳税人名称：番顺化工有限公司　　统一社会信用代码（纳税人识别号）：914401057330938168

＊月份	＊税源编号	＊排放口名称	＊污染物名称	＊污染物排放量计算方法	监测计算		排污系数计算				＊污染物排放量（千克）	＊污染当量值（千克）	＊污染当量数
					废气排放量（万标立方米）	实测浓度值（毫克/标立方米）	计算基数	产污系数	排污系数	污染物单位			
（1）	（2）	（3）	（4）	（5）	（6）	（7）	（8）	（9）	（10）	（11）	（12）＝（6）×（7）÷100 （12）＝（8）×（9）×N （12）＝（8）×（10）×N	（13）	（14）＝（12）÷（13）
6月		废气排放口	氟化物								100	0.87	114.94
6月		废气排放口	二氧化硫								200	0.95	105.26
6月		废气排放口	一氧化碳								100	16.7	11.98

表 13－5

环境保护税按月计算报表

（水污染物适用）

税款所属期：自 2019 年 6 月 1 日至 2019 年 6 月 30 日

纳税人名称：番顺化工有限公司　　　　统一社会信用代码（纳税人识别号）：914401057330938168

＊月份	＊税源编号	＊排放口名称	＊种类	＊污染物名称	＊污染物排放量计算方法	监测计算		排污系数计算				＊污染物排放量（千克或吨）	＊污染当量值（千克或吨）	＊污染当量数
						污水排放量（吨）	实测浓度值（毫克/升）	计算基数	产污系数	排污系数	污染物单位			
(1)	(2)	(3)	(4)	(5)	(6)	(7)	(8)	(9)	(10)	(11)	(12)	(13)＝(7)×(8)÷1 000 (13)＝(9)×(10)×N (13)＝(9)×(11)×N (13)＝(7)	(14)	(15)＝(13)÷(14)
6月		废气排放口	第一类水污染物	六价铬	自动监测	60 000	0.5					30	0.02	1 500

三、报送纳税申报表

按照规定的格式填列的“环境保护税纳税申报表（A类）”及其附表应在规定的时间内报送主管税务机关。环境保护税申报表的报送可以采取直接报送和网上申报。直接报送是将纳税申报表直接送达主管税务局的办税服务大厅，由税务工作人员签收；网上申报是通过电子税务局进行申报。

练习题：环境保护
税纳税实务

项目十四

企业所得税纳税实务

知识点

企业所得税征税范围　企业所得税纳税人　企业所得税税率　企业所得税扣除项目　企业所得税税额计算　企业所得税纳税的时间和地点

技能点

企业所得税税额计算　核定征收企业所得税纳税申报　预缴企业所得税申报　查账征收汇算清缴企业所得税申报

知识导图

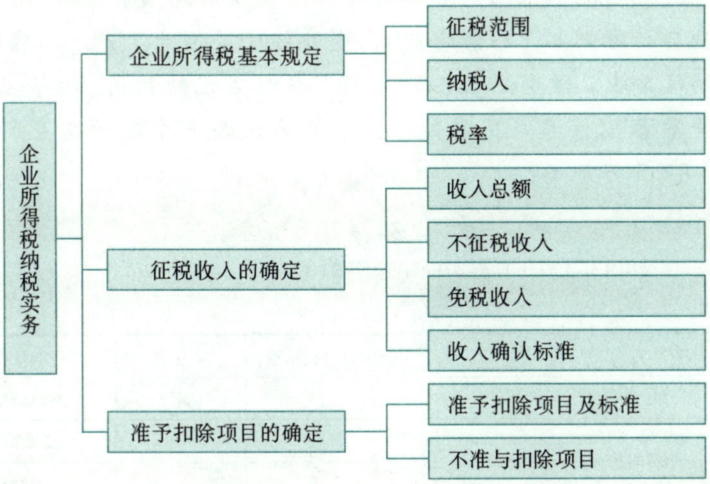

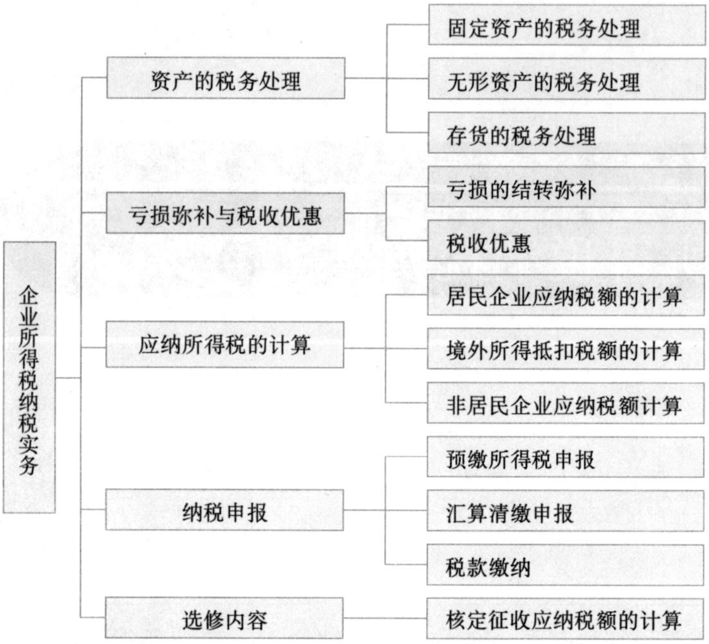

引 例

至圣电子科技有限公司企业所得税的纳税申报

至圣电子科技有限公司成立于2015年6月2日，统一社会信用代码：911102511536052，经济性质为有限责任公司。注册资本：500万元，注册地址：××市天河区天河东路39号，开户银行：中国银行云州分行，银行账号：1103912728090405167。法人代表为马大云，财务负责人为王亚军，进行年度企业所得税纳税申报的税务师为李娜。至圣公司资产总额10 000万元，适用《企业会计准则》（一般企业），企业经营范围为生产、销售电子产品，为非汇总纳税企业。该企业2019年取得了350万元的利润。对企业盈利征收所得税是世界各国普遍采用的做法，李娜为该企业申报的企业所得税是表14-1中的87.5万元吗？

表14-1　　利　润　表

2019年1月1日至2019年12月31日

企业名称：至圣电子科技有限公司　　　　单位：元

项　目	行次	本月数	本年累计数
一、营业收入	1	（略）	65 000 000.00
减：营业成本	2		31 000 000.00
税金及附加	3		900 000.00
销售费用	4		18 000 000.00
管理费用	5		10 000 000.00

续表

项　　目	行次	本月数	本年累计数
研发费用	6		
财务费用	7		2 200 000.00
其中：利息费用	8		140 000.00
利息收入	9		
资产减值损失	10		
加：其他收益	11		
投资收益（损失以“-”填列）	12		500 000.00
其中：对联营企业和合营企业的投资收益	13		
公允价值变动收益（损失以“-”号填列）	14		
资产处置收益（损失以“-”填列）	15		300 000.00
二、营业利润（损失以“-”填列）	16		3 700 000.00
加：营业外收入	17		700 000.00
减：营业外支出	18		900 000.00
三、利润总额	19		3 500 000.00
减：所得税费用	20		875 000.00
四、净利润（净亏损以“-”填列）	21		2 625 000.00
（一）持续经营净利润（净亏损以“-”填列）	22		
（二）终止经营净利润（净亏损以“-”填列）	23		
五、其他综合收益的税后净额	24		
（一）以后不能重分类进损益的其他综合收益	25		
1. 重新计量设定收益计划净负债或净资产的变动	26		
2. 权益法下在被投资单位不能重分类进损益的其他综合收益中享有的份额	27		
（二）以后将重分类进损益的其他综合收益	28		
1. 权益法下在被投资单位以后将重分类进损益的其他综合收益中享有的份额	29		
2. 可供出售金融资产公允价值变动损益	30		
3. 持有至到期投资重分类为可供出售金融资产损益	31		
4. 现金流经套期损益的有效部分	32		
5. 外币财务报表折算差额	32		
六、综合收益总额	34		
七、每股收益：	35		
（一）基本每股收益	36		1.78
（二）稀释每股收益	37		1.78

单位负责人：　　　　财会负责人：　　　　复核：　　　　制表：

该企业本年度有关账册资料如下：

（1）销售费用中含业务招待费20万元，广告费700万元，业务宣传费400万元。

（2）管理费用中含新技术研究开发费用50万元（直接从事研发活动人员

工资薪金30万元，五险一金6万元，直接消耗材料费用14万元），业务招待费30万元。

（3）财务费用中含支付给银行借款利息14万元（2019年5月因业务发展需要，向中国建设银行借款100万元，借款期限半年，年利率为8%；6月又向自己的供应商借款200万元，期限借款期限半年，年利率为10%，上述借款均用于经营周转）。

（4）营业外支出中含工商管理局罚款6万元，银行罚息5万元，税收滞纳金4万元，直接给某小学捐款75万元。

（5）资本公积贷方发生额中包含教育费附加返还款20万元。

（6）已计入成本、费用中的全年实发合理工资总额为600万元（含支付残疾人工资32.5万元），实际拨付工会经费15万元，发生职工教育经费24万元、职工福利费96万元（企业2019年平均在职人员96人，其中研发人员5人）。

（7）视同销售收入300万元。

（8）投资收益50万元为购买国债所取得的利息收入。

（9）营业外收入中包含转让商标所有权收入20万元、接受捐赠收入10万元、取得国家财政拨付的专项经费40万元。

（10）本年累计实际已预缴企业所得税87.5万元。

【引例分析14－1】

所得税按照纳税人的不同一般分为两类：公司所得税和个人所得税。我国对公司所得税按照习惯叫法称为“企业所得税”。它是在合并原企业所得税以及外商投资企业和外国企业所得税的基础上于2008年1月1日开始征收的一个重要税种。企业所得税核算与申报的依据是《中华人民共和国企业所得税法》（以下简称《企业所得税法》。企业所得税以纳税人的法定所得为征税对象，其计税依据通常是纳税人的收入扣除法定开支后的余额，类似于会计上的本年利润。

微课：掌握企业所得税的纳税人、征税范围和税率的规定

模块一　掌握企业所得税的纳税人、征税范围和税率的规定

PPT：掌握企业所得税的纳税人、征税范围和税率的规定

进行企业所得税纳税申报，首先应明确本企业是否属于企业所得税纳税义务人，哪些收支应该纳入企业所得税的计税范围，应按多少比例去缴纳企业所得税。要解决这些问题，便首先要熟悉《企业所得税法》中对纳税人、征税范围税率的规定。

一、企业所得税纳税人的确定

在中华人民共和国境内，企业和其他取得收入的组织（以下统称企业，不包括个人独资企业、合伙企业）为企业所得税的纳税人。企业所得税采取收入来源地管辖权和居住地管辖权相结合的双重管辖权，把企业分为居民企业和非居民企业，分别确定不同的纳税义务。

视频：60 秒读懂企业所得税纳税人

知识窗

个人独资企业和合伙企业（非法人）是否缴纳企业所得税？

个人独资企业和合伙企业（非法人）不具有法人资格，不缴纳企业所得税，由其自然人投资者缴纳个人所得税。

合伙企业以每个合伙人为纳税义务人。合伙企业合伙人是自然人的，缴纳个人所得税；合伙人是法人和其他组织的，缴纳企业所得税。因此，上述不缴纳企业所得税的合伙企业仅指合伙人均为自然人的合伙企业。

（一）居民企业

居民企业，是指依法在中国境内成立，或者依照外国（地区）法律成立但实际管理机构在中国境内的企业，包括国有企业、集体企业、私营企业、联营企业、股份制企业、外商投资企业、外国企业，以及有生产、经营所得和其他所得的其他组织。其中，有生产、经营所得和其他所得的其他组织，是指经国家有关部门批准，依法注册、登记的事业单位、社会团体等组织。其中，实际管理机构是指对企业的生产经营、人员、账务、财产等实施实质性全面管理和控制的机构。

（二）非居民企业

非居民企业，是指依照外国（地区）法律成立且实际管理机构不在中国境内，但在中国境内设立机构、场所的，或者在中国境内未设立机构、场所，但有来源于中国境内所得的企业。

上述所称“机构”“场所”是指在中国境内从事生产经营活动的机构、场所，包括：

（1）管理机构、营业机构、办事机构。

（2）工厂、农场、开采自然资源的场所。

（3）提供劳务的场所。

（4）从事建筑、安装、装配、修理、勘探等工程作业的场所。

（5）其他从事生产经营活动的机构、场所。

非居民企业委托营业代理人在中国境内从事生产经营活动的，包括委托单位或者个人经常代其签订合同，或者储存、交付货物等，该营业代理人视为非居民企业在中国境内设立的机构、场所。

知识窗

企业所得税的扣缴义务人

对非居民企业取得在中国境内未设立机构、场所的，或者虽设立机构、场所但取得的所得与其所设机构、场所没有实际联系的所得，实行源泉扣缴，以支付人为扣缴义务人。税款由扣缴义务人在每次支付或者到期应支付时，从支付或者到期应支付的款项中扣缴。

对非居民企业在中国境内取得工程作业和劳务所得应缴纳的所得税，税务机关可以指定工程价款或者劳务费的支付人为扣缴义务人。

扣缴义务人，由县级以上税务机关指定，并同时告知扣缴义务人所扣税款的计算依据、计算方法、扣缴期限和扣缴方式。

二、企业所得税征税对象的确定

企业所得税的征税对象，是指企业的生产经营所得、其他所得和清算所得。

（一）居民企业的征税对象

居民企业应当就其来源于中国境内、境外的所得，缴纳企业所得税。这里的“所得”包括销售货物所得、提供劳务所得、转让财产所得、股息红利所得、利息所得、租金所得、特许权使用费所得、接受捐赠所得和其他所得。

（二）非居民企业的征税对象

（1）非居民企业在中国境内设立机构、场所的，应当就其所设机构、场所取得的来源于中国境内的所得，以及发生在中国境外但与其所设机构、场所有实际联系的所得，缴纳企业所得税。

（2）非居民企业在中国境内未设立机构、场所的，或者虽设立机构、场所但取得的所得与其所设机构、场所没有实际联系的，应当就其来源于中国境内的所得缴纳企业所得税。

（三）所得来源地的确定

来源于中国境内、境外的所得，按照以下原则确定：

（1）销售货物所得，按照交易活动发生地确定；

（2）提供劳务所得，按照劳务发生地确定；

（3）转让财产所得，不动产转让所得按照不动产所在地确定，动产转让所得按照转让动产的企业或者机构、场所所在地确定，权益性投资资产转让所得按照被投资企业所在地确定；

（4）股息、红利等权益性投资所得，按照分配所得的企业所在地确定；

（5）利息所得、租金所得、特许权使用费所得，按照负担、支付所得的企业或者机构、场所所在地确定，或者按照负担、支付所得的个人的住所地确定；

（6）其他所得，由国务院财政、税务主管部门确定。

三、企业所得税适用税率的确定

（一）基本税率为25%

适用于居民企业和在中国境内设有机构、场所且所得与机构、场所有关联的非居民企业。

（二）低税率为20%（减按10%执行）

适用于在中国境内未设立机构、场所的，或者虽设立机构、场所但所得与其所设机构、场所没有实际联系的非居民企业。

（三）优惠税率

（1）符合条件的小型微利企业，减按20%的税率征收。

（2）国家需要重点扶持的高新技术企业，减按15%的税率征收。

知识窗

适用优惠税率的条件

小型微利企业是指从事国家非限制和禁止性行业，并符合以下条件的企业：

小型微利企业的标准

从业人数	资产总额	年应纳税所得额
300人以下	5 000万元以下	300万元以下（含）

案例：十个企业所得税疑难案例解析

【引例分析14－2】

依据现有已知条件就正常情况而言，至圣公司应为企业所得税的纳税义务人且是居民企业，征税对象为该企业的生产经营所得、其他所得，企业所得税的税率应为25%。

模块二　征税收入的确定

在确定了所得的适用税率以后，接下来就要判断哪些收入属于企业所得税应税收入了。按照《企业所得税法》的规定，纳税人的所有收入可以分为收入总额、不征税收入和免税收入。

微课：征税收入的确定

PPT：征税收入的确定

一、收入总额的确定

企业收入总额，是指以货币形式和非货币形式从各种来源取得的收入。企业以货币形式取得的收入包括现金、银行存款、应收账款、应收票据、准备持有至到期的债券投资以及债务的豁免等；企业以非货币形式取得的收入包括存货、固定资产、生物资产、无形资产、股权投资、不准备持有至到期的债券投资、劳务以及有关权益等。企业以非货币形式取得的收入，应当按公允价值确定收入额。

（一）一般收入的确认

1. 销售货物收入

销售货物收入，是指企业销售商品、产品、原材料、包装物、低值易耗品以及其他存货取得的收入。

除《企业所得税法》及其《实施条例》另有规定外，企业销售收入的确认必须遵循权责发生制原则和实质重于形式原则。企业销售商品同时满足下列条件的，应确认收入的实现：

（1）商品销售合同已经签订，企业已将商品所有权相关的主要风险和报酬转移给购货方；

（2）企业对已售出的商品既没有保留通常与所有权相联系的继续管理权，也没有实施有效控制；

（3）收入的金额能够可靠地计量；

（4）已发生或将发生的销售方的成本能够可靠地核算。

2. 提供劳务收入

提供劳务收入，是指企业从事建筑安装、修理修配、交通运输、仓储租赁、金融保险、邮电通信、咨询经纪、文化体育、科学研究、技术服务、教育培训、餐饮住宿、中介代理、卫生保健、社区服务、旅游、娱乐、加工和其他劳务服务活动取得的收入。

企业在各个纳税期末，提供劳务交易的结果能够可靠估计的，应采用完工进度（完工百分比）法确认提供劳务收入。

提供劳务交易的结果能够可靠估计，是指同时满足下列条件：

（1）收入的金额能够可靠地计量；

（2）交易的完工进度能够可靠地确定；

（3）交易中已发生和将发生的成本能够可靠地核算。

企业提供劳务完工进度的确定，可选用下列方法：

（1）已完工作的测量；

（2）已提供劳务占劳务总量的比例；

（3）发生成本占总成本的比例。

企业应按照从接受劳务方已收或应收的合同或协议价款确定劳务收入总额，根据纳税期末提供劳务收入总额乘以完工进度扣除以前纳税年度累计已确认提供劳务收入后的金额，确认为当期劳务收入；同时，按照提供劳务估计总成本乘以完工进度扣除以前纳税期间累计已确认劳务成本后的金额，结转为当期劳务成本。

下列提供劳务满足收入确认条件的，应按规定确认收入：

（1）安装费。应根据安装完工进度确认收入。安装工作是商品销售附带条件的，安装费在确认商品销售实现时确认收入。

（2）宣传媒介的收费。应在相关的广告或商业行为出现于公众面前时确认收入。广告的制作费，应根据制作广告的完工进度确认收入。

（3）软件费。为特定客户开发软件的收费，应根据开发的完工进度确认收入。

（4）服务费。包含在商品售价内可区分的服务费，在提供服务的期间分期确认收入。

（5）艺术表演、招待宴会和其他特殊活动的收费。在相关活动发生时确认收入。收费涉及几项活动的，预收的款项应合理分配给每项活动，分别确认收入。

（6）会员费。申请入会或加入会员，只允许取得会籍，所有其他服务或商品都要另行收费的，在取得该会员费时确认收入。申请入会或加入会员后，会员在会员期内不再付费就可得到各种服务或商品，或者以低于非会员的价格销售商品或提供服务的，该会员费应在整个受益期内分期确认收入。

（7）特许权费。属于提供设备和其他有形资产的特许权费，在交付资产或转移资产所有权时确认收入；属于提供初始及后续服务的特许权费，在提供服务时确认收入。

（8）劳务费。长期为客户提供重复的劳务收取的劳务费，在相关劳务活动发生时确认收入。

3. 转让财产收入

转让财产收入，是指企业转让固定资产、生物资产、无形资产、股权、债权等财产所取得的收入。

4. 股息、红利等权益性投资收益

股息、红利等权益性投资收益，是指企业因权益性投资从被投资方取得的分配收入。除国务院财政、税务主管部门另有规定外，应当以被投资方做出利润分配决定的时间确认收入的实现。

5. 利息收入

利息收入，是指企业将资金提供他人使用但不构成权益性投资，或因他人占用本企业资金所取得的收入，包括存款利息、贷款利息、债券利息、欠款利息等收入。利息收入按照合同约定的债务人应付利息的日期确认收入的实现。

6. 租金收入

租金收入，是指企业提供固定资产、包装物和其他有形资产的使用权取得的收入。企业取得的租金收入按照合同约定的承租人应付租金的日期确认收入的实现。

7. 特许权使用费收入

特许权使用费收入，是指企业提供专利权、非专利技术、商标权、著作权以及其他特许权的使用权而取得的收入。特许权使用费收入按照合同约定的特许权使用人应付特许权使用费的日期确认收入的实现。

8. 接受捐赠收入

接受捐赠收入，是指企业接受的来自其他企业、组织和个人无偿给予的货币性或非货币性资产。企业接受捐赠取得的非货币资产按公允价值确认收入。接受捐赠收入，按照实际收到捐赠资产的日期确认收入的实现。

9. 其他收入

其他收入，是指企业取得的除上述收入以外的其他收入，包括企业资产溢余收入、逾期未退包装物没收的押金、确实无法偿付的应付款项、已作坏账损失处理后又收回的应收账款、债务重组收入、补贴收入、教育费附加返还款、违约金收入、汇兑收益、保险公司给予企业的无赔款优待等。

企业取得财产（包括各类资产、股权、债权等）转让收入、债务重组收入、接受捐赠收入、无法偿付的应付款项等，无论是以货币形式还是以非货币形式体现，除另有规定外，均一次性计入确认收入的年度计算缴纳企业所得税。

（二）特殊收入的确认

（1）以分期收款方式销售货物的，按照合同约定的收款日期确认收入的实现。

（2）采用售后回购方式销售商品的，销售的商品按售价确认收入，回购的商品作为购进商品处理。有证据表明不符合销售收入确认条件的，如以销售商品方式进行融资，收到的款项应确认为负债，回购价格大于原售价的，差额应在回购期间确认为利息费用。

（3）销售商品以旧换新的，应当按照销售商品收入确认条件确认收入，回收的商品作为购进商品处理。

（4）企业为促进商品销售而在商品价格上给予的价格扣除属于商业折扣。商品销售涉及商业折扣的，应当按照扣除商业折扣后的金额确定销售商品收入金额。

债权人为鼓励债务人在规定的期限内付款而向债务人提供的债务扣除属于现金折扣。销售商品涉及现金折扣的，应当按扣除现金折扣前的金额确定销售商品收入金额，现金折扣在实际发生时作为财务费用扣除。

企业因售出商品的质量不合格等原因而在售价上给的减让属于销售折让；企业因售出商品质量、品种不符合要求等原因而发生的退货属于销售退回。企业已经确认销售收入的售出商品发生销售折让和销售退回，应当在发生当期冲减当期销售商品收入。

（5）企业以买一赠一等方式组合销售本企业商品的，不属于捐赠，应将总的销售金额按各项商品的公允价值的比例来分摊确认各项的销售收入。

（6）企业受托加工、制造大型机械设备、船舶、飞机，以及从事建筑、安装、装配工程业务或者提供其他劳务等，持续时间超过12个月的，按照纳税年度内完工进度或者完成的工作量确认收入的实现。

（7）采取产品分成方式取得收入的，按照企业分得产品的日期确认收入的实现，其收入额按照产品的公允价值确定。

（8）企业发生非货币性资产交换，以及将货物、财产、劳务用于捐赠、偿债、赞助、集资、广告、样品、职工福利或利润分配等用途的，应当视同销售货物、转让财产或提供劳务，但国务院财政、税务主管部门另有规定的除外。

二、不征税收入及免税收入的确定

国家为了扶持和鼓励某些特殊的纳税人和特定的项目，或者避免因征税影响企业的正常经营，对企业取得的某些收入予以不征税或免税的特殊政策，以减轻企业的负担，促进经济的协调发展。

（一）不征税收入

（1）财政拨款，是指各级人民政府对纳入预算管理的事业单位、社会团体等组织拨付的财政资金，但国务院以及国务院财政、税务主管部门另有规定的除外。

（2）依法收取并纳入财政管理的行政事业性收费、政府性基金。行政事业性收费，是指企业根据法律、法规等有关规定，按照国务院规定程序批准，在实施社会公共管理，以及在向公民、法人或者其他组织提供特定公共服务过程中，向特定服务对象收取并纳入财政管理的费用。政府性基金，是指企业根据法律、行政法规等有关规定，代政府收取的具有专项用途的财政资金。

（3）国务院规定的其他不征税收入，是指企业取得的，由国务院财政、税务主管部门规定专项用途并经国务院批准的财政性资金。

（二）免税收入

（1）国债利息收入，指企业购买国务院财政部门发行的国家公债所取得的利息收入。

（2）符合条件的居民企业之间的股息、红利等权益性投资收益，指居民企业直接投资于其他居民企业所取得的投资收益，不包括连续持有居民企业公开发行并上市流通的股票不足12个月取得的投资收益。

（3）在中国境内设立机构、场所的非居民企业从居民企业取得与该机构、场所有实际联系的股息、红利等权益性投资收益。

（4）符合条件的非营利组织的收入，主要是指非营利组织从事公益性或非营利性活动所取得的收入，不包括从事营利性活动所取得的收入，但国务院财政、税务主管部门另有规定的除外。

知识窗

符合条件的非营利组织

符合条件的非营利组织，是指同时符合下列条件的组织：

（1）依法履行非营利组织登记手续；

（2）从事公益性或者非营利性活动；

（3）取得的收入除用于与该组织有关的、合理的支出外，全部用于登记核定或者章程规定的公益性或者非营利性事业；

（4）财产及其孳息不用于分配；

（5）按照登记核定或者章程规定，该组织注销后的剩余财产用于公益性或者非营利性目的，或者由登记管理机关转赠给与该组织性质、宗旨相同的组织，并向社会公告；

（6）投入人对投入该组织的财产不保留或者享有任何财产权利；

（7）工作人员工资福利开支控制在规定的比例内，不变相分配该组织的财产；

（8）国务院财政、税务主管部门规定的其他条件。

【引例分析 14－3】

至圣公司根据《企业所得税法》的规定，投资收益中购买国债所取得的利息50万元和营业外收入中国家财政拨付的专项经费40万元不应计入应纳税所得额，资本公积中的教育费附加返还款20万元属于应征税的其他收入，应计入应纳税所得额。

微课：准予扣除项目的确定

PPT：准予扣除项目的确定

模块三　准予扣除项目的确定

按照《企业所得税法》的规定，纳税人的所有扣除项目可以分为全额扣除和限额扣除。

一、准予扣除项目及标准

（一）准予扣除的项目

企业实际发生的与取得收入有关的、合理的支出，包括成本、费用、税金、损失和其他支出，准予在计算应纳税所得额时扣除。其中：

“成本”，是指企业在生产经营活动中发生的销售成本、销货成本、业务支出以及其他耗费。

“费用”，是指企业在生产经营活动中发生的销售费用、管理费用和财务费用，已计入成本的有关费用除外。

“税金”，是指企业发生的除企业所得税和允许抵扣的增值税以外的各项税金及其附加。

知识窗

增值税的会计处理

《财政部关于印发〈增值税会计处理规定〉的通知》（财会〔2016〕22号）的规定，全面“营改增”后，“营业税金及附加”科目名称调整为“税金及附加”科目，该科目核算企业经营活动发生的消费税、城市维护建设税、资源税、教育费附加及房产税、土地使用税、车船使用税、印花税等相关税费；利润表中的“营业税金及附加”项目调整为“税金及附加”项目。

“损失”，是指企业在生产经营活动中发生的固定资产和存货的盘亏、毁损、报废净损失，转让财产损失，呆账损失，坏账损失，自然灾害等不可抗力因素造成的非常损失及其他损失。企业发生的损失，减除责任人赔偿和保险赔款后的余额，依照国务院财政、税务主管部门的规定扣除。企业因存货盘亏、毁损、报废等原因不得从销项税金中抵扣的进项税金，应视同企业财产损失，准予与存货损失一起在计算应纳税所得额时扣除。企业已经作为损失处理的资产，在以后纳税年度全部收回或者部分收回时，应当计入当期收入。

“其他支出”，是指除成本、费用、税金、损失外，企业在生产经营活动中发生的与生产经营活动有关的、合理的支出。

视频：取得机票、火车票和汽车票如何抵扣

知识窗

资本性支出与收益性支出的扣除要求

企业发生的支出应当区分为收益性支出和资本性支出。收益性支出在当期直接扣除，资本性支出应当分期扣除或计入有关资产成本，不得在发生当期直接扣除。

（二）准予扣除项目的标准

1. 工资薪金支出

工资薪金，是指企业每一纳税年度支付给在本企业任职或受雇员工的所有现金或非现金形式的劳动报酬，包括基本工资、奖金、津贴、补贴、年终加薪、加班工资，以及与任职或者受雇有关的其他支出。

企业实际发生的合理的工资薪金支出，准予扣除。

2. 职工福利费、工会经费、职工教育经费

企业实际发生的职工福利费支出，不超过工资薪金总额 14% 的部分，准予扣除。

企业拨缴的工会经费，不超过工资薪金总额 2% 的部分，准予扣除。

除国务院财政、税务主管部门另有规定外，企业实际发生的职工教育经费支出，不超过工资薪金总额 8% 的部分，准予扣除；超过部分，准予在以后纳税年度结转扣除。软件企业发生的职工教育经费中的职工培训费用，可以全额在企业所得税前扣除。

【引例分析 14－4】

至圣公司成本、费用中的全年实发合理工资总额为 600 万元，实际拨付工会经费 15 万元，发生职工教育经费 24 万元、职工福利费 96 万元。2019 年该企业计算应纳税所得额时，准予扣除的工会经费、职工教育经费、职工福利费为：

【工作步骤】

第一步：计算职工福利费扣除限额。企业拨缴的工会经费，不超过工资薪金总额 14% 的部分，准予扣除。因此，职工福利费扣除限额 = 600 × 14% = 84（万元）

第二步：计算工会经费扣除限额。企业拨缴的工会经费，不超过工资薪金总额 2% 的部分，准予扣除。因此，工会经费扣除限额 = 600 × 2% = 12（万元）

第三步：计算职工教育经费扣除限额。企业拨缴的工会经费，不超过工资薪金总额 8% 的部分，准予扣除。因此，职工教育经费扣除限额 = 600 × 8% = 48（万元）

3. 社会保险费

企业依照国务院有关主管部门或省级人民政府规定的范围和标准，为职工缴纳的基本医疗保险费、基本养老保险费、失业保险费、工伤保险费、生育保险费等基本社会保险费和住房公积金（以下简称“五险一金”），准予税前扣除。

企业为在本企业任职或者受雇的全体员工支付的补充养老保险费、补充医疗保险费，分别在不超过职工工资总额 5% 标准内的部分，在计算应纳税所得额时准予扣除；超过的部分，不予扣除。

除企业依照国家有关规定为特殊工种职工（如空中作业、爆破作业、井下作业等）支付的法定人身安全保险费和国务院财政、税务主管部门规定可以扣除的其他商业保险费外，企业为投资者或职工个人向商业保险机构投保的人寿保险、财产保险等商业保险，不得扣除。

企业参加财产保险，按照规定缴纳的保险费，准予扣除。

4. 借款费用

企业在生产经营活动中发生的合理的不需要资本化的借款费用，准予扣除。企业为购置、建造固定资产、无形资产和经过 12 个月以上的建造才能达到预定可销售状态的存货发生借款的，在有关资产购置、建造期间发生的合理的借款费用，应当作为资本性支出计入有关资产的成本；有关资产交付使用后发生的借款利息，可在发生当期扣除。

5. 利息费用

企业在生产经营活动中发生的不需要资本化的下列利息支出，准予扣除：非金融企业向金融企业借款的利息支出、金融企业的各项存款利息支出和同业拆借利息支出、企业经批准发行债券的利息支出；非金融企业向非金融企业借款的利息支出，不超过按照金融企业同期同类贷款利率计算的数额的部分。

企业向股东或其他与企业有关联关系的自然人借款的利息支出，按有关规定条件在税前扣除。企业向股东或其他与企业有关联关系的自然人以外的内部职工或其他人员借款的利息支出，其借款情况同时符合相应条件的，其利息支出在不超过按照金融企业同期同类贷款利率计算的数额的部分，准予扣除。

【引例分析 14－5】

至圣公司 2019 年 5 月因业务发展需要，向中国建设银行借款 100 万元，借款期限半年，年利率为 8%；6 月又向自己的供应商借款 200 万元，期限借款期限半年，年利率为 10%。上述借款均用于经营周转，且该企业无其他借款。2019 年该企业计算应纳税所得额时准予扣除的利息费用为：

【工作步骤】

第一步：分析向银行借款的利息费用，可按实际发生额在计算应纳税所得额时扣除。

第一步：分析向供应商借款的利息费用，在年利率 8% 以内的可以扣除。

第三步：计算应纳税所得额时准予扣除的利息费用：

利息费用合计 =（100 × 8% + 200 × 8%）÷ 2 = 12（万元）

6. 汇兑损失

企业在货币交易中以及纳税年度终了时，将人民币以外的货币性资产、负债按照期末即期人民币汇率中间价折算为人民币时产生的汇兑损失，除已经计入有关资产成本以及与向所有者进行利润分配相关的部分外，准予扣除。

7. 业务招待费

企业实际发生的与生产经营活动有关的业务招待费支出，按照发生额的 60% 扣除，但最高不得超过当年销售（营业）收入的 5‰。

销售（营业）收入，是指包含了按会计准则核算的主营业务收入和其他业务收入，以及根据税法规定应确认为当期收入的视同销售收入，不含销货退回、销售折让与销项税额等的年销售（营业）收入。

【引例分析 14－6】

至圣公司本年销售货物收入 6 500 万元，视同销售收入 300 万元，投资收益 50 万元、资产处置收益 30 万元，营业外收入 70 万元（转让商标所有权收入 20 万元、接受捐赠收入 10 万元、取得国家财政拨付的专项经费 40 万元）。其中，销售费用中发生的业务招待费 20 万元，管理费用中发生的业务招待费 30 万元。2019 年该企业计算应纳税所得额时，准予扣除的业务招待费为：

【工作步骤】

第一步：分析业务招待费扣除基础。由于投资收益、资产处置收益、营业外收入不能作为计算业务招待费的扣除基数。因此，业务招待费扣除基础 =6 500 +300 =6 800（万元）。

第二步：计算发生的业务招待费支出扣除限额。按照发生额的 60% 扣除，但最高不得超过当年销售（营业）收入的 5‰，即 6 800 ×5‰ =34（万元），实际发生数（20 +30）×60% =50 ×60% =30（万元），业务招待费扣除限额为两者较小，即 30 万元。

8. 广告费和业务宣传费

企业每一纳税年度实际发生的符合条件的广告费和业务宣传费支出，除国务院财政、税务主管部门另有规定外，不超过当年销售（营业）收入 15% 的部分，准予扣除；超过部分准予在以后年度结转扣除。

【引例分析 14－7】

至圣公司本年销售货物收入 6 500 万元，视同销售收入 300 万元，投资收益 50 万元、资产处置收益 30 万元，营业外收入 70 万元（转让商标所有权收入 20 万元、接受捐赠收入 10 万元、取得国家财政拨付的专项经费 40 万元）。销售费用中发生的广告费 700 万元，业务宣传费 400 万元。2019 年该企业计算应纳税所得额时，准予扣除的广告费和业务宣传为：

【工作步骤】

第一步：分析广告费和业务宣传费扣除基础。

广告费和业务宣传扣除基础 =6 500 +300 =6 800（万元）

第二步：计算发生的广告费和业务宣传费扣除限额。不超过当年销售（营业）收入 15% 的部分，准予扣除，即：

广告费和业务宣传费扣除限额 =6 800 ×15% =1 020（万元）

9. 劳动保护费

企业实际发生的合理的劳动保护支出，准予扣除。劳动保护支出是指确因工作需要为雇员配备或提供工作服、手套、安全保护用品、防暑降温用品等所发生的支出。

10. 总机构分摊费用

非居民企业在中国境内设立的机构、场所，就其中国境外总机构发生的与该机构、场所生产经营有关的费用，能够提供总机构出具的费用汇集范围、定额、分配依据和方法等证明文件，并合理分摊的，准予扣除。

居民企业之间支付的管理费、企业内营业机构之间支付的租金和特许权使用费，以及非银行企业内营业机构之间支付的利息，不得扣除。

11. 公益性捐赠

企业发生的公益性捐赠支出，不超过年度利润总额12%的部分，准予据实扣除。

公益性捐赠是指企业通过公益性社会团体或县级以上人民政府及其部门，用于下列公益事业的捐赠：救助灾害、救济贫困、扶助残疾人等困难的社会群体和个人的活动；教育、科学、文化、卫生、体育事业；环境保护、社会公共设施建设；促进社会发展和进步的其他社会公共和福利事业。

企业发生的公益性捐赠支出未在当年税前扣除的部分，准予向以后年度结转扣除，但结转年限自捐赠发生年度的次年起计算最长不超过三年内。

企业在对公益性捐赠支出计算扣除时，应先扣除以前年度结转的捐赠支出，再扣除当前发生的捐赠支出。

【引例分析 14－8】

至圣公司全年实现利润总额350万元，营业外支出中含工商管理局罚款6万元，银行罚息5万元，税收滞纳金4万元，直接给某小学捐款75万元。公益性捐赠的扣除限额为：

【工作步骤】

第一步：分析公益性捐赠扣除基数。年度利润总额，是指企业依照国家统一会计制度规定计算的大于零的数额。

公益性捐赠扣除基数 $=350\times12\%=42$（万元）

第二步：计算发生捐赠支出税前扣除限额。税法规定，纳税人“直接”向受赠人的捐赠属于非公益性捐赠，不得在企业所得税税前扣除。至圣公司未通过公益性组织及县级以上人民政府及其部门，直接向某小学捐款，属于不得在税前扣除的项目，因此，至圣公司公益性捐赠扣除限额＝0元。

12. 固定资产租赁费

企业根据生产经营活动的需要租入固定资产所支付的租赁费，按下列办法扣除：

（1）以经营租赁方式租入固定资产发生的租赁费支出，按照租赁年限均匀扣除。

（2）以融资租赁方式租入固定资产发生的租赁费支出，按规定构成融资租入固定资产价值的部分应当提取折旧费用，分期扣除。

13. 企业依照法律、行政法规和国家有关税法规定准予扣除的其他项目

这部分费用包括会员费、合理的会议费、差旅费、违约金、诉讼费用，以及用于环境保护、生态恢复等方面的专项资金（改变用途后不得扣除）等。

二、不准予扣除的项目

按照《企业所得税法》的有关规定，在计算应纳税所得额时，下列项目不得扣除：

（1）向投资者支付的股息、红利等权益性投资收益款项。

（2）企业所得税税款。

（3）税收滞纳金（是指纳税人违反税收法规，被税务机关处以的滞纳金）。

（4）罚金、罚款和被没收财物的损失（是指纳税人违反国家有关法律、法规规定，被有关部门处以的罚款，以及被司法机关处以的罚款和被没收财务）。

（5）超过国家允许扣除的公益性捐赠以及非公益性的捐赠支出。

（6）超过规定标准的捐赠支出。

（7）赞助支出，是指企业发生的与生产经营活动无关的各种非广告性质支出。

（8）未经核定的准备金支出，是指不符合国务院财政、税务主管部门规定的各项资产减值准备、风险准备等准备金支出。

知识窗

哪些企业可以在税前提取准备金？

目前可以在税前提取准备金的企业包括：保险公司、政策性银行、商业银行、财务公司、城乡信用社等金融企业以及符合条件的中小企业信用担保机构。

（9）企业之间支付的管理费、企业内营业机构之间支付的租金和特许权使用费，以及非银行企业内营业机构之间支付的利息，不得扣除。

（10）与取得收入无关的其他支出。

另外，企业的不征税收入用于支出所形成的费用或财产，不得扣除或计算对应的折旧、摊销扣除。除《企业所得税法》及其《实施条例》另有规定外，企业实际发生的成本、费用、税金、损失和其他支出，不得重复扣除。

【引例分析 14－9】

至圣公司全年发生营业外支出 90 万元，营业外支出中含工商管理局罚款 6 万元，银行罚息 5 万元，税收滞纳金 4 万元，直接给某小学捐款 75 万元。不得税前扣除的金额为：

案例：七个案例解析跨年收入与跨年支出的企业所得税处理

【工作步骤】

第一步：分析可以税前扣除项目。银行罚息属于纳税人税按照经济合同规定支付的违约金，不属于行政罚款，可以在税前扣除。

第二步：计算不予税前扣除金额。工商管理局罚款、税收滞纳金、直接给某小学捐款均属于不得税前扣除范畴。不得税前扣除金额＝6＋4＋75＝85（万元）。

模块四 资产的税务处理

微课：资产的税务处理

PPT：资产的税务处理

需要在核算企业所得税时处理的资产包括：固定资产、无形资产、长期待摊费用、存货以及投资资产。

纳税人资产的税务处理，直接影响着扣除项目金额的多少，这也是计算应纳税所得额必须确定的问题。企业的各项资产，包括固定资产、生物资产、无形资产、长期待摊费用、投资资产、存货等，均以历史成本为计税基础。

一、固定资产的税务处理

固定资产是指企业为生产产品、提供劳务、出租或经营管理而持有的、使用时间超过 12 个月的非货币性资产，包括：房屋、建筑物；飞机、火车、轮船、机器、机械和其他生产设备；与生产经营活动有关的器具、工具、家具等；飞机、火车、轮船以外的运输工具；电子设备。

（一）固定资产的计税基础

固定资产按照以下方法确定计税基础：

（1）外购的固定资产，以购买价款和支付的相关税费以及直接归属于使该固定资产达到预定用途发生的其他支出为计税基础。

（2）自行建造的固定资产，以竣工结算前发生的支出为计税基础。

（3）融资租入的固定资产，以租赁合同约定的付款总额和承租人在签订合同过程中发生的相关费用为计税基础，租赁合同未约定付款总额的，以该资产的公允价值和承租人在签订合同过程中发生的相关费用为计税基础。

（4）盘盈的固定资产，以同类固定资产的重置完全价值为计税基础。

（5）通过捐赠、投资、非货币性资产交换、债务重组等方式取得的固定资产，以该资产的公允价值和支付的相关税费为计税基础。

（6）改建的固定资产，除已足额提取折旧的固定资产和租入的固定资产以外的其他固定资产，以改建过程中发生的改建支出增加计税基础。

（二）固定资产的折旧范围

在计算应纳税所得额时，企业按照规定计算的固定资产折旧，准予扣除。下列固定资产不得计算折旧扣除：

（1）房屋、建筑物以外未投入使用的固定资产；

（2）以经营租赁方式租入的固定资产；

（3）以融资租赁方式租出的固定资产；

（4）已足额提取折旧仍继续使用的固定资产；

（5）与经营活动无关的固定资产；

（6）单独估价作为固定资产入账的土地；

（7）其他不得计算折旧扣除的固定资产。

（三）固定资产的折旧方法

固定资产按照直线法计算的折旧，准予扣除。

企业应当自固定资产投入使用月份的次月起开始计算折旧；停止使用的固定资产，应当自停止使用月份的次月起停止计算折旧。

企业应当根据固定资产的性质和使用情况，合理确定固定资产的预计净残值。固定资产预计净残值一经确定，不得变更。

（四）固定资产折旧的计提年限

除国务院财政、税务主管部门另有规定外，固定资产计算折旧的最短年限如下：（1）房屋、建筑物，为20年；

（2）飞机、火车、轮船、机器、机械和其他生产设备，为10年；

（3）与生产经营活动有关的器具、工具、家具等，为5年；

（4）飞机、火车、轮船以外的运输工具，为4年；

（5）电子设备，为3年。

从事开采石油、天然气等矿产资源的企业，在开始商业性生产前发生的费用和有关固定资产的折耗、折旧方法，由国务院财政、税务主管部门另行规定。

业务14－1

永旺钢材制品有限公司本年6月15日为其生产部门购进一台大型机器，取得增值税专用发票注明不含税价款1 000万元，假定该机器预计净残值率为5%，机器按照最低折旧年限采用直线法计提折旧。该企业计算应纳税所得额时，所购买的机器准予扣除的折旧额为多少？

【工作步骤】

第一步：分析该机器计提折旧年限。

机器设备折旧年限最低为10年，由于本年6月15日购买，因此从本年7

月开始计提折旧。

第二步：判断该机器的折旧支出扣除限额。

依照税法规定可以税前扣除的折旧额 $=1\ 000\times(1-5\%)\times6\div(10\times12)=47.5$（万元）

（五）固定资产加速折旧

为提高企业加大设备投资、更新改造及科技创新的积极性，促进我国制造业实现转型升级，提高产业国际竞争力，财政部和国家税务总局联合发布了《关于完善固定资产加速折旧企业所得税政策的通知》（财税〔2014〕75号），对有关完善固定资产加速折旧企业所得税政策问题进行了明确。

（1）对生物药品制造业，专用设备制造业，铁路、船舶、航空航天和其他运输设备制造业，计算机、通信和其他电子设备制造业，仪器仪表制造业，信息传输、软件和信息技术服务业等6个行业的企业2014年1月1日后新购进的固定资产和轻工、纺织、机械、汽车等4个领域重点行业的企业2015年折旧后新购进的固定资产，可缩短折旧年限或采取加速折旧的方法。

对上述行业的小型微利企业2014年1月1日后新购进的研发和生产经营共用的仪器、设备，单位价值不超过100万元的，允许一次性计入当期成本费用在计算应纳税所得额时扣除，不再分年度计算折旧；单位价值超过100万元的，可缩短折旧年限或采取加速折旧的方法。

（2）对所有行业企业2014年1月1日后新购进的专门用于研发的仪器、设备，单位价值不超过100万元的，允许一次性计入当期成本费用在计算应纳税所得额时扣除，不再分年度计算折旧；单位价值超过100万元的，可缩短折旧年限或采取加速折旧的方法。

（3）对所有行业企业持有的单位价值不超过5 000元的固定资产，允许一次性计入当期成本费用在计算应纳税所得额时扣除，不再分年度计算折旧。

（4）企业按上述规定缩短折旧年限的，最低折旧年限不得低于《企业所得税法实施条例》第六十条规定折旧年限的60%；采取加速折旧方法的，可采取双倍余额递减法或者年数总和法。

企业在2018年1月1日至2020年12月31日期间新购进的设备、器具、单位价值不超过500万元的，允许一次性计入当期成本费用，在计算应纳税所得额时扣除不再分年度计算折旧；单位价值超过500万元的，扔按相关规定进行折旧。

二、无形资产的税务处理

无形资产是指企业为生产商品、提供劳务、出租或为经营管理而持有的、没有实物形态的非货币性长期资产，包括专利权、商标权、著作权、土地使用权、非专利技术、商誉等。

（一）无形资产的计税基础

无形资产按照以下方法确定计税基础：

（1）外购的无形资产，以购买价款和支付的相关税费以及直接归属于使该资产达到预定用途发生的其他支出为计税基础。

（2）自行开发的无形资产，以开发过程中该资产符合资本化条件后至达到预定用途前发生的支出为计税基础。

（3）通过捐赠、投资、非货币性资产交换、债务重组等方式取得的无形资产，以该资产的公允价值和支付的相关税费为计税基础。

（二）无形资产的摊销范围

下列无形资产不得计算摊销费用扣除：

（1）自行开发的支出已在计算应纳税所得额时扣除的无形资产。

（2）自创商誉。

（3）与经营活动无关的无形资产。

（4）其他不得计算摊销费用扣除的无形资产。

（三）无形资产的摊销方法及年限

无形资产按照直线法计算的摊销费用，准予扣除。无形资产的摊销年限不得少于10年。

作为投资或者受让的无形资产，在有关法律规定或合同约定了使用年限的情况下，可以按照规定或者约定的使用年限分期摊销。

三、长期待摊费用的税务处理

长期待摊费用是指企业发生的应在一个年度以上或几个年度进行摊销的费用。在计算应纳税所得额时，企业发生的按照规定摊销准予扣除的长期待摊费用包括：已足额提取折旧的固定资产的改建支出；租入固定资产的改建支出；固定资产的大修理支出；其他应当作为长期待摊费用的支出。

企业对房屋、建筑物固定资产在未足额提取折旧前进行改扩建的，如属于推倒重置的，该资产原值减除提取折旧后的净值，应并入重置后的固定资产计税成本，并在该固定资产投入使用后的次月起，按照税法规定的折旧年限，一并计提折旧；如属于提升功能、增加面积的，该固定资产的改扩建支出，并入该固定资产计税基础，并从改扩建完工投入使用后的次月起，重新按税法规定的该固定资产折旧年限计提折旧；如该改扩建后的固定资产尚可使用的年限低于税法规定的最低年限的，可以按尚可使用的年限计提折旧。

固定资产的大修理支出是指同时符合两个条件的支出：修理支出达到取得固定资产时的计税基础50%以上；修理后固定资产的使用年限延长2年以上。固定资产的大修理支出，按照固定资产尚可使用年限分期摊销。

其他应当作为长期待摊费用的支出，自支出发生月份的次月起分期摊销，摊销年限不得低于3年。

四、存货的税务处理

存货是指企业持有以备出售的产品或者商品、处在生产过程中的在产品、在生产或者提供劳务过程中耗用的材料和物料等。

（一）存货的计税基础

存货按照以下方法确定成本：

（1）通过支付现金方式取得的存货，以购买价款和支付的相关税费为成本。

（2）通过支付现金以外的方式取得的存货，以该存货的公允价值和支付的相关税费为成本。

（3）生产性生物资产收获的农产品，以产出或者采收过程中发生的材料费、人工费和分摊的间接费用等必要支出为成本。

（二）存货的成本计算方法

企业使用或者销售存货的成本计算方法，可以在先进先出法、加权平均法、个别计价法中选用一种。计价方法一经选用，不得随意变更。

知识窗

企业转让资产净值和交易价格的确定

企业转让资产，该资产的净值准予在计算企业应纳税所得额时扣除。其中，资产的净值是指有关资产、财产的计税基础减除已经按规定扣除的折旧、折耗、摊销、准备金等后的余额。

除国务院、财政、税务主管部门另有规定外，企业在重组过程中，应当在交易发生时确认有关资产的转让所得或者损失，相关资产应当按照交易价格重新确定计税基础。

五、投资资产的税务处理

投资资产是指企业对外进行权益性投资和债权性投资而形成的资产。

（一）投资资产的成本

投资资产按以下方法确定投资成本：

（1）通过支付现金方式取得的投资资产，以购买价款为成本。

（2）通过支付现金以外的方式取得的投资资产，以该资产的公允价值和支付的相关税费为成本。

（二）投资资产成本的扣除方法

企业对外投资期间，投资资产的成本在计算应纳税所得额时不得扣除，企业在转让或者处置投资资产时，投资资产的成本准予扣除。

（三）投资企业撤回或减少投资的税务处理

自2011年7月1日起，投资企业从被投资企业撤回或减少投资，其取得的资产中，相当于初始出资的部分，应确认为投资收回；相当于被投资企业累计未分配利润和累计盈余公积按减少实收资本比例计算的部分，应确认为股息所得；其余部分确认为投资资产转让所得。

被投资企业发生的经营亏损，由被投资企业按规定结转弥补；投资企业不得调整减低其投资成本，也不得将其确认为投资损失。

六、税法规定与会计规定差异的处理

税法规定与会计规定的处理，是指企业在会计核算中与税法规定不一致的，应当依照税法规定予以调整。即企业平时在会计核算时，可以按照会计制度的有关规定进行会计处理，但在申报纳税时，对税法规定与会计规定有差异的，要按税法规定进行纳税调整。

根据《企业所得税法》第二十一条规定，对企业依据财务会计制度规定，并实际在财务会计处理上已确认的支出，凡没有超过《企业所得税法》和有关税收法规规定的税前扣除范围和标准的，可按企业实际会计处理确认的支出，在企业所得税前扣除，计算其应纳税所得额。

（1）企业不能提供完整、准确的收入及成本、费用凭证，不能正确计算应纳税所得额的，由税务机关核定其应纳税所得额。

（2）企业依法清算时，以其清算终了后的清算所得为应纳税所得额，按规定缴纳企业所得税。所谓清算所得，是指企业的全部资产可变现净值或者交易价格减除资产净值、清算费用以及相关税费等后的余额。

投资方企业从被清算企业分得的剩余财产，其中相当于从被清算企业累计未分配利润和累计盈余公积中应当分得的部分，应当确认为股息所得；剩余资产减除上述股息所得后的余额，超过或者低于投资成本的部分，应当确认为投资资产转让所得或者损失。

（3）企业应纳税所得额是根据税收法规计算出来的，它在数额上与依据财务会计制度计算的利润总额往往不一致。因此，税法规定：对企业按照有关财务会计制度规定计算的利润总额，要按照税法的规定进行必要调整后，才能作为应纳税所得额计算缴纳所得税。

（4）自2011年1月1日起，企业当年实际发生的相关成本、费用，由于各种原因未能及时取得该成本、费用的有效凭证，企业在预缴季度所得税时，可暂按账面发生额进行核算；但在汇算清缴时，应补充提供该成本、费用的有效凭证。

模块五　亏损弥补与税收优惠

按照《企业所得税法》的规定，纳税人在当年申报企业所得税时，可以申请将以前年度的亏损以及本年度享受的税收优惠在税前予以扣除。

一、亏损的结转弥补

企业纳税年度发生的亏损，准予用以后年度的税前所得弥补，但结转弥补年限最长不得超过 5 年。5 年内不论是盈利还是亏损，都作为实际弥补年限计算。按此规定，纳税人当年的应纳税所得额为补亏后的余额。

这里所说的“亏损”是指企业依照《企业所得税法》及其《实施条例》的规定，将每一纳税年度的收入总额减除不征税收入、免税收入和各项扣除额后小于零的数额，而不是企业财务报表中反映的亏损额。

微课：亏损的弥补

PPT：亏损的弥补

知识窗

应纳税所得额与会计利润的联系与区别

应纳税所得额与会计利润是两个不同的概念，两者既有联系又有区别。

应纳税所得额是一个税收概念，是根据《企业所得税法》按照一定的标准确定的、纳税人在一定时期内的应税所得，是企业所得税的计税依据。

会计利润则是一个会计核算概念，反映的是企业一定时期内生产经营的财务成果。会计利润是确定应纳税所得额的基础，但不能等同于应纳税所得额。

在计算应纳税所得额时，企业财务、会计处理办法与税收法律、行政法规的规定不一致的，应当依照税收法律、行政法规的规定计算，只有根据税法规定对会计利润进行相应的调整后，才能作为企业的应纳税所得额。

业务 14－2

表 14－2 是未经纳税调整的佳佳仓储公司近 7 年的应纳税所得额情况，要求分析、计算该企业各纳税年度经过亏损抵补后的应纳税所得额。

表 14－2　　佳佳仓储公司 2013—2019 年的应纳税所得额情况　　单位：万元

年度	2013	2014	2015	2016	2017	2018	2019
应税所得额	－90	20	10	－20	30	10	50

【工作步骤】

第一步：判断 2013 年的亏损弥补情况。2013 年的亏损要用 2014—2018 年的所得弥补，先亏先补。到 2018 年，2013 年的亏损未补完，但 5 年抵亏期满，还有 20 万元亏损不得在税前弥补。

第二步：判断 2016 年的亏损弥补情况。2016 年的亏损只能用 2019 年的所得弥补，2016 年补亏后还有 30 万元。

第三步：确定应纳税所得额。在这 7 年中，经过连续抵补，2013—2018 年应纳税所得额均为 0，最终应纳税所得额为 2019 年度扣除抵补 2016 年度的 20 万元后的余额 30 万元。

二、税收优惠

微课：企业所得税税收优惠

现行的企业所得税税收优惠政策实行“产业优惠为主，区域优惠为辅”的税收优惠体系。《企业所得税法》规定，国家对重点扶持和鼓励发展的产业和项目，给予企业所得税优惠。

（一）促进技术创新和科技进步的优惠

（1）一个纳税年度内，居民企业技术转让所得不超过 500 万元的部分，免征企业所得税；超过 500 万元的部分，减半征收企业所得税。

PPT：企业所得税税收优惠

技术转让的范围包括居民企业转让专利技术、计算机软件著作权、集成电路布图设计权、植物新品种、生物医药新品种、5 年（含）以上非独占许可使用权，以及财政部和国家税务总局确定的其他技术。

（2）企业开发新技术、新产品、新工艺发生的研究开发费用，自 2018 年 1 月 1 日至 2020 年 12 月 31 日未形成无形资产计入当期损益的，在据实扣除的基础上，再加计扣除 75%；形成无形资产的，按照无形资产成本的 175% 摊销。

自 2018 年 1 月 1 日起，企业委托境外进行研发活动所发生的费用，按照费用实际发生额的 80% 计入委托方的委托境外研发费用。委托境外研发费用不超过境内符合条件的研发费用 2/3 的部分，可以按规定在企业所得税前加计扣除。但委托境外个人进行的研发活动不能加计扣除。

（3）创业投资企业采取股权投资方式投资于未上市的中小高新技术企业 2 年以上的，可以按其投资额的 70% 在股权持有满 2 年的当年抵扣该创业投资企业的应纳税所得额；当年不足抵扣的，可以在以后年度结转抵扣。

（4）国家需要重点扶持的高新技术企业减按 15% 的税率征收企业所得税。国家需要重点扶持的高新技术企业，是指拥有核心自主知识产权，并同时满足以下条件的企业：

①企业申请认定时须注册成立一年以上。

②企业通过自主研发、受让、受赠、并购等方式，获得对其主要产品（服务）在技术上发挥核心支持作用的知识产权的所有权。

③对企业主要产品（服务）发挥核心支持作用的技术属于《国家重点支持的高新技术领域》规定的范围。

④企业从事研发和相关技术创新活动的科技人员占企业当年职工总数的比例不低于 10%。

视频：小型微利企业所得税优惠如何享受

⑤企业近三个会计年度（实际经营期不满三年的按实际经营时间计算，下同）的研究开发费用总额占同期销售收入总额的比例符合如下要求：最近

一年销售收入小于5 000万元（含）的企业，比例不低于5%；最近一年销售收入在5 000万元至2亿元（含）的企业，比例不低于4%；最近一年销售收入在2亿元以上的企业，比例不低于3%。其中，企业在中国境内发生的研究开发费用总额占全部研究开发费用总额的比例不低于60%。

⑥近一年高新技术产品（服务）收入占企业同期总收入的比例不低于60%。

⑦企业创新能力评价应达到相应要求。

⑧企业申请认定前一年内未发生重大安全、重大质量事故或严重环境违法行为。

案例：七个案例帮你用好小微企业所得税优惠

【引例分析14－10】

至圣公司2019年度管理费用中含新技术研究开发费用50万元。新技术研究开发费用税收优惠的金额为：自2018年1月1日至2020年12月31日未形成无形资产计入当期损益的，在据实扣除的基础上，再加计扣除75%。

新技术研究开发费用税收优惠金额＝50×75%＝37.5（万元）

（二）扶持农、林、牧、渔业发展，鼓励基础设施建设的税收优惠

企业（包括“公司＋农户”经营模式）从事农、林、牧、渔业项目的所得，包括免征和减征两部分。

1. 企业从事下列项目的所得，免征企业所得税

（1）蔬菜、谷物、薯类、油料、豆类、棉花、麻类、糖料、水果、坚果等农作物的种植；

（2）农作物新品种的选育；

（3）中药材的种植；

（4）林木的培育和种植；

（5）牲畜、家禽的饲养；

（6）林产品的采集；

（7）灌溉、农产品初加工、兽医、农技推广、农机作业和维修等农、林、牧、渔服务业项目；

（8）远洋捕捞。

2. 企业从事下列项目的所得，减半征收企业所得税

（1）花卉、茶以及其他饮料作物和香料作物的种植；

（2）海水养殖、内陆养殖。

（三）对劳服企业、福利企业的优惠

企业安置残疾人员的，在按照支付给残疾职工工资据实扣除的基础上，可按支付给残疾职工实际工资的100%加计扣除。

【引例分析 14－11】

至圣公司 2019 年度工资薪金支出中含支付残疾人工资 32.5 万元。企业安置残疾人员的，可按支付给残疾职工实际工资的 100% 加计扣除。则：

残疾职工工资税收优惠金额＝32.5×100%＝32.5（万元）

（四）鼓励环境保护与节能的优惠

（1）企业从事符合条件的环境保护、节能节水项目的所得，自项目取得第一笔生产经营收入所属纳税年度起，第一年至第三年免征企业所得税，第四年至第六年减半征收企业所得税。

享受减免税优惠的项目，在减免税期限内转让的，受让方自受让之日起，可以在剩余期限内享受规定的减免税优惠；减免税期限届满后转让的，受让方不得就该项目重复享受减免税优惠。

（2）企业购置用于环境保护、节能节水、安全生产等专用设备的，该专用设备投资额的 10% 可从企业当年的应纳税额中抵免；当年不足抵免的，可以在以后 5 个纳税年度结转抵免。

享受此款规定的税收优惠的企业，应当实际购置并自身实际投入使用此款规定的专用设备；企业购置上述专用设备在 5 年内转让、出租的，应当停止享受企业所得税优惠，并补缴已经抵免的企业所得税税款。

（3）企业综合利用资源，生产国家非限制和禁止并符合国家和行业相关标准的产品取得的收入，减按 90% 计入收入总额。

（五）非居民企业所得税的优惠

对外国政府向中国政府提供贷款取得的利息所得、国际金融组织向中国政府和居民企业提供优惠贷款取得的利息所得，以及经国务院批准的其他所得，可以免征企业所得税。

（六）小型微利企业的优惠

自 2019 年 1 月 1 日至 2021 年 12 月 31 日，对年应纳税所得额低于 100 万元（含 100 万元）的小型微利企业，其所得减按 25% 计入应纳税所得额，年应纳税所得额 100 万元到 300 万元的部分减按 50% 计入应纳税所得额。

微课：应纳税额的计算

模块六　企业所得税应纳税额的计算

PPT：应纳税额的计算

在确定各项目的金额以后，就可以开始按照《企业所得税法》的规定来核算当年应纳企业所得税了。根据企业应税所得额核算的基本公式：

应纳税所得额＝收入总额－不征税收入－免税收入－准予扣除项目金额－弥补以前年度亏损

一、居民企业应纳税额的计算

居民企业应缴纳所得税税额的基本计算公式为：

应纳税额 = 应纳税所得额 × 适用税率 − 减免税额 − 抵免税额

从计算公式可以看出，应纳税额的多少与应纳税所得额和适用税率相关。在实际计算过程中，应纳税所得额的计算一般有以下两种方法。

（一）直接计算法

在直接计算法下，企业每一纳税年度的收入总额减除不征税收入、免税收入、各项扣除以及允许弥补的以前年度亏损后的余额为应纳税所得额。计算公式为：

应纳税所得额 = 收入总额 − 不征税收入 − 免税收入 − 准予扣除项目金额 − 弥补以前年度亏损

业务 14 −3

万达房地产有限公司为居民企业，本年度发生经营业务如下：

（1）取得产品销售收入 4 000 万元。

（2）发生产品销售成本 2 700 万元。

（3）发生销售费用 760 万元（其中广告费 650 万元）；管理费用 410 万元（其中业务招待费 25 万元，新技术开发费用 40 万元）；财务费用 50 万元。

（4）税金及附加 30 万元。

（5）营业外收入 110 元，营业外支出 60 万元（含通过公益性社会团体向贫困山区捐款 30 万元，支付税收滞纳金 16 万元）。

（6）取得国债利息收入 10 万元。

（7）经审定的上年度亏损 20 万元。

要求：用直接计算法计算该企业本年度应纳企业所得税。

【工作步骤】

第一步：确认收入总额 =4 000 +100 +10 =4 110（万元）。

第二步：确认不征税收入为 0。

第三步：确认免税收入为国债利息 10 万元。

第四步：确认销售成本 2 700 万元，可以全额扣除。

第五步：确认广告费 650 万元，可以扣除 4 000 ×15% =600（万元）。

因此，销售费用 760 万元只能扣除 760 −（650 −600）=710（万元）。

第六步：确认业务招待费扣除限额为 4 000 ×5‰ =20（万元），业务招待费实际支出 25 万元的 60% 为 25 ×60% =15（万元），可以列支 15 万元，比实际列支数 25 万元少 10 万元。新技术开发费可以列支 40 ×175% =70（万元），比实际列支数多 30 万元。

因此，管理费用扣除额为 410 −10 +30 =430（万元）。

第七步：确认捐赠扣除限额（不超过会计利润的 12%），会计利润 = 4 000 +110 +10 −2 700 −760 −410 −50 −30 −60 =110（万元），捐赠限额 =

110×12%=13.2（万元），实际开支30万元，多列支16.8万元。确认税收滞纳金不能列支。

因此，营业外支出扣除额=60-30-16+13.2=27.2（万元）。

第八步：核算上述各项扣除合计为2 700+710+430+50+30+27.2=3 947.2（万元）。

第九步：确认可以抵补亏损20万元。

第十步：核算应税所得额=4 110-10-3 947.2-20=132.8（万元）。

第十一步：核算应缴企业所得税=132.8×25%=33.2（万元）。

（二）间接计算法

在间接计算法下，在会计利润总额的基础上加或减按照税法规定调整的项目金额后，即为应纳税所得额。现行企业所得税年度纳税申报表采取该方法。计算公式为：

应纳税所得额=会计利润总额±纳税调整项目金额

纳税调整项目金额包括两方面的内容：

（1）企业财务会计制度规定的项目范围与税收法规规定的项目范围不一致应予以调整的金额。

（2）企业财务会计制度规定的扣除标准与税法规定的扣除标准不一致应予以调整的金额。

【引例分析14-12】

至圣公司2019年度利润总额为350万元。税务师李娜依据《企业所得税法》确认需要进行纳税调整的事项，根据本项目引例中的事项，具体调整过程如下：

（1）投资收益中的国债利息应调减应税所得额50万元。

（2）营业外收入中的财政拨付专项经费应调减应税所得额40万元。

（3）新技术开发费应调减应税所得额=50×75%=37.5（万元）。

（4）残疾职工工资应调减应税所得额=32.5×100%=32.5（万元）。

（5）视同销售应调增应税所得额300万元。

（6）招待费实际开支=20+30=50（万元）。招待费发生额的60%为50×60%=30（万元），招待费限额=6 800×5‰=34（万元），应调增应税所得额=50-30=20（万元）。

（7）广告费和业务宣传费扣除限额=6 800×15%=1 020（万元），实际开支数=700+400=1 100（万元），应调增应税所得额=1 100-1 020=80（万元）。

（8）利息费用扣除限额=(100×8%+200×8%)÷2=12（万元），实际开支数=(100×8%+200×10%)÷2=14（万元），应调增应税所得额=14-12=2（万元）。

（9）职工福利费应调增应税所得额 $=96-84=12$（万元）。

（10）工会经费应调增应税所得额 $=15-12=3$（万元）。

（11）职工教育经费实际支付24万元小于准予扣除限额48万元，无须调增。

（12）罚款和滞纳金调增应税所得额 $=6+4=10$（万元）。

（13）捐赠应调增应税所得额75万元。

（14）资本公积中的教育费附加返还款应调增应税所得额20万元。

（15）应纳税所得额 $=350-50-40-37.5-32.5+20+20+80+2+12+3+10+75+300=712$（万元），应纳企业所得税 $=712\times25\%=178$（万元）。

二、境外所得抵扣税额的计算

企业取得的下列所得已在境外缴纳的所得税税额，可以从其当期应纳税额中抵免，抵免限额为该项所得依照《企业所得税法》规定计算的应纳税额；超过抵免限额的部分，可以在以后5个年度内，用每年度抵免限额抵免当年应抵税额后的余额进行抵补：

（1）居民企业来源于中国境外的应税所得。

（2）非居民企业在中国境内设立机构、场所，取得发生在中国境外但与该机构、场所有实际联系的应税所得。

抵免限额应当分国（地区）不分项计算，计算公式为：

抵免限额 = 中国境内、境外所得依照企业所得税法和条例规定计算的应纳税总额 × 来源于某国（地区）的应纳税所得额 ÷ 中国境内、境外应纳税所得总额

业务14－4

寰球影视公司2019年度境内应纳税所得额为100万元，该企业分别在A、B两国设有分支机构（我国与A、B两国已经缔结避免双重征税协定），在A国分支机构的应纳税所得额为50万元，A国税率为20%；在B国分支机构的应纳税所得额为30万元，B国税率为30%。假设该企业在A、B两国所得按我国税法计算的应纳税所得额和按A、B两国税法计算的应纳税所得额一致，两个分支机构在A、B两国分别缴纳了10万元和9万元的企业所得税，请核算该企业汇总时在我国应缴纳的企业所得税税额。

【工作步骤】

第一步：核算按我国税法计算的境内、境外所得的应纳税额：

应纳税额 $=(100+50+30)\times25\%=45$（万元）

第二步：核算A、B两国的扣除限额：

A国扣除限额 $=45\times[50\div(100+50+30)]=12.5$（万元）

B国扣除限额 $=45\times[30\div(100+50+30)]=7.5$（万元）

在A国缴纳的所得税为10万元，低于扣除限额12.5万元，可全额扣除。

在B国缴纳的所得税为9万元，高于扣除限额7.5万元，其超过扣除限

额的 1.5 万元当年不能扣除。

第三步：核算该企业汇总时在我国应缴纳的所得税：

在我国应纳所得税 =45 -10 -7.5 =27.5（万元）

三、居民企业核定征收应纳税额的计算（选修）

企业所得税的主要征收方式是查账征收和核定征收。对账簿健全、核算准确的企业，一般采用查账征收方式；对其他企业可以采用核定征收的方法。有关规定如下：

（一）核定征收的范围

对居民企业纳税人有下列情形之一的，核定征收企业所得税：

（1）依照法律、行政法规的规定可以不设置账簿的。

（2）依照法律、行政法规的规定应当设置但未设置账簿的。

（3）擅自销毁账簿或者拒不提供纳税资料的。

（4）虽设置账簿，但账目混乱或者成本资料、收入凭证、费用凭证残缺不全，难以查账的。

（5）发生纳税义务，未按照规定的期限办理纳税申报，经税务机关责令限期申报，逾期仍不申报的。

（6）申报的计税依据明显偏低，又无正当理由的。

（二）应纳税额核定方法

税务机关采用下列方法核定征收企业所得税：

（1）参照当地同类行业或者类似行业中经营规模和收入水平相近的纳税人的税负水平核定。

（2）按照应税收入额或成本费用支出额定率核定。

（3）按照耗用的原材料、燃料、动力等推算或测算核定。

（4）按照其他合理方法核定。

（三）核定应纳税所得率

税务机关应根据纳税人具体情况，对核定征收企业所得税的纳税人，核定应税所得率或者核定应纳所得税额。具有下列情形之一的，核定其应税所得率：

（1）能正确核算（查实）收入总额，但不能正确核算（查实）成本费用总额的。

（2）能正确核算（查实）成本费用总额，但不能正确核算（查实）收入总额的。

（3）通过合理方法，能计算和推定纳税人收入总额或成本费用总额的。

纳税人不属于以上情形的，核定其应纳所得税额。

实行应税所得率方式核定征收企业所得税的纳税人，经营多业的，无论其经营项目是否单独核算，均由税务机关根据其主营项目确定适用的应税所得率。

主营项目应为纳税人所有经营项目中，收入总额或者成本（费用）支出额或者耗用原材料、燃料、动力数量所占比重最大的项目。

应税所得率按表 14－3 规定的幅度标准确定。

表 14－3　应税所得率幅度标准

行　业	应税所得率（%）
农、林、牧、渔业	3～10
制造业	5～15
批发和零售贸易业	4～15
交通运输业	7～15
建筑业	8～20
饮食业	8～25
娱乐业	15～30
其他行业	10～30

纳税人的生产经营范围、主营业务发生重大变化，或者应纳税所得额或应纳税额增减变化达到20%的，应及时向税务机关申报调整已确定的应纳税额或应税所得率。

（四）应纳税额的计算

采用应税所得率方式核定征收企业所得税的，应纳所得税税额计算公式如下：

应纳所得税税额＝应纳税所得额×适用税率

应纳税所得额＝应税收入额×应税所得率

或　　＝成本（费用）支出额÷（1－应税所得率）×应税所得率

四、非居民企业应纳税额的计算

对于在中国境内未设立机构、场所的，或者虽设立机构、场所但所得与其所设机构、场所没有实际联系的非居民企业，按照下列方法计算其应纳税所得额：

（1）股息、红利等权益性投资收益和利息、租金、特许权使用费所得，以收入全额为应纳税所得额；

（2）转让财产所得，以收入全额减除财产净值后的余额为应纳税所得额；

（3）其他所得，参照前两项规定的方法计算应纳税所得额。

应纳税额的计算公式同上。

模块七　预缴企业所得税的纳税申报

微课：预缴企业所得税的纳税申报

PPT：预缴企业所得税的纳税申报

视频：企业所得税预缴

纳税人预缴所得税时，应当按照月度或者季度的实际利润额预缴；按照月度或者季度的实际利润额预缴有困难的，可以按照上一纳税年度应纳税所得额的月度或者季度平均额预缴，或者按照经税务机关认可的其他方法预缴。预缴方法一经确定，该纳税年度内不得随意变更。

一、预缴所得税申报表的种类

企业所得税月（季）度预缴纳税申报使用全国统一的纳税申报表，分如下几种："中华人民共和国企业所得税月（季）度预缴纳税申报表（A类）"适用于实行查账征收企业所得税的居民企业；"中华人民共和国企业所得税月（季）度和年度纳税申报表（B类）"适用于实行核定征收企业所得税的居民企业。

跨地区经营汇总纳税企业的分支机构，使用"中华人民共和国企业所得税月（季）度预缴纳税申报表（A类）"进行年度企业所得税汇算清缴申报。

二、查账征收预缴所得税申报表的填制

业务 14－5

大地塑胶制品有限公司经税务机关认可，按上一年度应纳税所得额的1/12分月预缴所得税，公司上年应纳税所得额为2 400 000.00元，适用企业所得税税率25%，企业在本年第三季度预缴时填列"中华人民共和国企业所得税月（季）度预缴纳税申报表（A类）"，填列结果如表14－4所示。

表 14－4　　企业所得税月（季）度预缴纳税申报表（A 类）

中华人民共和国

企业所得税月（季）度预缴纳税申报表（A 类）

税款所属期间：2019 年 7 月 1 日至 2019 年 9 月 30 日

纳税人识别号：□□□□□□□□□□□□□□□□□□

纳税人名称：大地塑胶制品有限公司　　　　金额单位：人民币元（列至角分）

<table>
<tr><th>行次</th><th colspan="2">项　　目</th><th>本期金额</th><th>累计金额</th></tr>
<tr><td>1</td><td colspan="4">一、据实预缴</td></tr>
<tr><td>2</td><td colspan="2">营业收入</td><td></td><td></td></tr>
<tr><td>3</td><td colspan="2">营业成本</td><td></td><td></td></tr>
<tr><td>4</td><td colspan="2">实际利润额</td><td></td><td></td></tr>
<tr><td>5</td><td colspan="2">税率（25%）</td><td></td><td></td></tr>
<tr><td>6</td><td colspan="2">应纳所得税额（4 行×5 行）</td><td></td><td></td></tr>
<tr><td>7</td><td colspan="2">减免所得税额</td><td></td><td></td></tr>
<tr><td>8</td><td colspan="2">实际已缴所得税额</td><td>—</td><td></td></tr>
<tr><td>9</td><td colspan="2">应补（退）的所得税额（6 行－7 行－8 行）</td><td>—</td><td></td></tr>
<tr><td>10</td><td colspan="4">二、按照上一纳税年度应纳税所得额的平均额预缴</td></tr>
<tr><td>11</td><td colspan="2">上一纳税年度应纳税所得额</td><td>—</td><td>2 400 000. 00</td></tr>
<tr><td>12</td><td colspan="2">本月（季）应纳税所得额（11 行÷12 或 11 行÷4）</td><td></td><td>600 000. 00</td></tr>
<tr><td>13</td><td colspan="2">税率（25%）</td><td>—</td><td>—</td></tr>
<tr><td>14</td><td colspan="2">本月（季）应纳所得税额（12 行×13 行）</td><td></td><td>150 000. 00</td></tr>
<tr><td>15</td><td colspan="4">三、按照税务机关确定的其他方法预缴</td></tr>
<tr><td>16</td><td colspan="2">本月（季）确定预缴的所得税额</td><td></td><td></td></tr>
<tr><td>17</td><td colspan="4">总分机构纳税人</td></tr>
<tr><td>18</td><td rowspan="3">总机构</td><td>总机构应分摊的所得税额（9 行或 14 行或 16 行×25%）</td><td></td><td></td></tr>
<tr><td>19</td><td>中央财政集中分配的所得税额（9 行或 14 行或 16 行×25%）</td><td></td><td></td></tr>
<tr><td>20</td><td>分支机构分摊的所得税额（9 行或 14 行或 16 行×50%）</td><td></td><td></td></tr>
<tr><td>21</td><td rowspan="2">分支机构</td><td>分配比例</td><td></td><td></td></tr>
<tr><td>22</td><td>分配的所得税额（20 行×21 行）</td><td></td><td></td></tr>
<tr><td colspan="5">谨声明：此纳税申报表是根据《中华人民共和国企业所得税法》《中华人民共和国企业所得税法实施条例》和国家有关税收规定填报的，是真实的、可靠的、完整的。
法定代表人（签字）：　　　　年　月　日</td></tr>
</table>

<table>
<tr><td>纳税人公章：

会计主管：

填表日期：　　　年　月　日</td><td>代理申报中介机构公章：

经办人：
经办人执业证件号码：
代理申报日期：　年　月　日</td><td>主管税务机关受理专用章：

受理人：

受理日期：　　年　月　日</td></tr>
</table>

国家税务总局监制

模块八 企业所得税的年度纳税申报

企业所得税采用“按年计征，分月或者分季预缴，年终汇算清缴，多退少补”的征收方法，因此，其纳税申报分为预缴纳税申报和年终纳税申报。在核算并确定了本企业当年应纳企业所得税税额后，就可以根据本企业本年度预缴的企业所得税，按照《企业所得税法》的规定纳税期限和地点，填写企业所得税年度纳税申报表，进行纳税申报。

一、纳税期限和地点

（一）纳税期限

微课：企业所得税的征收管理

（1）企业所得税分月或者分季预缴。企业应当自月份或者季度终了之日起 15 日内，向税务机关报送预缴企业所得税纳税申报表，预缴税款。企业所得税分月或者分季预缴，由税务机关具体核定。

（2）企业所得税按纳税年度计算。纳税年度自公历 1 月 1 日起至 12 月 31 日止。企业在一个纳税年度中间开业或者终止经营活动，使该纳税年度的实际经营期不足 12 个月的，应当以其实际经营期为一个纳税年度。企业依法清算时，应当以清算期间作为一个纳税年度。企业应当自年度终了之日起 5 个月内，向税务机关报送年度企业所得税纳税申报表，并汇算清缴，结清应缴应退税款。

PPT：企业所得税的征收管理

（二）纳税地点

（1）除税收法律、行政法规另有规定外，居民企业以企业登记注册地为纳税地点。但登记注册地在境外的，以实际管理机构所在地为纳税地点。

（2）居民企业在中国境内设立不具有法人资格的营业机构的，应当汇总计算并缴纳企业所得税。

视频：汇算清缴小知识

（3）非居民企业在中国境内设立机构、场所的，应当就其所设机构、场所取得的来源于中国境内的所得，以及发生在中国境外但与其所设机构、场所有实际联系的所得，以机构、场所所在地为纳税地点。非居民企业在中国境内设立两个或者两个以上机构、场所的，经税务机关审核批准，可以选择由其主要机构、场所汇总缴纳企业所得税。

（4）非居民企业在中国境内未设立机构、场所的，或者虽设立机构、场所但取得的所得与其所设机构、场所没有实际联系的，就其来源于中国境内的所得缴纳企业所得税，以扣缴义务人所在地为纳税地点。

二、企业所得税年度纳税申报表的特点和结构

（一）企业所得税年度纳税申报表的特点

实行查账征收的纳税人年度汇算清缴申报时，需要填报“中华人民共和国企业所得税年度纳税申报表（A 类）”。该表是一个包含 37 张表格的互相联系的报表体系。该表采取以企业会计核算为基础，对税收与会计差异进行纳税调整的方法，即间接计算法进行填报。该表有如下特点：

微课：年度纳税申报表的特点和结构

一是架构合理。该表围绕主表进行填报，主表数据大部分从附表生成，既可以电子申报，又可以手工填写。每张表既能独立体现税收政策或优惠，又与主表相互关联，层级分明，内容清晰，填报便捷。

二是信息量丰富。申报表中既有会计信息，又有税收与会计的差异情况，同时还包括税收优惠、境外所得等信息，便于数据的提取和分析使用。

PPT：年度纳税申报表的特点和结构

三是突出主体，繁简适度。申报表虽然表格数量很多，但纳税人可以根据自身的业务情况选择填报。对于占企业所得税纳税户 80% 以上的小微企业而言，一般只需要填报 4 ~ 5 张。从纳税人试填情况统计、分析，平均每一纳税人填报的表格为 12 张。

（二）企业所得税年度纳税申报表的结构

企业所得税年度纳税申报表的 37 张表格包括 1 张基础信息表、1 张主表、6 张收入费用明细表、15 张纳税调整表、1 张亏损弥补表、11 张税收优惠表、4 张境外所得抵免表和 2 张汇总纳税表。企业所得税年度纳税申报表填报表单详见表 14 – 5。

表 14 – 5　企业所得税年度纳税申报表填报表单

表单编号	表单名称	是否填报
A000000	企业所得税年度纳税申报基础信息表	√
A100000	中华人民共和国企业所得税年度纳税申报表（A 类）	√
A101010	一般企业收入明细表	□
A101020	金融企业收入明细表	□
A102010	一般企业成本支出明细表	□
A102020	金融企业支出明细表	□
A103000	事业单位、民间非营利组织收入、支出明细表	□
A104000	期间费用明细表	□
A105000	纳税调整项目明细表	□
A105010	视同销售和房地产开发企业特定业务纳税调整明细表	□
A105020	未按权责发生制确认收入纳税调整明细表	□
A105030	投资收益纳税调整明细表	□
A105040	专项用途财政性资金纳税调整明细表	□
A105050	职工薪酬支出及纳税调整明细表	□

续表

表单编号	表单名称	是否填报
A105060	广告费和业务宣传费等跨年度纳税调整明细表	□
A105070	捐赠支出及纳税调整明细表	□
A105080	资产折旧、摊销及纳税调整明细表	□
A105090	资产损失税前扣除及纳税调整明细表	□
A105100	企业重组及递延纳税事项纳税调整明细表	□
A105110	政策性搬迁纳税调整明细表	□
A105120	特殊行业准备金及纳税调整明细表	□
A106000	企业所得税弥补亏损明细表	□
A107010	免税、减计收入及加计扣除优惠明细表	□
A107011	符合条件的居民企业之间的股息、红利等权益性投资收益优惠明细表	□
A107012	研发费用加计扣除优惠明细表	□
A107020	所得减免优惠明细表	□
A107030	抵扣应纳税所得额明细表	□
A107040	减免所得税优惠明细表	□
A107041	高新技术企业优惠情况及明细表	□
A107042	软件、集成电路企业优惠情况及明细表	□
A107050	税额抵免优惠明细表	□
A108000	境外所得税收抵免明细表	□
A108010	境外所得纳税调整后所得明细表	□
A108020	境外分支机构弥补亏损明细表	□
A108030	跨年度结转抵免境外所得税明细表	□
A109000	跨地区经营汇总纳税企业年度分摊企业所得税明细表	□
A109010	企业所得税汇总纳税分支机构所得税分配表	□
说明：企业应当根据实际情况选择需要填报的表单。		

1. 基础信息表

本表为必填表，填报内容包括基本经营情况、有关涉税事项情况、主要股东及分红情况三部分。纳税人填报申报表时，首先填报此表，为后续申报提供指引。

本表反映纳税人的基本信息，包括名称、注册地、行业、注册资本、从业人数、股东结构、会计政策、存货办法、对外投资情况等，这些信息既可以替代企业备案资料（如资产情况及变化、从业人数），也是税务机关进行管理所需要的信息。

视频：扣缴企业所得税报告表填报说明

2. 主表

本表为必填表，是纳税人计算申报缴纳企业所得税的主表。本表体现企业所得税的计税流程，即在会计利润的基础上，按照税法进行纳税调整，计算应纳税所得额，扣除税收优惠数额，进行境外税收抵免，最后计算应补

（退）税款。

3. 收入费用明细表

收入费用明细表主要反映企业按照会计政策所发生的成本、费用情况。这些表格也是企业进行纳税调整的主要数据来源。

4. 纳税调整表

纳税调整是企业所得税管理的重点和难点，本表将所有税收与会计的差异需要调整的事项，按照收入、成本和资产三大类，设计了 13 张表格，通过表格的方式进行计算反映，既方便纳税人填报，又便于税务机关纳税评估、分析。

5. 亏损弥补表

亏损弥补表反映企业发生亏损如何结转问题，既准确计算亏损结转年度和限额，又便于税务机关进行管理。

6. 税收优惠表

税收优惠表将目前我国企业所得税税收优惠的 39 个项目按照税基、应纳税所得额、税额扣除等进行分类，设计了 9 张表格，通过表格的方式计算税收优惠享受情况、过程。既方便纳税人填报，又便于税务机关掌握税收减免税信息，核实优惠的合理性，进行优惠效益分析。

7. 境外所得抵免表

境外所得抵免表反映企业发生境外所得税如何抵免以及抵免具体计算问题。

8. 汇总纳税表

汇总纳税表反映汇总纳税企业的总分机构如何分配税额问题。

三、年度汇算清缴纳税申报表的填制

企业所得税纳税申报表与相关附表是相互联系的整体，附表是主表的基础，主表的数据大部分来源于附表。因此，在实际工作中通常是先填写附表，然后根据附表计算的结果填写主表。由于企业所得税纳税申报表采用间接计算法，应税所得额在会计报表的基础上取决于纳税调整额，因此，“纳税调整表”的 13 张表格是附表中处于核心位置的报表，不少数据来源于其他附表。

为方便纳税人进行纳税申报，很多地方的税务部门免费提供了以电子表格为基础的申报软件，将附表计算的结果根据其与主表之间的逻辑关系通过链接自动生成主表相应的数据。

案例：一个会计疏漏引发的企业所得税汇算清缴风险案件

【引例分析 14－13】

如前所述，企业所得税年度汇算清缴时，应填列“中华人民共和国企业所得税年度纳税申报表（A 类）”，在填列过程中，各附表是为主表服务的，主表中绝大部分数据来源于各张附表的数据，因此要准确填写主表，必须从各附表开始填写。下面以至圣公司为例说明纳税申报表的填列方法，具体申报表见表 14－6 至表 14－15）。

（一）一般企业收入明细表的填制

【引例分析 14－14】

税务师李娜根据至圣公司年度利润表及账册资料填列一般企业收入明细表，见表 14－6。

表 14－6 一般企业收入明细表

行次	项　　目	金　　额
1	一、营业收入（2＋9）	65 000 000.00
2	（一）主营业务收入（3＋5＋6＋7＋8）	60 000 000.00
3	1. 销售商品收入	60 000 000.00
4	其中：非货币性资产交换收入	
5	2. 提供劳务收入	
6	3. 建造合同收入	
7	4. 让渡资产使用权收入	
8	5. 其他	
9	（二）其他业务收入（10＋12＋13＋14＋15）	5 000 000.00
10	1. 销售材料收入	
11	其中：非货币性资产交换收入	
12	2. 出租固定资产收入	5 000 000.00
13	3. 出租无形资产收入	
14	4. 出租包装物和商品收入	
15	5. 其他	
16	二、营业外收入（17＋18＋19＋20＋21＋22＋23＋24＋25＋26）	1 000 000.00
17	（一）非流动资产处置利得	300 000.00
18	（二）非货币性资产交换利得	
19	（三）债务重组利得	
20	（四）政府补助利得	400 000.00
21	（五）盘盈利得	
22	（六）捐赠利得	100 000.00
23	（七）罚没利得	
24	（八）确实无法偿付的应付款项	
25	（九）汇兑收益	
26	（十）其他	200 000.00

（二）一般企业成本支出明细表的填制

【引例分析 14－15】

税务师李娜根据至圣公司年度利润表及账册资料填列一般企业成本支出明细表，见表 14－7。

表 14－7　一般企业成本支出明细表

行　次	项　目	金　额
1	一、营业成本（2＋9）	31 000 000.00
2	（一）主营业务成本（3＋5＋6＋7＋8）	28 000 000.00
3	1. 销售商品成本	28 000 000.00
4	其中：非货币性资产交换成本	
5	2. 提供劳务成本	
6	3. 建造合同成本	
7	4. 让渡资产使用权成本	
8	5. 其他	
9	（二）其他业务成本（10＋12＋13＋14＋15）	3 000 000.00
10	1. 材料销售成本	
11	其中：非货币性资产交换成本	
12	2. 出租固定资产成本	3 000 000.00
13	3. 出租无形资产成本	
14	4. 包装物出租成本	
15	5. 其他	
16	二、营业外支出（17＋18＋19＋20＋21＋22＋23＋24＋25＋26）	900 000.00
17	（一）非流动资产处置损失	
18	（二）非货币性资产交换损失	
19	（三）债务重组损失	
20	（四）非常损失	
21	（五）捐赠支出	750 000.00
22	（六）赞助支出	
23	（七）罚没支出	150 000.00
24	（八）坏账损失	
25	（九）无法收回的债券股权投资损失	
26	（十）其他	

（三）期间费用明细表的填制

【引例分析 14－16】

税务师李娜根据至圣公司年度利润表及账册资料填列期间费用明细表，

见表 14－8（明细项目略）。

表 14－8　　期间费用明细表

行次	项　目	销售费用	其中：境外支付	管理费用	其中：境外支付	财务费用	其中：境外支付
		1	2	3	4	5	6
1	一、职工薪酬		*		*	*	*
2	二、劳务费					*	*
3	三、咨询顾问费					*	*
4	四、业务招待费		*		*	*	*
5	五、广告费和业务宣传费		*		*	*	*
6	六、佣金和手续费						
7	七、资产折旧摊销费		*		*	*	*
8	八、财产损耗、盘亏及毁损损失		*		*	*	*
9	九、办公费		*		*	*	*
10	十、董事会费		*		*	*	*
11	十一、租赁费					*	*
12	十二、诉讼费		*		*	*	*
13	十三、差旅费		*		*	*	*
14	十四、保险费		*		*	*	*
15	十五、运输、仓储费					*	*
16	十六、修理费					*	*
17	十七、包装费		*		*	*	*
18	十八、技术转让费					*	*
19	十九、研究费用					*	*
20	二十、各项税费		*		*	*	*
21	二十一、利息收支	*	*	*	*		
22	二十二、汇兑差额	*	*	*	*		
23	二十三、现金折扣	*	*	*	*		*
24	二十四、党组织工作经费	*	*		*	*	*
25	二十五、其他						
26	合计（1＋2＋3＋…25）	18 000 000.00		10 000 000.00		2 200 000.00	

（四）纳税调整项目明细表的填制

【引例分析 14－17】

税务师李娜根据至圣电子科技有限公司年度利润表及账册资料填列纳税调整项目明细表，见表 14－9。

表 14 - 9 **纳税调整项目明细表**

行次	项目	账载金额	税收金额	调增金额	调减金额
		1	2	3	4
1	一、收入类调整项目（2 + 3 + …8 + 10 + 11）	*	*	3 200 000. 00	400 000. 00
2	（一）视同销售收入（填写 A105010）	*	3 000 000. 00	3 000 000. 00	*
3	（二）未按权责发生制原则确认的收入（填写 A105020）				
4	（三）投资收益（填写 A105030）				
5	（四）按权益法核算长期股权投资对初始投资成本调整确认收益	*	*	*	
6	（五）交易性金融资产初始投资调整	*	*		*
7	（六）公允价值变动净损益		*		
8	（七）不征税收入	*	*		400 000. 00
9	其中：专项用途财政性资金（填写 A105040）	*	*		400 000. 00
10	（八）销售折扣、折让和退回				
11	（九）其他		200 000. 00	200 000. 00	
12	二、扣除类调整项目（13 + 14 + …24 + 26 + 27 + 28 + 29 + 30）	*	*	2 020 000. 00	
13	（一）视同销售成本（填写 A105010）	*		*	
14	（二）职工薪酬（填写 A105050）	7 350 000. 00	7 200 000. 00	150 000. 00	
15	（三）业务招待费支出	500 000. 00	300 000. 00	200 000. 00	*
16	（四）广告费和业务宣传费支出（填写 A105060）	*	*	800 000. 00	
17	（五）捐赠支出（填写 A105070）	750 000. 00		750 000. 00	
18	（六）利息支出	140 000. 00	120 000. 00	20 000. 00	
19	（七）罚金、罚款和被没收财物的损失	60 000. 00	*	60 000. 00	*
20	（八）税收滞纳金、加收利息	40 000. 00	*	40 000. 00	*
21	（九）赞助支出		*		*
22	（十）与未实现融资收益相关在当期确认的财务费用				
23	（十一）佣金和手续费支出（保险企业填写 A105060）				
24	（十二）不征税收入用于支出所形成的费用	*	*		*
25	其中：专项用途财政性资金用于支出所形成的费用（填写 A105040）	*	*		*
26	（十三）跨期扣除项目				
27	（十四）与取得收入无关的支出		*		*
28	（十五）境外所得分摊的共同支出	*	*		*
29	（十六）党组织工作经费				
30	（十七）其他				
31	三、资产类调整项目（32 + 33 + 34 + 35）	*	*		
32	（一）资产折旧、摊销（填写 A105080）				
33	（二）资产减值准备金		*		
34	（三）资产损失（填写 A105090）				
35	（四）其他				
36	四、特殊事项调整项目（37 + 38 + … + 43）	*	*		
37	（一）企业重组及递延纳税事项（填写 A105100）				
38	（二）政策性搬迁（填写 A105110）	*	*		
39	（三）特殊行业准备金（填写 A105120）				

续表

行次	项　目	账载金额	税收金额	调增金额	调减金额
		1	2	3	4
40	（四）房地产开发企业特定业务计算的纳税调整额（填写 A105010）	*			
41	（五）合伙企业法人合伙人应分得的应纳税所得额				
42	（六）发行永续债利息支出				
43	（七）其他	*	*		
44	五、特别纳税调整应税所得	*	*		
45	六、其他	*	*		
46	合计（1 +12 +31 +36 +44 +45）	*	*	5 220 000. 00	400 000. 00

（五）职工薪酬支出及纳税调整明细表的填制

【引例分析 14 －18】

税务师李娜根据至圣公司年度利润表及账册资料填列职工薪酬支出及纳税调整明细表，见表 14 －10。

表 14 －10　　职工薪酬支出及纳税调整明细表

行次	项　目	账载金额	实际发生额	税收规定扣除率	以前年度累计结转扣除额	税收金额	纳税调整金额	累计结转以后年度扣除额
		1	2	3	4	5	6 =（1 －5）	7 =（2 +4 －5）
1	一、工资薪金支出	6 000 000. 00	6 000 000. 00	*	*	6 000 000. 00		*
2	其中：股权激励	–	–	*	*	–		*
3	二、职工福利费支出	960 000. 00	960 000. 00	14%	*	840 000. 00	120 000. 00	*
4	三、职工教育经费支出	240 000. 00	240 000. 00	*		480 000. 00		
5	其中：按税收规定比例扣除的职工教育经费	240 000. 00	240 000. 00	8%		480 000. 00		
6	按税收规定全额扣除的职工培训费用				*			*
7	四、工会经费支出	150 000. 00	150 000. 00	2%	*	120 000. 00	30 000. 00	*
8	五、各类基本社会保障性缴款			*	*			*
9	六、住房公积金			*	*			*
10	七、补充养老保险				*			*
11	八、补充医疗保险				*			*
12	九、其他			*	*			*
13	合计（1 +3 +4 +7 +8 +9 +10 +11 +12）	7 350 000. 00	7 350 000. 00	*	–	7 440 000. 00	150 000. 00	

（六）广告费和业务宣传费跨年度纳税调整明细表的填制

【引例分析 14－19】

税务师李娜根据至圣公司年度利润表及账册资料填列广告费和业务宣传费等跨年度纳税调整明细表，见表 14－11。

表 14－11　　广告费和业务宣传费等跨年度纳税调整明细表

行次	项　　目	广告费和业务宣传费	保险企业手续费及佣金支出
		1	2
1	一、本年支出	11 000 000. 00	
2	减：不允许扣除的支出		
3	二、本年符合条件的支出（1－2）	11 000 000. 00	
4	三、本年计算扣除限额的基数	68 000 000. 00	
5	乘：税收规定扣除率	15%	
6	四、本企业计算的扣除限额（4×5）	10 200 000. 00	
7	五、本年结转以后年度扣除额（3＞6，本行＝3－6；3≤6，本行＝0）	800 000. 00	
8	加：以前年度累计结转扣除额		
9	减：本年扣除的以前年度结转额［3＞6，本行＝0；3≤6，本行＝8 与（6－3）孰小值］		
10	六、按照分摊协议归集至其他关联方的金额（10≤3 与 6 孰小值）		*
11	按照分摊协议从其他关联方归集至本企业的金额		*
12	七、本年支出纳税调整金额（3＞6，本行＝2＋3－6＋10－11；3≤6，本行＝2＋10－11－9）	800 000. 00	
13	八、累计结转以后年度扣除额（7＋8－9）	800 000. 00	

（七）企业所得税弥补亏损明细表的填制

业务 14－6

天齐药业经销公司 2014—2019 年的盈亏情况（假定没有任何调整项目）见表 14－12。

表 14－12　　天齐药业经销公司 2014—2019 年的盈亏情况表

年份	2014	2015	2016	2017	2018	2019
盈亏额	－198 245. 70	－31 777. 70	23 394. 70	－3 367. 10	171 758. 00	481 238. 00

请核算该公司 2019 年可以弥补的亏损额。

第一步：弥补 2014 年亏损。2016 年和 2018 年的盈利可以先用来弥补 2014 年的亏损，还剩下 3 093 元亏损可以继续弥补，即 198 245. 70－23 394. 70－171 758＝3 093（元）。

第二步：确认可在以后年度弥补亏损。2015 年的亏损 31 777. 70 元和

2017 年的亏损 3 367.10 元也可结转 2019 年弥补。因此，以前年度结转 2019 年弥补的亏损额为：3 093 + 31 777.70 + 3 367.10 = 38 237.80（元）。

第三步：填写企业所得税弥补亏损明细表（见表 14-13）。

表 14-13　　企业所得税弥补亏损明细表

行次	项目	年度	可弥补亏损所得	分立转出的亏损额	合并、分立转入的亏损额		弥补亏损企业类型	当年亏损额	当年待弥补的亏损额	用本年度所得额弥补的以前年度亏损额		可结转以后年度弥补的亏损额
					可弥补年限 5 年	可弥补年限 10 年				使用境内所得弥补	使用境外所得弥补	
		1	2	3	4	5	6	7	8	9	10	11
1	前十年度	2009	0.00	0.00	0.00	0.00	一般企业	0.00	0.00	0.00	0.00	0.00
2	前九年度	2010	0.00	0.00	0.00	0.00	一般企业	0.00	0.00	0.00	0.00	0.00
3	前八年度	2011	0.00	0.00	0.00	0.00	一般企业	0.00	0.00	0.00	0.00	0.00
4	前七年度	2012	0.00	0.00	0.00	0.00	一般企业	0.00	0.00	0.00	0.00	0.00
5	前六年度	2013	0.00	0.00	0.00	0.00	一般企业	0.00	0.00	0.00	0.00	0.00
6	前五年度	2014	-198 245.70	0.00	0.00	0.00	一般企业	-198 245.70	-3 093.00	3 093.00	0.00	0.00
7	前四年度	2015	-31 777.70	0.00	0.00	0.00	一般企业	-31 777.70	-31 777.70	31 777.70	0.00	0.00
8	前三年度	2016	23 394.70	0.00	0.00	0.00	一般企业	0.00	0.00	0.00	0.00	0.00
9	前二年度	2017	-3 367.10	0.00	0.00	0.00	一般企业	-3 367.10	-3 367.10	3 367.10	0.00	0.00
10	前一年度	2018	171 758.00	0.00	0.00	0.00	一般企业	0.00	0.00	0.00	0.00	0.00
11	本年度	2019	481 238.00	0.00	0.00	0.00	一般企业	0.00	0.00	38 237.80	0.00	0.00
12	可结转以后年度弥补的亏损额合计											0.00

（八）免税、减计收入及加计扣除优惠明细表的填制

【引例分析 14-20】

免税、减计收入及加计扣除优惠明细表见表 14-14。

表 14-14　　免税、减计收入及加计扣除优惠明细表

行次	项　目	金　额
1	一、免税收入（2+3+9+…+16）	500 000.00
2	（一）国债利息收入免征企业所得税	500 000.00
3	（二）符合条件的居民企业之间的股息、红利等权益性投资收益免征企业所得税（4+5+6+7+8）	
4	1. 一般股息红利等权益性投资收益免征企业所得税（填写 A107011）	
5	2. 内地居民企业通过沪港通投资且连续持有 H 股满 12 个月取得的股息红利所得免征企业所得税（填写 A107011）	
6	3. 内地居民企业通过深港通投资且连续持有 H 股满 12 个月取得的股息红利所得免征企业所得税（填写 A107011）	
7	4. 居民企业持有创新企业 CDR 取得的股息红利所得免征企业所得税（填写 A107011）	
8	5. 符合条件的永续债利息收入免征企业所得税（填写 A107011）	

续表

行次	项　目	金　额
9	（三）符合条件的非营利组织的收入免征企业所得税	
10	（四）中国清洁发展机制基金取得的收入免征企业所得税	
11	（五）投资者从证券投资基金分配中取得的收入免征企业所得税	
12	（六）取得的地方政府债券利息收入免征企业所得税	
13	（七）中国保险保障基金有限责任公司取得的保险保障基金等收入免征企业所得税	
14	（八）中国奥委会取得北京冬奥组委支付的收入免征企业所得税	
15	（九）中国残奥委会取得北京冬奥组委分期支付的收入免征企业所得税	
16	（十）其他	
17	二、减计收入（18 +19 +23 +24）	
18	（一）综合利用资源生产产品取得的收入在计算应纳税所得额时减计收入	
19	（二）金融、保险等机构取得的涉农利息、保费减计收入（20 +21 +22）	
20	1. 金融机构取得的涉农贷款利息收入在计算应纳税所得额时减计收入	
21	2. 保险机构取得的涉农保费收入在计算应纳税所得额时减计收入	
22	3. 小额贷款公司取得的农户小额贷款利息收入在计算应纳税所得额时减计收入	
23	（三）取得铁路债券利息收入减半征收企业所得税	
24	（四）其他（24.1 +24.2）	
24.1	1. 取得的社区家庭服务收入在计算应纳税所得额时减计收入	
24.2	2. 其他	
25	三、加计扣除（26 +27 +28 +29 +30）	700 000.00
26	（一）开发新技术、新产品、新工艺发生的研究开发费用加计扣除（填写 A107012）	375 000.00
27	（二）科技型中小企业开发新技术、新产品、新工艺发生的研究开发费用加计扣除（填写 A107012）	
28	（三）企业为获得创新性、创意性、突破性的产品进行创意设计活动而发生的相关费用加计扣除	
29	（四）安置残疾人员所支付的工资加计扣除	325 000.00
30	（五）其他	
31	合计（1 +17 +25）	1 200 000.00

（九）中华人民共和国企业所得税年度纳税申报表（A 类）主表的填制

【引例分析 14 -21】

税务师李娜根据至圣公司上述资料填列企业所得税年度纳税申报表，见表 14 -15。

表 14－15 中华人民共和国企业所得税年度纳税申报表（A 类）

行次	类别	项目	金额
1	利润总额计算	一、营业收入（填写 A101010 \ 101020 \ 103000）	65 000 000. 00
2		减：营业成本（填写 A102010 \ 102020 \ 103000）	31 000 000. 00
3		减：税金及附加	900 000. 00
4		减：销售费用（填写 A104000）	18 000 000. 00
5		减：管理费用（填写 A104000）	10 000 000. 00
6		减：财务费用（填写 A104000）	2 200 000. 00
7		减：资产减值损失	
8		加：公允价值变动收益	
9		加：投资收益	500 000. 00
10		二、营业利润（1－2－3－4－5－6－7＋8＋9）	3 400 000. 00
11		加：营业外收入（填写 A101010 \ 101020 \ 103000）	1 000 000. 00
12		减：营业外支出（填写 A102010 \ 102020 \ 103000）	900 000. 00
13		三、利润总额（10＋11－12）	3 500 000. 00
14	应纳税所得额计算	减：境外所得（填写 A108010）	
15		加：纳税调整增加额（填写 A105000）	5 220 000. 00
16		减：纳税调整减少额（填写 A105000）	400 000. 00
17		减：免税、减计收入及加计扣除（填写 A107010）	1 200 000. 00
18		加：境外应税所得抵减境内亏损（填写 A108000）	
19		四、纳税调整后所得（13－14＋15－16－17＋18）	7 120 000. 00
20		减：所得减免（填写 A107020）	
21		减：弥补以前年度亏损（填写 A106000）	
22		减：抵扣应纳税所得额（填写 A107030）	
23		五、应纳税所得额（19－20－21－22）	7 120 000. 00
24	应纳税额计算	税率（25%）	25%
25		六、应纳所得税额（23×24）	1 780 000. 00
26		减：减免所得税额（填写 A107040）	
27		减：抵免所得税额（填写 A107050）	
28		七、应纳税额（25－26－27）	1 780 000. 00
29		加：境外所得应纳所得税额（填写 A108000）	
30		减：境外所得抵免所得税额（填写 A108000）	
31		八、实际应纳所得税额（28＋29－30）	1 780 000. 00
32		减：本年累计实际已缴纳的所得税	875 000. 00
33		九、本年应补（退）所得税额（31－32）	905 000. 00
34		其中：总机构分摊本年应补（退）所得税额（填写 A109000）	
35		财政集中分配本年应补（退）所得税额（填写 A109000）	
36		总机构主体生产经营部门分摊本年应补（退）所得税额（填写 A109000）	

其他表格略。

四、纳税申报表的报送与税款缴纳

按照规定的格式填列的企业所得税纳税申报表应在规定的时间内报送主管税务局，目前主要的报送方式是直接报送和网上申报。直接报送是将纳税申报表直接送达主管税务局的办税服务大厅，由税务工作人员签收。网上申报是目前广泛采用的经济、快捷的报送方式。企业所得税的网上税款缴纳操作参照增值税业务办理。

练习题：企业所得税纳税实务

项目十五

个人所得税纳税实务

知识点

个人所得税征税范围　个人所得税纳税人　个人所得税税率　个人所得税代扣代缴时间和地点的限定　个人所得税自行申报时间和地点的限定

技能点

综合所得税额计算　经营所得税额计算　利息、股息、红利所得税额计算　财产租赁所得税额计算　财产转让所得税额计算　偶然所得税额计算　境外个人所得税额计算　个人所得税代扣代缴纳税申报　个人所得税自行申报

知识导图

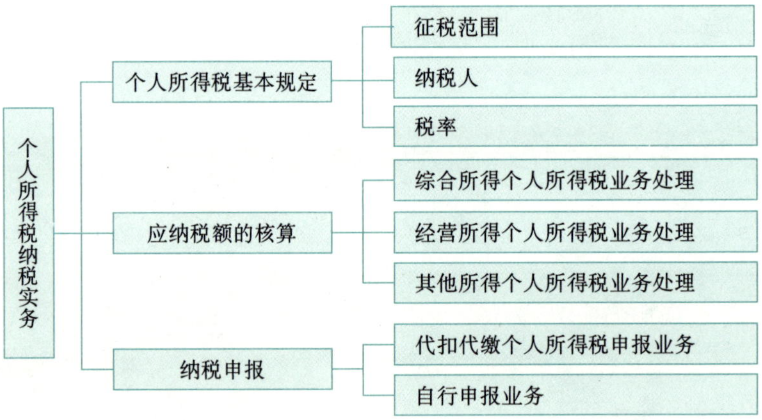

引　例

王明达个人所得税的纳税申报

中国公民王明达（身份证号：420355196802140582）是裕荣集团股份有限公司（以下简称“裕荣公司”）的大股东，税号：91440101MA59NQ8B67，同时也是一位作家，委托公司财务经理张勤核算其2019年3、4月份的个人所得税，王明达取得的收入如下：

（1）每月获得工资30 000元，具体明细如工资表所示。

（2）2019年3月12日，出租位于市区罗马花园的商品房，每月租金5 000元，出租前已对房屋的渗水进行维修，费用1 500元。

（3）2019年3月16日，转让上月购入的境内某上市公司股票，扣除印花税和交易手续费等，净盈利3 000元。同时因持有某上市公司的股票6个月取得公司分配股利2 000元。

（4）2019年3月22日，购买“双色球”彩票获得中奖收入2 500元。

（5）2019年4月8日，受邀为某高校做培训取得讲课费8 000元。

（6）2019年4月18日，与某高校4位教师共同编写一本书，取得参编稿费6 000元。

裕荣集团股份有限公司2019年3月工资发放表（部分）

序号	姓　名	应发工资	扣除项目				专项附加扣除	扣除合计
			养老（8%）	医疗（2%）	失业（0.5%）	公积金（10%）		
1	王明达	30 000.00	2 400.00	600.00	150.00	3 000.00	2 000.00	8 150.00
2	卢梁	12 000.00	960.00	240.00	60.00	1 200.00	3 000.00	5 460.00
3	奉城	15 000.00	1 200.00	300.00	75.00	1 500.00	2 500.00	5 575.00
4	张强	8 000.00	640.00	160.00	40.00	800.00	2 000.00	3 640.00
5	黄光	10 000.00	800.00	200.00	50.00	1 000.00	1 500.00	2 550.00

【引例分析15－1】

目前我国工资薪金的个人所得税依据《中华人民共和国个人所得税法》代扣、代缴，其他个人所得由个人自行申报。2018年，我国对个人所得税实施了重大改革，先后颁布了《中华人民共和国个人所得税法实施条例》和《个人所得税专项附加扣除暂行办法》，均于2019年1月1日起正式实施。在实际工作中应对照最新文件规定，首先确定个人所得的征税范围、纳税人以及对应的税率，然后再根据以上三项法律法规中规定的核算方式对所有相关业务进行应纳个人所得税的核算，并填写好“扣缴个人所得税报告表”或

"个人所得税纳税申报表"提交给主管税务机关。

微课：个人所得税的征税范围

模块一 确定个人所得税征税范围

PPT：个人所得税的征税范围

要准确地进行个人所得税的代扣代缴，必须要明确哪些收入需要缴纳个人所得税，其中哪些是由单位代扣代缴，哪些是由个人自行申报。在确定了征税范围以后，才能根据单位向员工发放的各种收入核算、申报个人所得税。因此，财会人员首先要熟悉《中华人民共和国个人所得税法》和《中华人民共和国个人所得税法实施条例》中对征税范围的规定。

个人所得税是对个人取得的各项应税所得征收的一种税，是和广大居民联系最为紧密的一个税种。要缴纳个人所得税的所得，不是个人所有的收入，只限于按照税法规定的应税项目范围。现行个人所得税的应税所得共9项：

一、工资、薪金所得

工资、薪金所得是指个人因任职或者受雇而取得的工资、薪金、奖金、年终加薪、劳动分红、津贴、补贴以及与任职或者受雇有关的其他所得。

但下列项目不属于工资薪金所得：

（1）独生子女补贴；

（2）执行公务员工资制度未纳入基本工资总额的补贴、津贴差额和家属成员的副食品补贴；

（3）托儿补助费；

（4）差旅费津贴、误餐补助；

（5）外国来华留学生领取的生活津贴费、奖学金。

二、劳务报酬所得

劳务报酬所得，是指个人独立从事各种非雇佣的劳务所取得的所得，包括设计、装潢、安装、制图、化验、测试、医疗、法律、会计、咨询、讲学、新闻、广播、翻译、审稿、书画、雕刻、影视、录音、录像、演出、表演、广告、展览、技术服务、介绍服务、经纪服务、代办服务以及其他劳务取得的所得。

在实际操作过程中，还可能出现难以判定一项所得是属于工资、薪金所得，还是属于劳务报酬所得的情况。两者的区别在于：工资、薪金所得属于非独立个人劳务活动，即在机关、团体、学校、部队、企事业单位任职、受雇而得到的报酬；而劳务报酬所得，则是个人独立从事各种技艺、提供各项劳务取得的报酬。

三、稿酬所得

稿酬所得，是指个人因其作品以图书、报刊形式出版、发表而取得的所得。将稿酬所得独立划归一个征税项目，而对不以图书、报刊形式出版、发表的翻译、审稿、书画所得归为劳务报酬所得，主要是考虑了出版、发表作品的特殊性。它是一种依靠较高智力创作的精神产品、与社会主义精神文明和物质文明密切相关且报酬相对偏低。因此，稿酬所得应当与一般劳务报酬相区别，并给予适当优惠照顾。

知识窗

稿酬性质的确定

任职、受雇于报刊、杂志等单位的编辑、记者等专业人员，因在本单位的报刊、杂志上发表作品取得的所得，属于因任职、受雇而取得的所得，应与其当月工资收入合并，按“工资、薪金所得”项目缴纳个人所得税。除上述专业人员外，其他人员在本单位的报刊、杂志上发表作品取得的所得，应按“稿酬所得”项目缴纳个人所得税。出版社的专业作者撰写、编写或翻译的作品，由本社以图书形式出版而取得的稿费收入，应按“稿酬所得”项目计算缴纳个人所得税。

四、特许权使用费所得

特许权使用费所得，是指个人提供专利权、商标权、著作权、非专利技术以及其他特许权的使用权取得的所得；提供著作权的使用权取得的所得，不包括稿酬所得。

五、经营所得

（1）个体工商户从事生产、经营活动取得的所得，个人独资企业投资人、合伙企业的个人合伙人来源于境内注册的个人独资企业、合伙企业生产、经营的所得。

（2）个人依法从事办学、医疗、咨询以及其他有偿服务活动取得的所得。

（3）个人对企业、事业单位承包经营、承租经营以及转包、转租取得的所得。

（4）个人从事其他生产、经营活动取得的所得。

目前我国个人独资企业和合伙企业（自然人）不缴纳企业所得税，其投资者应当按照“经营所得”缴纳个人所得税。个人独资企业、合伙企业的个人投资者以企业资金为本人、家庭成员及其相关人员支付与企业生产、经营无关的消费性支出及购买汽车、住房等财产性支出，视为企业对个人投资者的利润分配，并入投资者个人的生产、经营所得，依照“经营所得”项目缴纳个人所得税。

知识窗

合伙企业所得税的缴纳

合伙企业的生产、经营所得采取“先分后税”的原则，即合伙企业以每一个合伙人为纳税义务人。从2008年1月1日起，合伙企业合伙人是自然人的，缴纳个人所得税；合伙人是法人和其他组织的，缴纳企业所得税。

六、利息、股息、红利所得

利息、股息、红利所得，是指个人拥有债权、股权而取得的利息、股息、红利所得。利息是指个人拥有债权而取得的利息，包括存款利息、贷款利息和各种债券的利息。按税法规定，个人取得的利息所得，除国债、国家发行的金融债券利息和银行储蓄存款利息暂免征收个人所得税以外，应当依法缴纳个人所得税。股息是指股东定期按一定的比率从上市公司分取的盈利，即因持有公司股票而获得的收益。红利是指上市公司分派股息之后按持股比例向股东分配的剩余利润。

除个人独资企业、合伙企业以外的其他企业的个人投资者，以企业资金为本人、家庭成员及其相关人员支付与企业生产、经营无关的消费性支出及购买汽车、住房等财产性支出，视为企业对个人投资者的红利分配，依照“利息、股息、红利所得”项目计征个人所得税。

纳税年度内个人投资者从其投资企业（个人独资企业、合伙企业除外）借款，在该纳税年度终了后既不归还又未用于企业生产、经营的，其未归还的借款可视为企业对个人投资者的红利分配，依照“利息、股息、红利所得”项目计征个人所得税。

七、财产租赁所得

财产租赁所得，是指个人出租建筑物、土地使用权、机器设备、车船以及其他财产取得的所得。个人取得的财产转租收入，属于本项所得的征税范围。

八、财产转让所得

财产转让所得，是指个人转让有价证券、股权、建筑物、土地使用权、机器设备、车船以及其他财产取得的所得。财产转让所得中的“财产”不仅包括有形财产，也包括无形财产。目前，我国对股票转让所得暂不征收个人所得税。

九、偶然所得

偶然所得，是指个人得奖、中奖、中彩以及其他偶然性质的所得。得奖是指参加各种有奖竞赛活动，取得名次得到的奖金；中奖、中彩是指参加各种有奖活动，如有奖销售、有奖储蓄或者购买彩票，经过规定程序，抽中、摇中号码而取得的奖金。偶然所得应由发奖单位代扣代缴个人所得税。

知识窗

偶然所得的税收优惠

为了有利于动员全社会力量资助和发展我国的体育事业，对个人购买社会福利有奖募捐奖券、体育彩票，凡一次中奖收入不超过10 000元的，暂免征收个人所得税，对一次中奖收入超过10 000元的，应全额征税。

个人取得单张有奖发票奖金所得不超过800元（含800元）的，暂免征收个人所得税；个人取得单张有奖发票奖金所得超过800元的，应全额按照个人所得税规定的“偶然所得”项目征收个人所得税。

十、个人所得税的税收优惠

（一）免征个人所得税的优惠

下列各项个人所得，可以免征个人所得税：

（1）省级人民政府、国务院部委和中国人民解放军军以上单位，以及外国组织、国际组织颁发的科学、教育、技术、文化、卫生、体育、环境保护等方面的奖金。

视频：个税改革

（2）国债和国家发行的金融债券利息。

（3）按照国家统一规定发给的补贴、津贴。

（4）福利费、抚恤金、救济金。

（5）保险赔款。

（6）军人的转业费、复员费。

（7）按照国家统一规定发给干部、职工的安家费、退职费、基本养老金或者退休费、离休费、离休生活补助费。

（8）企业和个人按照省级以上人民政府规定的比例缴付的医疗保险金、基本养老保险金、失业保险金、住房公积金。

案例：十大个税反避税典型案例

（9）生育妇女按照县级以上人民政府根据国家有关规定制定的生育保险办法，取得的生育津贴、生育医疗费或其他属于生育保险性质的津贴、补贴。

（10）对工伤职工及其近亲属按照《工伤保险条例》规定取得的工伤保险待遇。

（11）被拆迁人按照国家有关城镇房屋拆迁管理办法规定的标准取得的拆迁补偿款。

（12）个人取得的教育储蓄存款利息所得。

（13）个人转让自用达5年以上并且是唯一的家庭居住用房取得的所得。

（14）个人举报、协查各种违法、犯罪行为而获得的奖金。

（15）国务院规定的其他免税所得。

（二）减征个人所得税的优惠

下列情形之一的，可以减征个人所得税：

（1）残疾、孤老人员和烈属的所得。

（2）因自然灾害遭受重大损失的。

具体幅度和期限，由省、自治区、直辖市人民政府规定，并报同级人民代表大会常务委员会备案。

【引例分析 15－2】

2019年3—4月份王明达取得的各项收入中：

（1）获得工资收入，应按照居民个人取得的综合所得（工资薪金）计算缴纳个人所得税；

（2）取得讲课费，应按照综合所得（劳务报酬）计算缴纳个人所得税；

（3）取得参编书本稿费，应按照综合所得（稿酬）计算缴纳个人所得税；

（4）出租商品房取得的收入，应按照财产租金所得计算缴纳个人所得税；

（5）转让股票取得的盈利暂免征收个人所得税；持有公司股票获得股利所得，应按照利息、股息红利所得计算缴纳个人所得税；

（6）购买彩票获得中奖收入，应按照偶然所得计算缴纳个人所得税。

微课：个人所得税的纳税人和税率

模块二　确定个人所得税纳税人与税率

在明确了哪些员工收入需要代扣代缴个人所得税以后，接下来就要判断每项应税收入按照什么税率来缴纳个人所得税了。《中华人民共和国个人所得税法》中规定了个人所得税的纳税人、扣缴义务人，也规定了9类不同的应税收入各自所对应的个人所得税税率。因此，财会人员需要先确定自己单位代扣代缴义务，然后再去确定不同的应税收入所对应的个人所得税税率。

PPT：个人所得税的纳税人和税率

一、确定个人所得税的纳税人

个人所得税的纳税义务人，包括取得上述所得项目的中国公民、个体工商户以及在中国有所得的外籍个人（包括无国籍人员，下同）和香港、澳门、台湾同胞。依据住所和居住时间两个标准，个人所得税的纳税人可以区分为居民个人和非居民个人，分别承担不同的纳税义务。

（一）居民个人

居民个人负有无限纳税义务，其取得的应税所得，无论是来源于中国境内（指中国大陆地区，不包括香港、澳门和台湾）还是中国境外，都要在中国缴纳个人所得税。

根据《中华人民共和国个人所得税法》规定，居民个人是指在中国境内有住所，或者无住所而一个纳税年度内在中国境内居住累计满 183 天的个人。居民个人包括以下两类：

1. 在中国境内[①]有住所的个人

在中国境内有住所，是指因户籍、家庭、经济利益关系，而在中国境内习惯性居住的个人。习惯性居住，是判断居民纳税人的一个重要依据。它是指个人因学习、工作、探亲等原因消除之后，没有理由在其他地方继续居留时，所要回到的地方，而不是指实际居住或在某一个特定时期内的居住地。因此，在中国境内定居的中国公民和外国侨民属于居民个人，但不包括虽有中国国籍，却没有在中国大陆定居，而是侨居海外的华侨和居住在香港、澳门、台湾的同胞。

2. 在中国境内无住所但居住满 183 天的个人

所谓在境内居住满 183 天，是指在一个纳税年度内（公历 1 月 1 日起至 12 月 31 日止），在中国境内居住累计满 183 日。在计算居住天数时，不扣减临时离境的天数。所谓临时离境，是指在一个纳税年度内，一次不超过 30 天或者多次累计不超过 90 天的离境。

（二）非居民个人

非居民纳税人承担有限纳税义务，仅就其来源于中国境内的所得，向中国缴纳个人所得税。

非居民纳税人，是指习惯性居住地不在中国境内，而且不在中国居住，或者在一个纳税年度内，在中国境内居住累计不满 183 天的个人。在现实生活中，习惯性居住地不在中国境内的个人，只有外籍人员、华侨或香港、澳门和台湾同胞。因此，非居民个人，实际上只能是在一个纳税年度中，没有在中国境内居住，或者在中国境内居住天数累计不满 183 天的外籍人员、华侨和香港、澳门和台湾同胞。

---

① 现行税法中关于“中国境内”的概念，是指中国大陆地区，目前还不包括中国香港、澳门和台湾地区。

视频：轻松了解个税福利

知识窗

个人所得来源地的确定

下列所得，不论支付地点是否在中国境内，均为来源于中国境内的所得：

（一）因任职、受雇、履约等而在中国境内提供劳务取得的所得；

（二）将财产出租给承租人在中国境内使用而取得的所得；

（三）转让中国境内的建筑物、土地使用权等财产或者在中国境内转让其他财产取得的所得；

（四）许可各种特许权在中国境内使用而取得的所得；

（五）从中国境内的公司、企业以及其他经济组织或者个人取得的利息、股息、红利所得。

二、确定个人所得税的税率

个人所得税的税率按所得项目不同分别确定。

（一）综合所得

1. 居民个人

（1）居民个人综合所得税率。居民个人取得综合所得（包括工资、薪金所得、劳务报酬所得、稿酬所得和特许权使用费所得）适用七级超额累进税率，税率为3%~45%，见表15－1。

案例：新个税解读案例

表15－1　居民个人综合所得个人所得税税率表

级数	全年应纳税所得额	税率	速算扣除数
1	不超过36 000元	3%	0
2	超过36 000元至144 000元的部分	10%	2 520
3	超过144 000元至300 000元的部分	20%	16 920
4	超过300 000元至420 000元的部分	25%	31 920
5	超过420 000元至660 000元的部分	30%	52 920
6	超过660 000元至960 000元的部分	35%	85 920
7	超过960 000元的部分	45%	181 920

注：本表所称“全年应纳税所得额”是指依照税法的规定，居民个人取得综合所得以每一纳税年度收入额减除费用6万元以及专项扣除、专项附加扣除和依法确定的其他扣除后的余额。

（2）居民个人工资、薪金所得预扣预缴税率。居民个人工资、薪金所得预扣预缴税率如表15－2。

表 15－2　居民个人工资、薪金所得预扣预缴税率表

级数	累计预扣预缴应纳税所得	预扣率	速算扣除数
1	不超过 36 000 元	3%	0
2	超过 36 000 元至 144 000 元的部分	10%	2 520
3	超过 144 000 元至 300 000 元的部分	20%	16 920
4	超过 300 000 元至 420 000 元的部分	25%	31 920
5	超过 420 000 元至 660 000 元的部分	30%	52 920
6	超过 660 000 元至 960 000 元的部分	35%	85 920
7	超过 960 000 元的部分	45%	181 920

（3）居民个人劳务报酬所得预扣预缴税率。居民个人劳务报酬所得的预扣预缴适用三级超额累进税率，税率为 20%～40%，见表 15－3。

表 15－3　居民个人劳务报酬所得预扣预缴税率表

级数	预扣预缴应纳税所得额	税率（%）	速算扣除数
1	不超过 20 000 元的部分	20%	0
2	超过 20 000 元至 50 000 元的部分	30%	2 000
3	超过 50 000 元的部分	40%	7 000

（4）居民个人稿酬、特许权使用费所得预扣预缴税率。居民纳税人稿酬、特许权使用费所得的预扣预缴税率为 20%。

2. 非居民个人

非居民个人工资薪金、劳务报酬、稿酬、特许权使用费所得预扣预缴的个人所得税适用七级超额累进税率，税率为 3%～45%，见表 15－4。

表 15－4　非居民个人工资薪金、劳务报酬、稿酬、特许权使用费所得适用税率表

级数	应纳税所得额	税率（%）	速算扣除数
1	不超过 3 000 元	3	0
2	超过 3 000 元至 12 000 元的部分	10	210
3	超过 12 000 元至 25 000 元的部分	20	1 410
4	超过 25 000 元至 35 000 元的部分	25	2 660
5	超过 35 000 元至 55 000 元的部分	30	4 410
6	超过 55 000 元至 80 000 元的部分	35	7 160
7	超过 80 000 元的部分	45	15 160

（二）经营所得

经营所得适用 5%～35% 的超额累进税率，见表 15－5。

表 15-5 经营所得个人所得税税率表

级数	全年应纳税所得额	税率	速算扣除数
1	不超过 30 000 元的	5%	0
2	超过 30 000 元至 90 000 元的部分	10%	4 500
3	超过 90 000 元至 300 000 元的部分	20%	10 500
4	超过 300 000 元至 500 000 元的部分	30%	40 500
5	超过 500 000 元的部分	35%	65 500

注：本表所称“全年应纳税所得额”是指依照税法规定，以每一纳税年度的收入总额减除成本、费用以及损失后的余额。

个人独资企业和合伙企业的经营所得，也适用 5% ~ 35% 的超额累进税率。

（三）其他所得

其他所得主要包括利息、股息、红利所得，财产租赁所得，财产转让所得，偶然所得，均适用比例税率，税率为 20%。

【引例分析 15-3】

2019 年 3—4 月份王明达取得的各项收入适用税率分别为：

（1）获得工资收入，应按照表 15-1 的税率计算缴纳个人所得税；

（2）取得讲课费，应按照表 15-1 的税率计算缴纳个人所得税；

（3）取得参编书本稿费，应按照表 15-1 的税率得计算缴纳个人所得税；

（4）出租商品房取得的收入，应按照 20% 的税率计算缴纳个人所得税；

（5）转让股票取得的盈利暂免征收个人所得税；持有公司股票获得股利所得，应按照 20% 的税率计算缴纳个人所得税；

（6）购买彩票获得中奖收入，应按照 20% 的税率计算缴纳个人所得税。

微课：征税方法及计税依据的确定方式

模块三 综合所得个人所得税的计算

在确定了各项收入的个人所得税税率以后，接下来就要判断这些应税收入应纳个人所得税的核算方式了。

PPT：征税方法及计税依据的确定方式

一、居民个人预扣预缴业务的核算

对于居民个人而言，工资薪金、劳务报酬、稿酬、特许权使用费属于综合所得，在日常获取收入时应由扣缴义务人预扣预缴个人所得税，年终再由纳税人进行汇算清缴。

（一）居民个人综合所得应纳税额的核算

1. 综合所得的计税依据

综合所得以每月收入额减除费用 5 000 元/月（60 000 元/年）及专项扣

除、专项附加扣除和依法确定的其他扣除后的余额，为应纳税所得额。具体规定如下：

（1）收入额。工资、薪金所得全额计入收入额；劳务报酬所得、特许权使用费所得以收入减除20%的费用后的余额为收入额；稿酬所得的收入额在扣除20%费用的基础上，再减按70%计算，即稿酬所得的收入额为实际取得稿酬收入的56%。

微课：专项附加扣除

知识窗

保险营销员、证券经纪人佣金收入的确认

保险营销员、证券经纪人取得的佣金收入，属于劳务报酬所得，自2019年1月1日开始，以不含增值税的收入减除20%的费用后的余额为收入额，收入额减去展业成本以及附加税费后，并入当年综合所得，计算缴纳个人所得税。保险营销员、证券经纪人展业成本按照收入额的25%计算。

PPT：专项附加扣除

（2）专项扣除。包括居民纳税人按照国家规定的范围和标准缴纳的基本养老保险、基本医疗保险、失业保险等社会保险费和住房公积金等支出。

视频：个税专项附加扣除解析

（3）专项附加扣除。包括子女教育、继续教育、大病医疗、住房贷款利息或者住房租金、赡养老人等支出。

（4）其他扣除。包括个人缴付符合国家规定的企业年金、职业年金，个人购买符合国家规定的商业健康保险、税收递延型商业养老保险的支出，以及国务院规定可以扣除的其他项目。

视频：个税专项附加扣除七大问题

2. 综合所得应纳税额的计算

综合所得应纳税额的计算公式为：

应纳税额＝应纳税所得额×适用税率－速算扣除数

＝（每年收入－60000元－专项扣除－专项附加扣除－其他扣除）×适用税率－速算扣除数

微课：综合所得年应纳税额的计算

知识窗

居民个人全年一次性奖金的计税办法

在2021年12月31日前，居民个人取得全年一次性奖金不并入当年综合所得，以全年一次性奖金收入除以12个月得到的数额，按照确定的适用税率和速算扣除数，单独计算纳税。计算公式为：

应纳税额＝全年一次性奖金收入×适用税率－速算扣除数

居民个人取得全年一次性奖金可以选择并入当年综合所得计算纳税。

自2022年1月1日起，居民个人取得全年一次性奖金，应并入当年综合所得计算缴纳个人所得税。

PPT：综合所得年应纳税额的计算

（二）居民个人综合所得预扣预缴的核算

微课：综合所得预扣预缴个人所得税的计算

PPT：综合所得预扣预缴个人所得税的计算

1. 工资、薪金所得预扣预缴税款计算方法

扣缴义务人向居民个人支付工资、薪金所得时，需要按照“累计预扣法”计算预扣预缴税款。具体方法为：

（1）计算累计预扣预缴应纳税所得额。对居民个人，按照其在本单位截至当前月份工资、薪金所得的累计收入，减除累计免税收入、累计减除费用、累计专项扣除、累计专项附加扣除和累计依法确定的其他扣除计算预扣预缴应纳税所得额。具体公式：

$$\text{累计预扣预缴应纳税所得额}=\text{累计收入}-\text{累计免税收入}-\text{累计减除费用}-\text{累计专项扣除}-\text{累计专项附加扣除}-\text{累计依法确定的其他扣除}$$

其中，本期可扣除的专项附加扣除金额，为该纳税人在扣缴义务单位截至预扣预缴当月符合政策条件的扣除金额，扣除标准、范围和条件见表15－6。

（2）计算本期应预扣预缴税额。根据累计预扣预缴应纳税所得额，对照表15－1，查找适用预扣率和速算扣除数，据此计算累计应预扣预缴税额，再减除累计减免税额和累计已预扣预缴税额。如果计算本月应预扣预缴税额为负值时，暂不退税。纳税年度终了后余额仍为负值时，由纳税人通过办理综合所得年度汇算清缴，税款多退少补。具体公式：

$$\text{本期应预扣预缴税额}=\left(\text{累计预扣预缴应纳税所得额}\times\text{预扣率}-\text{速算扣除数}\right)-\text{累计减免税额}-\text{累计已预扣预缴税额}$$

【引例分析 15－4】

王明达3月份取得的工资收入，个人所得税计算如下：

累计收入＝30 000×3＝90 000（元）；累计减除费用＝5 000×3＝15 000（元）；累计专项扣除＝(2 400＋600＋150＋3 000)×3＝18 450（元）；累计专项附加扣除＝2 000×3＝6 000（元）。

累计应纳税所得额＝90 000－15 000－18 450－6 000＝50 550（元），适用税率为10%，速算扣除数为2 520，因此累计应纳税额＝50 550×10%－2 520＝2 535（元）。

1月份已纳税额＝(30 000－5 000－6 150－2 000)×3%＝505.5（元）

2月份已纳税额＝(30 000×2－5 000×2－6 150×2－2 000×2)×3%－505.5＝505.5（元）

3月应纳税额＝2 535－505.5×2＝1 524（元）

表 15－6 **居民纳税人综合所得专项附加扣除标准明细表**

专项附加扣除名称	扣除标准		使用范围和条件	享受扣除政策对象	纳税人留存备查资料	补充说明
	每年	每月				
1. 子女教育	12 000 元	每个子女 10 00 元	学前教育：年满 3 岁至小学入学前	• 每个子女，每月扣除 1 000 元，多个符合扣除条件的子女，每个子女均可享受扣除 • 扣除人由父母双方选择确定，既可以由父母一方全额扣除，也可以父母分别扣除 500 元 • 扣除方式确定后，一个纳税年度内不能变更	• 境内接受教育：不需要 • 境外接受教育：境外学校录取通知书、留学签证等相关教育资料	入学前是指入学前的 1 个月
			学历教育：义务教育、高中阶段教育、高等教育阶段			含入学当月、寒暑假以及因病和非主观因素保留学籍的休学
2. 继续教育	4 800 元	400 元	学历教育	• 接受教育的本人 • 符合条件的本科以下学历教育，可选择本人按继续教育或父母按子女教育扣除	不需要	最长不超过 48 个月
	3 600 元		技能人员职业资格教育、专业技术人员职业资格继续教育	接受教育本人扣除	技能人员、专业技术人员职业资格证书等	取得证书月份一次性预扣 3 600 元
3. 大病医疗	80 000 元限额内据实		在医保目录范围内	• 发生的医药费用支出可以选择由本人或配偶扣除 • 未成年子女发生的医药费可以选择由父母一方扣除	医药服务收费及医保报销票据原件或复印件或者医疗保障部门出具的医药费用清单等	扣除医保报销后个人负担（是指医保目录范围内的自付部分）累计超过 15 000 元，且不超过 80 000 元的部分
4. 住房贷款利息	12 000 元	1 000 元	本人或配偶单独或共同使用商业银行或住房公积金个人住房贷款，为本人或配偶购买中国境内住房，而发生的首套住房贷款利息支出	• 婚后购房：夫妻双方约定，可以选择由其中一方扣除 • 婚前购房：婚后选择其中一套由购买方继续扣除，也可由夫妻双方对各自购买住房分别按标准的 50% 扣除 • 扣除方式确定后，一个纳税年度内不能变更	住房贷款合同、贷款还款支出凭证等	贷款利息支出是否符合首套房政策，以办理贷款的银行、住房公积金中心认定为准
						最长不得超过 240 个月

续表

专项附加扣除名称	扣除标准		使用范围和条件	享受扣除政策对象	纳税人留存备查资料	补充说明
	每年	每月				
5. 住房租金	18 000 元	1 500 元	直辖市、省会（首府）城市、计划单列市以及国务院确定的其他城市	• 本人及配偶在主要工作的城市没有自有住房 • 已经实际发生了住房租金支出 • 如夫妻双方主要工作城市相同的，只能由一方扣除，且为签订租赁住房合同的承租人来扣除 • 如夫妻双方主要工作城市不同，且无房的，可按规定标准分别进行扣除	住房租赁合同或协议等	本人及配偶在同一纳税年度内，没有享受住房贷款利息专项附加扣除政策
	13 200 元	1 100 元	除上述城市以外的市辖区户籍人口超过 100 万人的城市			
	9 600 元	800 元	除上述城市以外的，市辖区户籍人口不超过 100 万人（含）的城市			
6. 赡养老人	24 000 元	2 000 元	独生子女	独生子女本人	不需要	• 被赡养人年满 60 周岁（含） • 被赡养人包括父母及子女均已去世的祖父母、外祖父母
	每人最多分摊 12 000 元	具体分摊金额	非独生子女	• 兄弟姐妹分摊，每人分摊的额度不能超过每月 1 000 元 • 具体分摊的方式：均摊、约定、指定分摊 • 扣除方式确定后，一个纳税年度内不能变更	约定或指定分摊的，需签订书面分摊协议	

注：本表所称父母，是指生父母、继父母、养父母；子女是指婚生子女、非婚生子女、继子女、养子女。父母之外的其他担任未成年人的监护人的，比照执行。

2. 劳务报酬所得、稿酬所得、特许权使用费所得税款的计算方法

扣缴义务人向居民个人支付劳务报酬所得、稿酬所得、特许权使用费所得时，按以下方法按月或者按次预扣预缴个人所得税：

（1）计算预扣预缴应纳税所得额。每次收入不超过4 000元的，减除费用按800元计算；当每次收入在4 000元以上的，减除费用按20%计算。每次收入减除费用后的余额为收入额，其中稿酬所得的收入额减按70%计算。

（2）关于“按次”的具体规定。劳务报酬、稿酬所得、特许权使用费所得三项综合所得，属于一次性收入的，以取得该项收入为一次；属于同一项目连续性收入的，以一个月内取得的收入为一次。

劳务报酬所得，是属于只有一次性的收入，应以每次提供劳务取得的收入为一次，如果一次性劳务报酬收入以分月支付方式取得的，就使用同一事项连续取得收入，以1个月内取得的收入为一次的规定。

稿酬所得，以每次出版、发表取得的收入为一次。个人每次以图书、报刊方式出版、发表同一作品，不论出版单位是预付还是分笔支付稿酬，或者加印该作品后再付稿酬，均应合并其稿酬所得按一次计征个人所得税；在两处或两处以上出版、发表或再版同一作品而取得稿酬所得，则可分别计算各处取得的所得或再版所得按分次所得计算缴纳个人所得税；个人的同一作品在报刊上连载，以连载完成后取得的所有收入合并为一次计算缴纳个人所得税；连载之后又出书取得稿酬所得，或先出书后又连载取得稿酬所得，应视同再版稿酬分次计算缴纳个人所得税。

特许权使用费所得，以某项使用权的一次转让所取得的收入为一次。如果该次转让取得的收入是分笔支付的，则应将各笔收入相加为一次的收入。

（3）计算预扣预缴应纳税额。根据预扣预缴应纳税所得额乘以适用预扣率计算应预扣预缴税额。其中，劳务报酬所得适用个人所得税预扣率，稿酬所得、特许权使用费所得适用20%的比例预扣率。

知识窗

劳务报酬、稿酬、特许权使用费预扣预缴与年度汇算清缴时计算方法的区别

1. 收入额的计算方法不同

年度汇算清缴时，这三项收入额为收入减除20%的费用后的余额；预扣预缴时收入额为每次收入减除费用后的余额，其中“收入不超过4 000元的，费用按800元计算；每次收入4 000元以上的，费用按20%计算”。

2. 可扣除的项目不同

这三项所得和工资、薪金所得属于综合所得，年度汇算清缴时以四项所得的合计收入额减除费用60 000元以及专项扣除、专项附加扣除和依

法确定的其他扣除后的余额，为应纳税所得额。而这三项所得日常预扣预缴税款时暂不减除专项附加扣除。

3. 适用的税率/预扣率不同

年度汇算清缴时，各项所得合并适用3%至45%的超额累进税率；预扣预缴时，劳务报酬所得适用表15－2，稿酬所得、特许权使用费所得适用20%的比例预扣率。

【引例分析15－5】

王明达4月8日取得的劳务报酬收入：

应税收入＝8 000×（1－20%）＝6400（元）

王明达4月18日取得的稿酬收入：

应税收入＝6 000×（1－20%）×70%＝3 360（元）

4月份劳务报酬收入、稿酬收入应预扣预缴税额＝（6 400＋3 360）×20%＝1 952（元）

二、非居民个人代扣代缴业务的核算

（一）工资、薪金所得

工资、薪金所得应纳税额的计算公式为：

应纳税额＝应纳税所得额×适用税率－速算扣除数

＝（每月收入－5000元）×适用税率－速算扣除数

微课：非居民个人个人所得税的计算

（二）劳务报酬所得、特许权使用费所得

劳务报酬所得、特许权使用费所得以每次收入额的80%作为应税所得额，计算公式为：

应纳税额＝应纳税所得额×适用税率－速算扣除数

＝每次收入×80%×适用税率－速算扣除数

（三）稿酬所得

稿酬所得以每次收入额的80%作为应税所得额减按70%计算，公式为：

应纳税额＝应纳税所得额×适用税率－速算扣除数

＝每次收入×80%×70%×适用税率－速算扣除数

PPT：非居民个人个人所得税的计算

模块四　经营所得个人所得税的计算

一、确定经营所得的计税依据

经营所得（包括承包承租经营所得），是以每一纳税年度的收入总额，减除成本、费用以及损失后的余额，为应纳税所得额。取得经营所得的个人，没有综合所得的，计算其每一纳税年度的应纳税所得额时，应当减除费用60 000元、专项扣除、专项附加扣除以及依法确定的其他扣除。专项附加扣除在办理汇算清缴时减除。

微课：经营所得个人所得税的计算

纳税义务人未提供完整、准确的纳税资料，不能正确计算应纳税所得额的，由主管税务机关核定其应纳税所得额。

个人独资企业的投资者以全部的经营所得为应纳税所得额。

合伙企业的合伙人按照合伙企业的全部经营所得和合伙协议约定的分配比例，确定应纳税所得额；合伙协议没有约定分配比例或者约定不明确的，以合伙企业的全部经营所得和合伙人协商决定的分配比例确定应纳税所得额；合伙人协商不成的，以合伙企业的全部经营所得和合伙人的实缴出资比例确定应纳税所得额；无法确定实缴出资比例的，以合伙企业的全部经营所得和合伙人数量平均计算每个合伙人的应纳税所得额。

PPT：经营所得个人所得税的计算

二、应纳税额的计算

对个体工商户、个人独资企业和合伙企业的经营所得，其个人所得税应纳税额计算有以下两种办法：

（一）查账征收

实行查账征收，其个人所得税的计算公式为：

应纳税额＝应纳税所得额×适用税率－速算扣除数

＝（全年收入总额－成本、费用以及损失）×适用税率

－速算扣除数

对成本、费用以及损失的具体规定如下：

（1）个体工商户、个人独资企业和合伙企业向其从业人员实际支付的合理的工资、薪金支出，允许在税前据实扣除。

（2）对个体工商户业主、个人独资企业和合伙企业投资者的经营所得依法计征个人所得税时，个体工商户业主、个人独资企业和合伙企业投资者本人的费用扣除标准统一确定为60 000元/年。

（3）个体工商户、个人独资企业和合伙企业拨缴的工会经费、发生的职工福利费、职工教育经费支出分别在工资、薪金总额2%、14%、2.5%的标

准内据实扣除。

（4）个体工商户、个人独资企业和合伙企业每一纳税年度发生的广告费和业务宣传费用不超过当年销售（营业）收入15%的部分，可据实扣除；超过部分，准予在以后纳税年度结转扣除。

（5）个体工商户、个人独资企业和合伙企业每一纳税年度发生的与其生产、经营业务直接相关的业务招待费支出，按照发生额的60%扣除，但最高不得超过当年销售（营业）收入的5‰。

（6）个体工商户、个人独资企业和合伙企业在生产、经营期间借款利息支出，凡有合法证明的，不高于按金融机构同类、同期贷款利率计算的数额的部分，准予扣除。

此外，对于个人独资企业和合伙企业扣除项目的特殊规定如下：

投资者及其家庭发生的生活费用不允许在税前扣除。投资者及其家庭发生的生活费用与企业经营费用混合在一起，并且难以划分的，全部视为投资者个人及其家庭发生的生活费用，不允许在税前扣除。

企业经营和投资者及其家庭生活共用的固定资产，难以划分的，由主管税务机关根据企业的经营类型、规模等具体情况，核定准予在税前扣除的折旧费用的数额或比例。

企业计提的各种准备金不得扣除。

（二）核定征收

核定征收方式，包括定额征收、核定应税所得率征收以及其他合理的征收方式。

实行核定应税所得率征收方式的，应纳所得税额的计算公式如下：

应纳所得税额 = 应纳税所得额 × 适用税率 - 速算扣除数

应纳税所得额 = 收入总额 × 应税所得率

或 = 成本费用支出额 ÷（1 - 应税所得率）× 应税所得率

应税所得率应按表15-7规定的标准执行。

表15-7 个人所得税应税所得率表

行业	应税所得率（%）
工业、交通运输业、商业	5～20
建筑业、房地产开发业	7～20
饮食服务业	7～25
娱乐业	20～40
其他行业	10～30

（三）纳税调整

有下列情形之一的，税务机关有权按照合理方法进行纳税调整：

（1）个人与其关联方之间的业务往来不符合独立交易原则而减少本人或者其关联方应纳税额，且无正当理由。

（2）居民个人控制的，或者居民个人和居民企业共同控制的设立在实际税负明显偏低的国家（地区）的企业，无合理经营需要，对应当归属于居民个人的利润不作分配或者减少分配。

（3）个人实施其他不具有合理商业目的的安排而获取不当税收利益。

税务机关依照前款规定做出纳税调整，需要补征税款的，应当补征税款，并依法加收利息。

模块五　其他所得个人所得税的计算

一、确定利息、股息、红利所得的计税依据和应纳税额

1. 计税依据的确定

利息、股息、红利所得，以每次收入额为应纳税所得额。

2. 应纳税额的计算

利息、股息、红利所得应纳税额的计算公式为：

应纳税额 = 应纳税所得额 × 适用税率 = 每次收入额 × 20%

微课：其他所得个人所得税的计算

【引例分析 15－6】

王明达 3 月 16 日取得的利息、股息、红利所得，应纳税额 = 2 000 × 20% = 400 元。

PPT：其他所得个人所得税的计算

二、确定财产租赁所得的计税依据和应纳税额

（一）计税依据的确定

财产租赁所得一般以个人每次取得的收入定额或定率减除规定费用后的余额为应纳税所得额。财产租赁所得以一个月内取得的收入为一次。个人出租财产取得的财产租赁收入，在计算缴纳个人所得税时，应依次扣除以下费用：

（1）财产租赁过程中缴纳的税费。在确定财产租赁的应纳税所得额时，纳税人在出租财产过程中缴纳的税金和教育费附加，可持完税（缴款）凭证，从其财产租赁收入中扣除。

（2）由纳税人负担的该出租财产实际开支的修缮费用。纳税人能够提供有效、准确凭证，证明由其负担的该出租财产实际开支的修缮费用可以从其财产租赁收入中扣除。允许扣除的修缮费用，以每次 800 元为限，一次扣除不完的，准予在下一次继续扣除，直到扣完为止。

（3）税法规定的费用扣除标准。每次收入不超过 4 000 元的，定额减除费

用800元；每次收入在4 000元以上的，定率减除20%的费用。

（二）应纳税额的计算

财产租赁应纳税所得额的计算公式为：

（1）每次（月）收入不超过4 000元的：

应纳税所得额＝每次（月）收入额－准予扣除税费－修缮费用（800元为限）－800元

应纳税额＝应纳税所得额×适用税率

（2）每次（月）收入超过4 000元的：

应纳税所得额＝［每次（月）收入额－准予扣除税费－修缮费用（800元为限）］×（1－20%）

应纳税额＝应纳税所得额×适用税率

【引例分析15－7】

王明达取得的房屋租赁所得个人所得税的计算：

王明达3月12日取得的房屋租赁所得5 000元，因每次收入超过4 000元，则应纳税所得额＝5 000×（1－20%）－800＝3 200元；应纳税额＝3 200×20%＝640元。

三、确定财产转让所得的计税依据和应纳税额

（一）计税依据的确定

财产转让所得，以转让财产的收入额减除财产原值和合理费用后的余额，为应纳税所得额。

确定财产原值，有以下几种情况：

（1）有价证券，为买入价以及买入时按照规定缴纳的有关费用；

（2）建筑物，为建造费或者购进价格以及其他有关费用；

（3）土地使用权，为取得土地使用权所支付的金额、开发土地的费用以及其他有关费用；

（4）机器设备、车船，为购进价格、运输费、安装费以及其他有关费用；

（5）其他财产原值，参照以上四种办法确定。

上述财产原值的确定，个人必须提供有关的合法凭证；对未能提供完整、准确的财产原值合法凭证而不能正确计算财产原值的，税务部门可根据当地实际情况核定其财产原值或实行核定征收。例如房产转让，如果纳税人不能准确提供房产原值和有关税费凭证，无法确定房产原值时，税务机关可以综合考虑该项房产的坐落地、建造时间、当地房价等因素，按房产转让收入额的一定比例核定征收个人所得税。

合理费用是指个人在卖出财产时按有关规定所支付的费用，如中介服务费、资产评估费等等。

（二）应纳税额的计算

财产转让所得应纳税额的计算公式为：

应纳税所得额＝每次转让财产收入额－财产原值－合理费用

应纳税额＝应纳税所得额×20%

四、确定偶然所得的计税依据和应纳税额

（一）计税依据的确定

偶然所得，以每次收入额为应纳税所得额，不能扣减为获得奖金而支出的费用。

（二）应纳税额的计算

偶然所得的应纳税额的计算公式为：

应纳税额＝应纳税所得额×适用税率＝每次收入额×20%

【引例分析 15－8】

王明达 3 月 22 日取得的中奖所得，应纳税额＝2 500×20%＝500 元。

五、境外所得的税额扣除

居民个人从中国境外取得的所得，可以从其应纳税额中抵免已在境外缴纳的个人所得税税额，但抵免额不得超过该纳税人境外所得依照本法规定计算的应纳税额。居民个人从中国境外取得的所得，应区别不同国家或者地区和不同应税项目，依照税法规定的费用减除标准和适用税率计算应纳税额；同一个国家或者地区不同应税项目的应纳税额之和，为这个国家或地区的扣除限额。居民个人在中国境外一个国家或者地区实际已经缴纳的个人所得税税额，低于依照上述规定计算出的该国家或者地区的扣除限额的，应当在中国缴纳差额部分的税款；超过该国家或者地区扣除限额的，其超过部分不得在本纳税年度的应纳税额中扣除，但是可以在以后纳税年度的该国家或者地区扣除限额的余额中补扣。补扣期限最长不得超过 5 年。

外国税收抵免计算步骤如下：

（1）单独计算境外收入总额（税前所得）。

（2）境外所得纳税额按照我国税法规定计算，不同项目分开计算。

（3）将同一个国家或地区的应纳税额相加，得到该国抵免限额。

（4）将抵免限额与在该国或地区实纳税额相比：如果实纳税额大于抵免限额，境外所得不需纳税；如果实纳税额小于抵免限额，缴纳二者的差额。

六、外汇的换算

各项所得的计算，以人民币为单位。所得为人民币以外的货币的，按照人民币汇率中间价折合成人民币缴纳税款。

模块六　办理代扣代缴个人所得税纳税申报

微课：代扣代缴个人所得税

PPT：代扣代缴个人所得税

按照《中华人民共和国个人所得税法》，个人所得税代扣代缴人在申报当月个人所得税时，须填写“扣缴个人所得税报告表”“支付个人收入明细表”向主管税务机关申报纳税。

个人所得税的纳税申报，包括支付单位代扣代缴和纳税人自行申报纳税两种办法。代扣代缴，是指按照税法规定负有扣缴义务的单位或者个人，在向个人支付应纳税所得时，应计算应纳税额，从其所得中扣出并于次月 7 日内缴入国库，同时向税务机关报送“扣缴个人所得税报告表”。

一、扣缴义务的规定

目前，我国扣缴义务人必须依法履行个人所得税全员全额扣缴申报义务，即扣缴义务人向个人支付应税所得时，不论其是否属于本单位人员、支付的应税所得是否达到纳税标准，扣缴义务人均应当在代扣税款的次月内，向主管税务机关报送其支付应税所得个人的基本信息、支付所得项目和数额、扣缴税款数额以及其他相关涉税信息。

实行个人所得税全员全额扣缴申报的应税所得包括：工资、薪金所得；劳务报酬所得；稿酬所得；特许权使用费所得；利息、股息、红利所得；财产租赁所得；财产转让所得；偶然所得；经国务院财政部门确定征税的其他所得。

居民个人取得综合所得，按年计算个人所得税；有扣缴义务人的，由扣缴义务人按月或者按次预扣预缴税款。

非居民个人取得工资、薪金所得，劳务报酬所得，稿酬所得和特许权使用费所得，有扣缴义务人的，由扣缴义务人按月或者按次代扣代缴税款，不办理汇算清缴。

二、填列“扣缴个人所得税报告表”

扣缴义务人在进行初次扣缴申报时，应报送个人的基础信息。个人基础信息发生变化时，扣缴义务人应在次月扣缴申报时，将变更信息报送主管税务机关。

扣缴义务人应向主管税务机关报送个人的以下基础信息：姓名、身份证照类型及号码、职务、户籍所在地、有效联系电话、有效通信地址及邮政编码等。纳税人有中国公民身份号码的，以中国公民身份号码为纳税人识别号；纳税人没有中国公民身份号码的，由税务机关赋予其纳税人识别号。扣缴义务人扣缴税款时，纳税人应当向扣缴义务人提供纳税人识别号。

此外，对于非雇员（不含股东、投资者），还应该报送其工作单位名称；对于股东、投资者，还应该报送公司股本（投资）总额、个人股本（投资）额等；对于在中国境内无住所的个人（含雇员和非雇员），还应该报送外文姓名、国籍或地区、出生地（中、外文）、居留许可号码（或台胞证号码、回乡证号码）、劳动就业证号码、职业、境内职务、境外职务、入境时间、任职期限、预计在华时间、预计离境时间、境内任职单位名称及税务登记证号码、境内任职单位地址和邮政编码及联系电话、境外派遣单位名称（中、外文）、境外派遣单位地址（中、外文）、支付地（包括境内支付和境外支付）等。

纳税人取得利息、股息、红利所得，财产租赁所得，财产转让所得和偶然所得，按月或者按次计算个人所得税，有扣缴义务人的，由扣缴义务人按月或者按次代扣代缴税款。储蓄机构向储户支付的储蓄存款利息所得、证券兑付机构向企业债券持有人兑付的企业债券利息所得和上市公司向股民支付的股息、红利所得，可暂报送以下信息：姓名、身份证照类型及号码、支付的利息（股息、红利）所得、扣缴税款等。

扣缴义务人在扣缴税款时，应按每个人逐栏逐项填写“扣缴个人所得税报告表”（见表15-6）。该表适用于扣缴义务人申报扣缴的所得税额。该表一式两份，一份扣缴义务人留存，一份报主管税务机关。扣缴义务人必须区分纳税人、所得项目逐人逐项明细填写该表。填写要用中文，也可用中、外两种文字填写。

【引例分析15-9】

裕荣公司的财务经理依据王明达收入情况填报扣缴个人所得税报告表，具体填写内容如表15-8所示。

三、确定纳税时间和地点

扣缴义务人每月或者每次预扣、代扣的税款，应当在次月15日内缴入国库，并向税务机关报送扣缴个人所得税申报表。同时必须向纳税人开具税务机关统一印制的代扣代缴税款凭证，并注明纳税人姓名、工作单位、家庭住址和居民身份证或护照号码等个人情况。非正式扣税凭证，纳税人可以拒收。

纳税人办理汇算清缴退税或者扣缴义务人为纳税人办理汇算清缴退税的，税务机关审核后，按照国库管理的有关规定办理退税。

税务机关按法律规定向履行了代扣代缴义务的单位和个人支付手续费，按所扣缴税款的2%付给；对未履行代扣代缴义务的，要由扣缴义务人缴纳应扣未扣的税款，并给予一定处罚。

四、报送“扣缴个人所得税报告表”

扣缴义务人可以直接到税务机关办理扣缴申报，也可以按照规定采取邮

表 15－8

扣缴个人所得税报告表

税款所属期：2019 年 3 月 1 日　至 2019 年 3 月 31 日

扣缴义务人名称：裕荣集团股份有限公司

扣缴义务人编码：91440101MA59NQ8B67

金额单位：人民币元（列至角分）

							本月（次）情况														累计情况（工资薪金）											税款计算							
							收入额				专项扣除				其他扣除									累计专项附加扣除															
序号	姓名	身份证件类型	身份证件号码	纳税人识别号	是否为非居民个人	所得项目	收入总额	费用	免税收入	减除费用	基本养老保险费	基本医疗保险费	失业保险费	住房公积金	年金	商业健康保险	税延养老保险	财产原值	允许扣除的税费	其他	累计收入额	累计减除费用	累计专项扣除	子女教育	赡养老人	住房贷款利息	住房租金	继续教育	累计其他扣除	减按计税比例	准予扣除的捐赠额	应纳税所得额	税率／预扣率	速算扣除数	应纳税额	减免税额	已扣缴税额	应补（退）税额	备注
1	2	3	4	5	6	7	8	9	10	11	12	13	14	15	16	17	18	19	20	21	22	23	24	25	26	27	28	29	30	31	32	33	34	35	36	37	38	39	40
1	王明达	身份证	420…	420…	是	工资	30 000	0	0	5 000	2400	600	150	3 000	0	0	0	0	0	0	90 000	15 000	18 450	3 000	3 000	0	0	0	0	0	0	50 550	10%	2520	2 535	0	1 011	1 524	
2																																							
3																																							
4																																							
合计																																							

谨声明：本扣缴申报表是根据国家税收法律法规及相关规定填报的，是真实的、可靠的、完整的。

扣缴义务人（签章）：　　年　月　日

代理机构签章：

代理机构统一社会信用代码：

经办人签字：

经办人身份证号码：

受理人：

受理税务机关（章）：

受理日期：　年　月　日

寄、数据电文或者其他方式办理扣缴申报。网上报送是目前广泛采用的经济快捷的报送方式。税局网上系统的个税界面主要包含人员信息采集、报表填写、报表报送、网上缴款四大模块。企业在纳税申报前，先登录“自然人税收管理系统扣缴客户端”。

模块七　办理个人所得税的自行申报

自行申报纳税，是由纳税人自行在税法规定的纳税期限内，向税务机关申报取得的应税所得项目和数额，如实填写“个人所得税纳税申报表”，并按照税法规定计算应纳税额，据此缴纳个人所得税的一种方法。目前，我国规定自行申报纳税的有以下几种情况：

微课：个人所得税的自行申报

（1）取得综合所得需要办理汇算清缴的纳税人；

（2）取得经营所得的纳税人；

（3）取得应税所得，扣缴义务人未扣缴税款的纳税人；

（4）取得境外所得的纳税人；

（5）因移居境外注销中国户籍的纳税人；

（6）非居民个人在中国境内从两处以上取得工资、薪金所得；

（7）国务院规定的其他情形。

PPT：个人所得税的自行申报

一、确定纳税时间

居民个人取得综合所得，按年计算个人所得税；需要办理汇算清缴的，应当在取得所得的次年3月1日至6月30日内办理汇算清缴。不能按照规定期限报送本表时，应当在规定的报送期限内提出申请，经当地税务机关批准，可以适当延期。

视频：教你使用新版个人所得税办税系统

纳税人取得经营所得，按年计算个人所得税，由纳税人在月度或者季度终了后15日内向税务机关报送纳税申报表，并预缴税款；在取得所得的次年3月31日前办理汇算清缴。

居民个人从中国境外取得所得的，应当在取得所得的次年3月1日至6月30日内申报纳税。

非居民个人在中国境内从两处以上取得工资、薪金所得的，应当在取得所得的次月15日内申报纳税。

纳税人因移居境外注销中国户籍的，应当在注销中国户籍前办理税款清算。

纳税人办理汇算清缴退税或者扣缴义务人为纳税人办理汇算清缴退税的，税务机关审核后，按照国库管理的有关规定办理退税。

二、报送纳税申报表

纳税人填写好的纳税申报表必须在规定时间内送达税务机关缴纳税款，申报表的报送方式有邮寄、网上申报，或者由纳税人直接送到主管税务机关由税务机关工作人员签收。其中，网上申报是目前应用最为广泛也是最为快捷方便的一种报送方式，目前使用的是自然人税收管理系统进行个人所得税纳税申报。

除了由本人进行纳税申报以外，还可以委托有税务代理资质的中介机构、扣缴义务人或其他个人代为办理自行申报。